Küchen- und Kräutergärten

schön gestaltet

Küchen- und Kräutergärten
schön gestaltet

Andi Clevely

Kaleidoskop Buch

Aus dem Englischen übersetzt von
Angelika Feilhauer
Redaktion: Jens-Uwe Voss
Korrektur: Petra Tröger
Einbandgestaltung: Johannes Maasburg, München
Herstellung: Dieter Lidl
Satz: Fotosatz Völkl, Puchheim

Druck und Bindung: Graficas Estella
Printed in Spain

ISBN 3-88472-454-1

SEITE 1 Äpfel, Sommerblumen und Gemüse wie Zucchini, Mais und Stangenbohnen geben diesem Küchengarten ein buntes Bild.

SEITE 2 In sorgfältig angelegten Beeten gedeiht eine Vielzahl an Gemüsen, Obst und Kräutern.

RECHTS Obstspaliere und Feuerbohnen an einem Klettergerüst sind nicht nur Blickpunkte, sie nutzen in einem kleinen Küchengarten wie diesem auch die Fläche optimal aus.

INHALT

WAS IST EIN KÜCHENGARTEN?

Einen Küchengarten legt man an, um alle erdenklichen Gemüse, Kräuter, Obstbäume und Beeren zu ziehen. Anders als im übrigen Garten geht es bei seiner Planung und Bepflanzung weniger um Schönheit als um Erträge, was jedoch nicht bedeutet, daß er nicht ein Quell der Faszination und Freude sein kann. In ihm herrscht eine äußerst befriedigende Atmosphäre der Ordnung und der ständigen Entwicklung von der Aussaat bis zur Ernte. Nirgendwo sonst fühlt man sich so sehr in Einklang mit den Jahreszeiten und den Elementen. Und zu guter Letzt ist da das frische Produkt: zart, voller Aroma und vor allem mit den eigenen Händen gezogen.

Ein Küchengarten mit Gemüsen, Kräutern, Obst und auch Blumen in verschiedenen Entwicklungsstadien bietet ein sich ständig veränderndes Bild. Hier teilen hübsche Plattenwege den Garten in pflegeleichte Beete, die mit Rosenkohl und dem sehr ungewöhnlichen Palmkohl (vorn) bepflanzt sind. Die Beeteinfassungen bilden Erdbeeren und Zwergbuchsbäume.

Um die vorhandene Fläche optimal zu nutzen, muß sie sorgfältig aufgeteilt werden. Wege erleichtern den Zugang und lassen bequem zu pflegende Beete entstehen, auf denen die Pflanzen in Reihen wachsen. Es gibt eine Fruchtfolge, und sobald Flächen abgeerntet sind, werden Zwischenkulturen gepflanzt wie etwa Porree und Winterkohl im Beet rechts. Hohe Erbsen, die an Reisig wachsen, teilen die Beete und geben wertvollen Schutz. Wuchsfreudige Kletterpflanzen wie Feuerbohnen können an Bögen und ähnlichen Konstruktionen gezogen werden.

Von alters her werden in Gärten eßbare Pflanzen gezogen, und seit der Kultivierung der ersten Wildpflanzen stehen Garten und Küche in enger Beziehung. Nachdem die Menschen ihre Lebensweise als Jäger und Sammler aufgegeben hatten, hing ihr Überleben von der Nahrung ab, die sie auf einem Stück frisch gerodeter Erde anbauen konnten, und auf ganz ähnliche Weise werden auch heute noch in vielen Teilen der Welt Nahrungspflanzen gezogen. Später wurde ein Teil dieses mit Gemüse bepflanzten Landes eingefriedet und zum Privatgarten.

Als die Besitzungen größer wurden, entstanden aus den Küchengärten große, effizient gestaltete Anlagen, die von hohen Ziegelmauern und kunstvollen Konstruktionen umgeben sein konnten und kleinen Bauernhöfen ähnelten.

Die Menschen, die diese riesigen Anwesen pflegten, besserten ihr täglich Brot dadurch auf, daß sie in den kleinen Gärten, die ihre Hütten umgaben, eigene Feldfrüchte anbauten. Diese Gärten waren ursprünglich kein Blumenmeer. Auf einem zumeist rechteckigen Stückchen Land, in der Mitte durch einen Weg in zwei Beete gleicher Größe geteilt, wurde auf dem einen Beet Getreide wie etwa Weizen oder Gerste angebaut, auf dem anderen Gemüse. Im folgenden Jahr wurden dann in einer Art einfacher Zweifelderwirtschaft die Seiten gewechselt. Da und dort wuchsen zwischendrin ein paar Kräuter oder Blumen, und von dem großen Anwesen brachten die Leute Obstpflanzen mit: Stecklinge von Beerenobst, die entlang des Weges gepflanzt wurden, und Reiser wie etwa von Apfelbäumen, welche man auf Unterlagen pfropfte, die an der Grenzhecke des Gartens wuchsen.

Die Selbstversorgung mit den wichtigsten Nahrungspflanzen wurde von den Besitzern der großen Anwesen, aber auch von jenen, die für sie arbeiteten, als selbstverständlich angesehen, und die Anbaumethoden waren Allgemeinwissen. Als die Abhängigkeit von selbst angebauten Feldfrüchten abnahm und die Gärten immer mehr zu Ziergärten wurden, geriet auch das Wissen über die Anlage und Pflege von Küchengärten so weit in Vergessenheit, daß es heute von vielen Gärtnern, die ihr eigenes frisches Obst und Gemüse ziehen wollen, erst wieder neu entdeckt werden muß.

Anfangs erscheint diese Aufgabe oft entmutigend, und viele Menschen lassen sich davon abhalten, einen

OBEN Der Autor Andi Clevely in seinem Garten in Warwickshire

OBEN RECHTS Küchengärten werden entsprechend der Bedürfnisse des Hauses geplant. Auf großen Flächen, wie etwa in diesem terrassierten Garten eines französischen Châteaus, können enorme Ernten erzielt werden.

RECHTS Auch relativ kleine Beete können gute Erträge bringen. Hier begrenzt in einer Ecke des Gartens eine niedrige Buchsbaumhecke ein Beet mit Wirsingkohl. Vorn lassen unter einem Apfelbaum buntlaubige Erdbeeren einen farbenfrohen Teppich entstehen.

kleinen Küchengarten hinter dem Haus anzulegen, um dort etwas Salat, ein wenig Kohl oder ein paar Erdbeeren zu ziehen. Dabei gibt es viele Gründe, die dafür sprechen, nicht zuletzt der zunehmende Wunsch nach einer Ernährung mit frischen, chemiefrei gezogenen Produkten. Wer jedoch nicht mit den Methoden des modernen Küchengartens vertraut ist, dem mögen manche Hindernisse schier unüberwindlich erscheinen.

Da gibt es etwa in einem kleinen Garten große Konkurrenz um den vorhandenen Platz, und vielleicht ist es gar nicht so einfach, genügend Fläche für ein bißchen Gemüse zu finden. Zum Glück haben Versuche aber gezeigt, daß viele Pflanzen dichter stehen können, als man früher glaubte, und heute werden kleine, kompakte Sorten angeboten, um auf kleiner Fläche optimale Erträge erzielen zu können. Wählt man Obstbäume mit schwachwüchsiger Unterlage oder achtet darauf, daß Pflanzen in ordentlichen Formen wachsen, kann man selbst in einem winzigen Garten eine große Vielfalt an Obst und Gemüse anbauen. Gurken, Kürbisse, Erbsen und Stangenbohnen können platzsparend an Zäunen, Mauern, Stangengerüsten oder sogar an Bögen wachsen, die so zu dekorativen Gartenelementen werden. Andere Gemüse mit hübschen Blättern oder Blüten kann man auch in Blumenbeete setzen, wo sie prächtig gedeihen, wenn der Standort stimmt. Es gibt keinen Grund, einen Küchengarten auf eine einzelne Fläche zu beschränken.

In großen, traditionellen Küchengärten wurden große Mengen Mist verwendet, um den Boden fruchtbar zu halten und reiche Ernten zu erzielen. Gut verrotteter Mist ist bis heute einer der besten Bodenverbesserer, aber nicht immer ohne weiteres erhältlich. Ein befriedigender Ersatz ist Gartenkompost, der durch das Aufschichten von verrottbaren Abfällen in einem geeigneten Behälter hergestellt wird. Wenn man ihn den Pflanzen gibt, die ihn am meisten brauchen, und diese Kulturen jedes Jahr an einem anderen Platz zieht, kann man auch kleine Mengen Kompost sehr gut nutzen und langsam die Erde im gesamten Garten verbessern.

Wichtig ist, sich nicht von offenkundigen Problemen wie begrenztem Raum oder unfruchtbarem Boden ins Bockshorn jagen zu lassen. Wie wir später noch sehen werden, gibt es immer Mittel und Wege, aus solchen Schwierigkeiten das Beste zu machen. In Gartenratgebern wird heutzutage selbstverständlich berücksichtigt, daß nur die wenigsten in ihrem Garten

Sofern Pflanzen ausreichend Licht erhalten, kann manch nutzlose Ecke im Garten für Gemüse genutzt werden, insbesondere für beliebte Salatpflanzen wie Kopfsalat, Rote Bete, Radieschen und Petersilie, die hier zusammen mit Zwiebeln wachsen. Über den Plattenweg ist das Beet bei jedem Wetter erreichbar. Die Kanten der Graswege müssen in Ordnung gehalten werden, damit das Gras nicht in die Beete wächst.

rundum ideale Bedingungen wie mittelschweren Lehmboden, ein mildes Klima und eine ausreichend große, offene Fläche vorfinden, die stets optimale Erträge ermöglichen. Schließlich bietet das ständig größer werdende Angebot an Pflanzen mit immer neuen, oftmals weniger krankheitsanfälligen Sorten für jeden die Möglichkeit, auch unter schwierigen Bedingungen reiche Ernten in seinem Küchengarten zu erzielen. Dazu kommt eine Vielzahl von Hilfsmitteln, wie etwa preiswerten Folientunneln oder fertigen Düngermischungen.

Bei der Planung und Anlage eines Küchengartens muß man einen Mittelweg zwischen Wunschvorstellungen und Erfahrung finden. Am besten beginnt man ganz einfach damit, daß man ein oder zwei Gemüse anbaut, die man besonders gern mag, und dazu ein paar Kräuter zieht. Von der sorgfältigen Planung zu Beginn bis hin zur Ernte führt man Tagebuch über Fortschritte, Erfolge und Fehlschläge. An oberster Stelle sollte eine gute Pflege stehen, denn es ist die Qualität des Produkts, die das Selbstvertrauen am meisten stärkt. Nach ein paar Jahren ist man mit allen wichtigen Arbeiten vertraut und kennt die wichtigsten Rahmenbedingungen, wie etwa den günstigsten Zeitpunkt für den Beginn der Aussaat im Freien, das vorraussichtliche Einsetzen erster Fröste im Herbst oder wann Trockenheit zu erwarten ist. Natürlich bleiben auch Mißerfolge nicht aus, sei es durch widrige Wetterbedingungen oder durch unsachgemäße Pflege, die die Entfaltung von Schädlingen und Krankheiten begünstigt. Aber solche Schwierigkeiten tragen ebenso wie Erfolge dazu bei, ganz unwillkürlich das Verständnis für Böden, Jahreszeiten und Kulturansprüche zu entwickeln, das einmal allen Gärtnern eigen war.

Wenn die Pflege des Küchengartens auf den ersten Blick eine ernste Aufgabe zu sein scheint, dann nur deshalb, weil Qualität so entscheidend ist, wenn es um die Wahl der Sorte, die Pflege der Pflanzen oder die Ernte geht. Aber zwischen Aussaat und Ernte gibt es viele unerwartete Freuden, und selbst der erfahrenste Gärtner ist am Beginn jeder neuen Wachstumsperiode voller Vorfreude. Obwohl ich schon seit vielen Jahren alle Arten von Obst und Gemüse ziehe, staune ich immer noch, wenn ich einen Birnbaum in voller Blüte sehe, den kräftigen Duft von Pastinakenlaub rieche oder das Wunder erlebe, wie die Zweige von Obstgehölzen nach dem Schnitt in genau der beabsichtigten Weise wachsen. Diese Freuden während der Wachstumsperiode und der Genuß von Produkten, die viel frischer sind als alles, was man kaufen kann, machen die Pflege des Küchengartens wohl zur schönsten Form der Gartenarbeit.

LINKS Obstgehölze können an Pfosten und Drähten gezogen werden, um die vorhandene Fläche besser zu nutzen, und sind bequem erreichbar, wenn man sie neben einen Weg pflanzt. Wie hier Salatpflanzen in verschiedenen Entwicklungsstadien zeigen, muß man nicht eine ganze Reihe auf einmal säen oder sich auf eine einzelne Sorte beschränken. Kopfsalat wird regelmäßig neu gesät, um ihn ohne Unterbrechung immer wieder frisch ernten zu können.

RECHTS Wenn man immer wieder kleine Mengen von Gemüsen sät, die die Familie gerne mag, ißt man sich nicht daran über und nutzt die vorhandene Fläche bestmöglich. In diesem Küchengarten, der gut zu der angrenzenden Staudenrabatte paßt, wachsen kompakte Blöcke von Erbsen und Dicken Bohnen sowie kleine Reihen von Mangold und Salat. Feuerbohnen bilden einen dekorativen Schutz, und eine Reihe Buschbohnen rechts neben dem Hauptweg ergibt eine ideale Einfassung. Dahinter wachsen in Blöcken Möhren und niedrige Buschtomaten.

Planung des Küchengartens

Im Küchengarten will man auf begrenztem Raum möglichst gute Erträge erzielen. Auf den ersten Blick mag die zur Verfügung stehende Fläche nicht ideal erscheinen, doch selbst ein von der Natur weniger begünstigter Garten kann fruchtbar gemacht werden, indem man seine Umgebung verändert und den Boden verbessert. Wer mit einem Gesamtkonzept und Grundkenntnissen über die Pflanzen, die er ziehen möchte, gerüstet ans Werk geht, wird feststellen, daß seine Vorarbeiten bald mit einer schönen Ernte an frischen Produkten belohnt werden, deren Kultur zudem viel Freude gemacht hat.

Auch wenn ein Küchengarten übersichtlich sein muß, um ihn pflegen zu können, bedeutet dies nicht, daß er einförmig wirken oder Gemüse von Zierpflanzen getrennt werden muß. Und schon seit jeher bestand der Wunsch nach Dekorativem – hier bilden eine Sonnenuhr und ein Obstspalier den Mittelpunkt des Gartens. Der kreuzförmige Weg trennt vier große Beete voneinander, in denen noch Platz für weitere Saaten ist, während die anderen Kulturen heranreifen und die Blumen geschnitten werden.

Äußere Bedingungen

Ausreichender Schutz vor Wind und Frost ist für Freilandkulturen sehr wichtig. Früher baute man oft rund um den Garten Mauern, die für Pflanzen wie diesen Blattsalat ein mildes Mikroklima entstehen lassen. Doch schon eine einzelne Wand kann sehr nützlich sein, da sie empfindliche Gemüse nicht nur schützt, sondern auch Wärme abstrahlt, die ihre Entwicklung fördert.

Sieht man einmal von Kräutern aus mediterranen Ländern und Wintergemüsen ab, die robust genug sein müssen, um extremer Witterung standzuhalten, gedeihen die meisten Pflanzen am besten, wenn man sie rasch unter möglichst guten Bedingungen zieht. Dabei legen Klima, Bodentyp und Lage des Gartens die Rahmenbedingungen fest, lassen uns jedoch genügend Spielraum, um den Bedürfnissen der Pflanzen Rechnung tragen zu können.

Wind

Abgesehen von Wasser brauchen Pflanzen, um optimal zu gedeihen, Wärme, Sonnenlicht und Schutz. Schutz ist besonders wichtig, da schon leichter Wind die Ernte beeinträchtigen, starker und vor allem kalter Wind sie sogar drastisch vermindern kann. Mauern scheinen eine naheliegende Lösung zu sein, um Pflanzen zu schützen, doch Wirbel auf der dem Wind abgewandten Seite können Schäden verursachen. Daher ist ein durchlässiger Windschutz empfehlenswerter. Er bietet bis zu einer Entfernung, die dem Zehnfachen seiner Höhe entspricht, Schutz, der mit wachsendem Abstand geringer wird.

Einen wirksamen natürlichen Windschutz bilden Hecken. Allerdings dauert es ein paar Jahre, bis sie herangewachsen sind, und dann können sie auch zu viel Schatten werfen oder mit Wurzelgemüse um Wasser und Nährstoffe konkurrieren. Ein hoher Grenzzaun aus Kunststoffgeflecht oder Holzlatten mit 2,5 cm Abstand bietet guten Schutz und kann durch niedrige Holz- oder Drahtzäune ergänzt werden, die den Garten in Beete unterteilen und gut geeignet sind, um Obstgehölze oder Kletterpflanzen zu erziehen. Auch hohe Topinambur- oder Maissorten können während der Wachstumsperiode als Schutz dienen. Als vorübergehender Schutz dient Kunststoffgewebe oder Sackleinwand für neue Pflanzen, bis sie angewachsen sind. Achten Sie auch auf Zugluft, die mitunter zwischen Gebäuden entsteht, und sorgen Sie gegebenenfalls für entsprechenden Windschutz.

Frost

Ein rundum eingefriedeter, in einer Senke liegender Garten wird manchmal zu einem tödlichen Frostloch, wenn sich dort kalte Luft sammelt, die nirgendwo entweichen kann. Die letzten Fröste im Frühjahr und die ersten im Herbst bestimmen die Länge der Wachstumsperiode. Sie kann durch die Verwendung von Tunneln und Kästen (siehe Seite 23) verlängert werden, doch manchmal ist es besser, winterharte oder raschwachsende Gemüse und spätblühende oder frühreifende Obstsorten zu verwenden, um über längere Zeit gute Ernten sicherzustellen.

Sonne

Die meisten Pflanzen brauchen viel Sonne und kümmern, wenn sie im Schatten großer Bäume oder hoher Hecken wachsen. Daher sollten, wo dies möglich ist, Bäume und Hecken ausgelichtet oder zurückgeschnitten werden, so daß sie weniger Schatten werfen, der Schutz, den sie geben, jedoch bestehenbleibt. Im Sommer kann leichter Schatten von Vorteil sein, da er empfindliche Kulturen vor der heißen Sonne schützt und verhindert, daß sie »schießen«.

Eine Hanglage kann vorteilhaft sein, weil dort die Drainage oft besser ist und sich keine Kaltluftseen bilden. Steilere Hänge können terrassiert werden, um beinahe ebene Beete anzulegen und die Gefahr der Bodenerosion auf ein Minimum zu reduzieren. Im Hintergrund bilden Holzspaliere entlang der Grundstücksgrenze stabile Stützen für Obstbäumchen.

Quadratisches Beet
Kulturen in einem quadratischen Beet, hier mit Brettern eingefaßt, sind von allen Seiten gut erreichbar.

Schmale Beete
Kurze Querreihen sind am leichtesten zu pflegen, und Pflanzen wie Spinat, Möhren und Radieschen können in ihnen dicht an dicht wachsen.

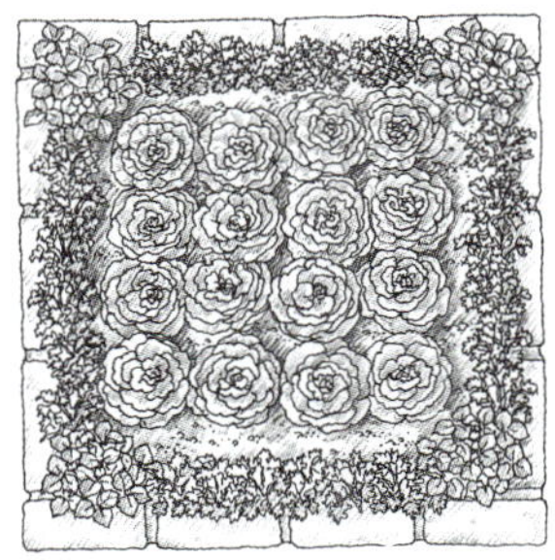

Hochbeet
In diesem Hochbeet wird Kopfsalat von Petersilie umgeben, an den Ecken wachsen Erdbeeren.

Himmelsrichtung

Da für eine gesunde Entwicklung Licht notwendig ist, legt man Pflanzreihen am besten in Nord-Süd-Richtung an, damit sich die Pflanzen möglichst wenig gegenseitig beschatten. Dies ist besonders bei hohen Gemüsen mit dichtem Laub wie etwa Stangenbohnen wichtig, wobei Blattgemüse wie Spinat oder viele Salate den durch sie entstehenden Schatten während der Sommermonate durchaus schätzen. Fertigen Sie einen Plan an, der zeigt, welche Gartenbereiche zu den verschiedenen Tages- und Jahreszeiten die meiste Sonne erhalten, und pflanzen Sie entsprechend: Überwinternde Gemüse erhalten den wärmsten Platz, empfindliche Pflanzen brauchen Schutz vor Morgensonne, damit diese sie nicht zu rasch erwärmt. Setzt man frostempfindliche Obstgehölze an eine der Sonne abgewandte Stelle, blühen sie erst bei warmem Wetter auf. Spätreifende Sorten profitieren von einer warmen Wand.

Eine Rolle spielt auch die Höhenlage eines Gartens, denn mit zunehmender Höhe sinkt die Temperatur um ca. 0,5 °C je 100 m. Dadurch verkürzt sich die Wachstumsperiode, und die Palette der Pflanzen, die gezogen werden können, verkleinert sich. Eine Hanglage hat ebenfalls Auswirkungen auf die Pflanzenentwicklung. So ist ein sonniger Hang wärmer und weniger frostgefährdet als eine ebene Fläche. Hänge sind leichter zu bearbeiten, wenn sie terrassiert wurden, was auch der Bodenerosion entgegenwirkt. Diese Gefahr wird dadurch weiter gemindert, daß man Pflanzreihen stets quer zum Hang anlegt.

Obwohl man im Garten häufig lange, gerade Reihen mit großzügigen Abständen pflanzt, ist dies nicht immer die effektivste Vorgehensweise. In kleineren schmalen Beeten, die durch dazwischenliegende Wege von beiden Seiten bequem erreichbar sind, können Gemüse in kurzen Reihen oder in Blöcken dicht beieinander wachsen. Diese Methode macht es überdies einfacher, einen Fruchtwechsel einzuhalten, für jede Kultur die richtige Menge Sonne oder Schatten zu finden und Mist und Kompost dort einzusetzen, wo es nötig ist. Man kann ebene Beete anlegen, Hügelbeete, mit Holz- oder Ziegelkanten eingefaßte Beete oder Hochbeete mit Stützmauern von etwa 60 cm Höhe, damit man sich nicht so tief bücken muß.

Bodenzustand

Im Idealfall ist der Boden in einem Küchengarten tiefgründig, fruchtbar und weder zu sauer noch zu alkalisch. Er sollte die meiste Zeit des Jahres leicht zu bearbeiten sein und eine krümelige Struktur haben, damit er durchlässig ist, gleichzeitig aber ein gutes Wasserspeichervermögen besitzen. Auch wenn nur wenige diese perfekten Bedingungen vorfinden, gibt es immer Möglichkeiten, Mängel schrittweise zu beheben.

Bodenarten

Zunächst sollte man herausfinden, was für einen Boden man in seinem Garten hat. Sehr sandige Böden mit groben Sandkörnern sind locker und durchlässig. Sie erwärmen sich im Frühjahr rasch und sind leicht zu bearbeiten, trocknen im Sommer aber schnell aus, und im Winter wäscht der Regen viele Nährstoffe aus. Versucht man eine Handvoll sandigen Boden zu einer Kugel zu formen, fällt diese rasch wieder auseinander. Behält die Kugel jedoch ihre Form und fühlt sich klebrig an, handelt es sich um schweren Ton. Solch ein Boden aus sehr feinen Teilchen bleibt bis weit ins Frühjahr hinein kalt und naß, und er neigt zu Staunässe. Ist er hingegen einmal ausgetrocknet, wird er hart und reißt. Tonböden lassen sich nur schwer bearbeiten, sind aber meist sehr fruchtbar, wenn man ihre Struktur verbessert, da sie Wasser und Nährstoffe länger speichern können als sandige Böden. Lehmböden liegen zwischen diesen beiden Extremen. Die meisten Böden enthalten unterschiedliche Anteile Sand, Ton und Schluff und können, abhängig von ihrem Hauptbestandteil, als »sandiger Lehmboden« oder »toniger Lehmboden« bezeichnet werden.

Humus

Ein weiterer unverzichtbarer Bestandteil für einen guten Boden ist Humus. Damit bezeichnet man den dunklen, verrottenden, organischen Bodenanteil. Humus verbessert die Krümelstruktur und speichert Wasser gut. Dadurch reduziert er bei sandigen Böden die Austrocknungsgefahr, während er schwere Böden lockert, so daß sie durchlässiger werden und sich leichter bearbeiten lassen. Bakterien zersetzen den Humus in einfache Stoffe, die von Pflanzen aufgenommen werden können, obwohl humusbildende Substanzen gewöhnlich keine guten Nährstofflieferanten sind (siehe Seite 18).

Wenn Humus sich zersetzt, verschwindet er praktisch aus dem Boden, und dies ist der Grund, warum der Gärtner dem Boden regelmäßig Stallmist, Kompost oder andere pflanzliche Abfälle hinzufügen muß. Humusfreier Boden ist für die Kultur von Obst und Gemüse eigentlich nutzlos, und alle Bodenarten profitieren vom Zufügen organischen Materials. Bei Tonböden gräbt man es im Herbst unter, bei Sandböden im Frühjahr. Man kann es auch als Mulch auf der Oberfläche verteilen (siehe Seite 30).

Der meiste Humus befindet sich gewöhnlich in der Krume, in der auch die Mehrzahl der Bodenlebewesen tätig ist. Der darunterliegende, weniger fruchtbare Unterboden sollte nicht an die Oberfläche gebracht werden, da er sich nur schwer verbessern läßt. Wenn man aber den Boden tief umbricht, sollte organisches Material eingearbeitet werden, damit die Drainage verbessert wird und die Pflanzenwurzeln tiefer eindringen können.

Drainage

Staunässe läßt Pflanzenwurzeln leicht faulen und verhindert, daß Bodenbakterien den Sauerstoff bekommen, den sie brauchen, um Humus weiter zu zersetzen und die Fruchtbarkeit zu verbessern. Wenn ein Boden lange Zeit naß ist, vielleicht sogar Regenwasser auf der Oberfläche stehenbleibt, Pflanzen immer wieder eingehen oder gar nicht erst keimen, liegt dies vermutlich an schlechter Drainage.

Ursache kann einfach eine Verdichtung der Oberfläche sein, vielleicht befindet sich aber auch weiter unten im Boden eine undurchlässige Schicht, die sich erst durch tiefes Umgraben aufbrechen läßt. Schwerer Tonboden, der nicht verbessert wurde, hat eine schlechte Drainage, die nach und nach durch Zugabe von Kalk und grobem organischem Material, das Ziehen von Gräben oder das Verlegen von Dränrohren verbessert werden kann. Harter, felsiger Untergrund oder ein hoher Grundwasserspiegel sind allerdings Probleme, die sich schwer beseitigen lassen, sofern man nicht Hochbeete anlegt, um die Tiefe der nutzbaren Bodenschicht zu vergrößern.

Schlechte Böden

Die Verbesserung eines unfruchtbaren oder »schwierigen« Bodens kann eine entmutigende Aufgabe sein, wenn man sich nicht zunächst darauf beschränkt, kleine Flächen möglichst tief umzugraben, die Drainage zu verbessern und alles verfügbare organische Material einzuarbeiten, um einzelne fruchtbare Beete für die ersten

GRÜNDÜNGUNG

Gründüngerpflanzen, die auf brachliegenden Flächen angebaut werden, schützen die Erdoberfläche, erhalten die Bodenstruktur und erhöhen, nachdem sie in den Boden eingearbeitet wurden, die Fruchtbarkeit. Sie können helfen, mageren Boden zu verbessern, ihn zwischen dem Anbau von zwei Gemüsekulturen zu pflegen und im Winter zu schützen. Gründüngerpflanzen werden abhängig von der Jahreszeit und dem Bodentyp ausgewählt.

- **Gelbe Lupine:** einjährige Pflanze, ab Frühjahr säen. Nach drei Monaten untergraben. Stickstoffsammler.
- **Bockshornklee:** einjährige Pflanze mit kräftiger Pfahlwurzel für verdichteten Unterboden. Ab Frühjahr säen, nach drei Monaten untergraben. Stickstoffsammler.
- **Luzerne:** winterharte, ausdauernde Pflanze mit langer Pfahlwurzel für harten Unterboden. Im Frühjahr oder Herbst aussäen, nach zwölf Monaten untergraben. Stickstoffsammler.
- **Senf:** raschwachsende, üppige Pflanze, die Unkraut erstickt. Kann jederzeit auf brachliegendem Boden eingesät werden und sechs Wochen oder länger dort wachsen. Leidet unter den gleichen Schädlingen und Krankheiten wie Kohl.
- **Puffbohne:** im Herbst säen, im Frühjahr untergraben. Stickstoffsammler.

Kulturen anzulegen. Beim Anpflanzen von Obstgehölzen in Tonböden muß man den Boden auch weit um den Wurzelraum herum verbessern, weil sonst Wasser aus dem umliegenden Boden in das Pflanzloch sickert und es in einen Sumpf verwandelt. Kalk ist eine wertvolle Hilfe zur Verbesserung von Tonböden, da er die feinen Partikel bindet und eine leichter zu bearbeitende krümelige Struktur entstehen läßt.

Kartoffeln sind im Küchengarten nützliche »Pionierpflanzen«, da für ihren Anbau und ihre Ernte Arbeiten notwendig sind, die zur Verbesserung der Bodenstruktur beitragen. Die Aussaat eines geeigneten Gründüngers (siehe links) auf brachliegenden Bodenflächen ist stets hilfreich, da er nach dem Einarbeiten in den Boden den Humusgehalt erhöht. Zudem lockern und durchlüften die tiefgehenden Wurzeln einiger Gründüngerarten den Unterboden. Mulchen trägt dazu bei, die erhöhte Bodenqualität zu bewahren und die Fruchtbarkeit zu erhöhen.

Möglicherweise muß man sich anfangs auf den Anbau von Pflanzen beschränken, die auch unter weniger günstigen Bedingungen gedeihen, im Fall von Ton- und Kreideböden etwa auf Kohl oder bei sehr sandigen Böden auf Wurzelgemüse. Wenn der Mutterboden dünn ist, verwendet man bei Wurzelgemüsen kurze Sorten, und wo Böden im Frühjahr naß sind oder sich nur zögernd erwärmen, zieht man Pflanzen erst unter Glas vor.

OBEN LINKS Verrottendes organisches Material wie Gartenkompost ist für die Fruchtbarkeit und die gesunde Struktur des Bodens unverzichtbar. Laub wird am besten getrennt in einem einfachen Behälter, etwa aus Drahtgeflecht, gelagert, wo man es langsam verrotten läßt, bevor man es dem Kompost zufügt oder als Bodenverbesserer verwendet.

LINKS Damit dichte Pflanzungen wie diese gesund bleiben, muß der Boden sehr fruchtbar gemacht werden.

Bodenfruchtbarkeit

Die Fruchtbarkeit eines Bodens hängt von einer Reihe von Faktoren ab, etwa von der Bodenstruktur (siehe Seite 16) und den zur Verfügung stehenden Nährstoffen. Letztere müssen in einer ausgewogenen Mischung vorhanden sein, wobei von einigen nur geringe Mengen erforderlich sind (siehe Spurenelemente, Seite 29), während von den Hauptnährstoffen größere Mengen gebraucht werden, damit die Pflanzen gesund bleiben (siehe Seite 29).

Die Versorgung mit Stickstoff bestimmt die Wachstumsrate einer Pflanze. Symptome für einen Mangel sind Kümmerwuchs, blasse, gelbgefleckte Blätter (Chlorose) und kleine, leuchtendgefärbte Früchte. Phosphat ist für ein gesundes Wurzelwachstum und das Reifen der Früchte notwendig. Bei einem Mangel entwickeln sich Wurzeln schlecht, Blätter verfärben sich blau oder violett, und es bilden sich wenig Früchte. Kalium verstärkt die Wirkung des Stickstoffs und fördert die Fruchtqualität und die allgemeine Gesundheit. Ein Mangel zeigt sich in Blattflecken und kleinen Ernten minderwertiger Früchte. Magnesium ist für die Keimung von Samen wichtig sowie für die Produktion von Chlorophyll, dem grünen Farbstoff in Blättern und Stengeln, der für eine wirksame Photosynthese unverzichtbar ist. Ein Mangel führt zum Absterben von Blattgewebe zwischen den Adern, zu einem vorzeitigen Verfärben der Blätter und dem Abfallen von jungem Laub. Schwefel unterstützt die Chlorophyllproduktion, Mangel verursacht Chlorose.

Als letzter Hauptnährstoff ist Kalzium zu nennen. Es wird von Pflanzen zur Gewebefestigung benutzt, bei Kalziummangel treten Probleme wie Spitzendürre, Stippigkeit und Blütenfäule auf.

Organische Dünger und ihre Verwendung

Düngerart	Enthaltene Nährstoffe	Verwendung
Stallmist	Kleine Mengen der meisten Nährstoffe; meist mit hohem Strohanteil; wertvoller Humusbildner	Reifen Mist untergraben oder verstreuen; frischen Mist aber aufsetzen oder kompostieren (für zwei Jahre)
Geflügelmist, Kaninchenmist	Enthält viel Stickstoff und Phosphate; am besten als Kompostaktivator und zur Herstellung von Flüssigdünger geeignet	Sparsam auf dem Boden verteilen (etwa 220 g/m²)
Altes Pilzsubstrat	Meist sterilisiert, besteht hauptsächlich aus kompostiertem Stroh; enthält Kalk und mitunter auch Pestizidrückstände	Als Mulch verwenden, jedoch nicht auf stark alkalischen Böden; verbessert aufgrund seines hohen Kalkgehalts Tonböden
Kompost	Qualität hängt vom Herstellungsprozeß ab, insgesamt ein wertvoller Lieferant von humusbildendem Material	Am besten in den Boden einarbeiten, da in einer Mulchdecke noch vorhandene Samen keimen könnten
Klärschlamm	Ausgefaulter Rückstand in Kläranlagen; ist meist reich an Stickstoff, enthält jedoch oft Schwermetalle und schwer abbaubare Chemikalien	Auf den Komposthaufen geben oder mit Stroh mischen und einige Monate aufsetzen, dann untergraben

pH-Wert

Die im Boden enthaltene Kalziummenge hat auch Einfluß auf den Säuregehalt des Bodens, der als sogenannter pH-Wert angegeben wird: Bei einem pH-Wert von 7 ist der Boden neutral, bei Werten darunter ist er sauer, darüber alkalisch. Die meisten Pflanzen gedeihen in leicht sauren Böden mit einem pH-Wert von 6–6,5 gut, Kohlpflanzen bevorzugen allerdings leicht alkalische Bedingungen.

Da Kalzium aus den meisten Böden leicht ausgewaschen wird, sollte man den pH-Wert jedes Jahr mit einem Bodenprobetest messen und wenn nötig korrigieren. Um den pH-Wert zu erhöhen und bei Tonböden die Struktur zu verbessern, kann man Kalk verteilen und einharken. Dies muß man jedoch stets rechtzeitig vor dem Pflanzen tun, und man darf nie gleichzeitig Mist ausbringen. Zudem darf nur gekalkt werden, nachdem man eine Bodenuntersuchung durchgeführt hat, weil eine Überkalkung des Bodens sich kaum wieder beheben läßt und die Pflanzen schwer schädigt.

Dünger

Nährstoffe können von Pflanzen nur in gelöster Form aufgenommen werden. Doch die Nährstoffe im Boden, die löslich sind, wäscht der Regen ständig aus, und sie wären bald erschöpft, würden sie nicht durch Zufügen von Mist oder Dünger wieder ergänzt. Frischer Mist enthält verhältnismäßig wenig lösliche Nährstoffe, doch im Verlauf der Verrottung gibt er sie ständig ab. Gleichzeitig verbessert er Struktur und Wasserhaltevermögen des Bodens, während reine Düngemittel

LINKS An Plätzen, an denen vermutlich die Wurzeln anderer Pflanzen wie Bäume, Sträucher oder Hecken ebenfalls Nährstoffe entziehen, muß besonders auf die Bodenfruchtbarkeit geachtet werden. Diese Dicken Bohnen, Möhren und Salatpflanzen sind gesund, da sie eine gute Düngung erhalten haben und die Bäume geschnitten wurden, so daß die Kulturen auch genügend Licht erhalten.

RECHTS Damit Pflanzen sich gesund entwickeln, ist eine breite Palette an Mineralstoffen erforderlich, aber jede Pflanze hat einen individuellen Nährstoffbedarf. Um eine so dichte, vielfältige Gemeinschaft aus Kräutern und Gemüsen ziehen zu können, sollten der gesamten Fläche durch eine Mischung aus organischen und mineralischen Düngern reichlich Nährstoffe zugeführt werden.

nur Nährstoffe liefern, aber keinen weiteren Nutzen haben. Am besten bringt man regelmäßig möglichst reichliche Mist- oder Kompostgaben im Herbst in einer 8–10 cm dicken Schicht aus, harkt diese im Frühjahr unter und arbeitet sie dann beim Umgraben in den Boden ein.

»Bio-Gärten«

Viele Gärtner ziehen heute »biologische« Anbaumethoden vor und verzichten immer häufiger auf Kunstdünger und chemische Pflanzenschutzmittel. Sie bemühen sich, durch eine sorgsame Kultur und den Einsatz tierischer oder pflanzlicher organischer Dünger sowie natürlicher Mineralstoffe die Bodenfruchtbarkeit zu verbessern und Schädlinge und Krankheiten durch mechanische oder vorbeugende Maßnahmen zu kontrollieren. Da es oft schwierig ist, genügend Kompost herzustellen oder Mist zu kaufen, und Probleme die Tendenz haben, schnell einmal außer Kontrolle zu geraten, kann es, zumindest anfangs, Schwierigkeiten bereiten, wenn man auf anorganische Dünger und chemische Mittel vollkommen verzichtet. Natürlich kommt aber solch ein weitgehend »biologischer« Anbau sowohl Boden als auch Pflanzen zugute.

Kompostbereitung

Der beste Kompost entsteht in großen stabilen Holzbehältern oder handelsüblichen Kunststofftonnen, die direkt auf die nackte Erde gesetzt werden, damit Regenwürmer Zugang haben. Auf den Boden legt man eine 5 cm dicke Schicht aus grobfasrigen Stengeln oder Zweigen, darauf kommt eine 15–20 cm dicke gemischte Schicht aus feuchten Pflanzenresten, Mist und Küchenabfällen. Ausdauernde Unkräuter und Pflanzen, die krank sind oder Samen ausgebildet haben, sollte man nicht verwenden. Nun wird der Behälter nach und nach mit ähnlichen Schichten gefüllt, wobei man im Herbst und Winter Komposthilfen wie Geflügelmist, einen handelsüblichen Aktivator oder Ammoniumsulfat hinzufügt. Das Material wird mit perforiertem Kunststoff, Sackleinwand oder alten Matten und einem regenundurchlässigen Deckel zugedeckt. Nach Möglichkeit sollte der Kompost ein- oder zweimal umgesetzt werden, damit er gleichmäßig verrottet. Kleine, locker geschichtete Abfallmengen kann man in verschlossenen schwarzen Foliensäcken lagern, doch die Verrottung kann hier ein Jahr und länger dauern.

Anbaurichtlinien

Recht früh sollte man sich darüber im klaren sein, was man anbauen will und wo. Vollständige Selbstversorger brauchen eine große Fläche und zudem viel Zeit und Einsatz. Wer sich hingegen auf einige wenige Lieblingspflanzen beschränkt, dem genügt oft schon ein kleiner Garten. Kräuter können zugleich eine Zierde sein, Obstgehölze lassen sich häufig in dekorativen Formen erziehen, und in Blumenbeeten können ein paar Gemüse wachsen. Viele Pflanzen gedeihen selbst in Töpfen gut.

Größere Obst- und Gemüsekulturen sollte man jedoch in einem getrennten Nutzgarten ziehen, dessen Form und Größe vom Garten insgesamt bestimmt wird. Der Anbau ist einfacher, wenn man die Fläche in mehrere Beete unterteilt, zwischen denen man Wege anlegt, die bequemen Zugang erlauben. Die Hauptwege sollten dauerhaft angelegt und so breit sein, daß auch eine Schubkarre Platz hat. Schmalere Wege kann man jedes Jahr nach Bedarf neu ziehen. Achten Sie darauf, daß alle Beete in erreichbarer Nähe eines Wasseranschlusses liegen.

Berücksichtigen Sie Platz für Komposthaufen, Saat- und Anzuchtbeete und, falls gewünscht, für ausdauernde Pflanzen wie Rhabarber, Spargel und Topinambur. Einjährige Kräuter können zwischen Gemüsen wachsen, ausdauernde Arten sollten jedoch ein eigenes Beet bekommen, am Rand des Küchengartens oder nahe beim Haus. Auch die meisten Obstpflanzen brauchen einen festen Platz. Man kann sie entweder zusammensetzen oder als lebende Trennwände zwischen Wege und Beete pflanzen.

Fruchtwechsel

Seit jeher achtet man darauf, auf einem Beet ein Gemüse möglichst nur ein Jahr lang anzubauen und im nächsten Jahr ein anderes zu pflanzen. Dieser Fruchtwechsel dient hauptsächlich dazu, Bodenmüdigkeit und die Entwicklung von bodenbürtigen Schädlingen und Krankheitsorganismen zu verhindern, deren Lebenszyklus durch den Anbau nicht verwandter Pflanzenarten unterbrochen werden kann.

Beim Fruchtwechsel faßt man Pflanzen mit ähnlichen Bedürfnissen und Anfälligkeiten in Gruppen zusammen und pflanzt sie jedes Jahr in ein anderes Beet. Eine klassische vierjährige Fruchtfolge kann etwa mit Kartoffeln beginnen, denen Wurzelgemüse folgen, dann Hülsenfrüchte und im vierten Jahr Kohl. Der Boden wird dabei jedes Jahr abhängig von den Bedürfnissen der Pflanzen, die gerade an der Reihe sind, bearbeitet. Dieser Plan kann aber verändert werden, etwa indem man auf Kartoffeln verzichtet oder sie in einem dreijährigen Wechsel mit Kohl zusammen zieht, Zwiebeln mit Hülsenfrüchten kombiniert oder ihnen ein dauerhaftes Beet überläßt oder in einem Jahr Gründünger anbaut.

In der Praxis kann Platzmangel es schwierig machen, ein starres System einzuhalten, da sich die Kultur einiger Gemüse, vor allem Wintergemüse, mit der

Beispiel für Fruchtwechsel

Wie oben erläutert, geht es bei einem Fruchtwechsel darum, Gruppen von Gemüsen mit ähnlichen Ansprüchen oder Anfälligkeiten jedes Jahr an einen neuen Platz zu setzen. In diesem Beispiel werden die Kulturen in drei Gruppen zusammengefaßt, so daß sie im vierten Jahr wieder an ihre Ausgangsposition zurückkehren. Bevor die Gemüse von Gruppe 1 angebaut werden, sollte man den Boden bearbeiten und gut mit Mist oder Kompost düngen. Im folgenden Jahr wird dieses Beet für Gruppe 2 mit Mist oder Kompost gedüngt und gekalkt. Im dritten Jahr lockert man den Boden für Gruppe 3 mit der Gabel und bringt handelsüblichen Dünger aus.

AUSWAHL VON KULTUREN FÜR EINEN DREIJÄHRIGEN FRUCHTWECHSEL

Gruppe 1 *Gruppe 2* *Gruppe 3*

1. JAHR

Beet A Beet B Beet C

Gruppe 1 *Gruppe 2* *Gruppe 3*

Gleichmäßige Abstände gewährleisten rasches, einheitliches Wachstum. Um das sicherzustellen, kann man dünn säen und die Sämlinge frühzeitig verziehen. Ebenso wichtig ist es, beim Verpflanzen optimale Abstände einzuhalten. Die Wahl des Abstands hängt von der jeweiligen Gemüseart ab und davon, ob der Boden, wie hier, unkrautfrei gehalten werden muß.

anderer zeitlich überschneidet und manche ohnehin nur schlecht in einen Anbauplan eingefügt werden können. Auch wird man mit der üblichen Fruchtfolge nicht allen Krankheitserregern Herr, von denen manche viele Jahre im Boden überleben. Dennoch ist ein Fruchtwechsel sinnvoll und sollte, wann immer möglich, vorgenommen werden.

Pflanzabstände

Bei der Aufteilung der Beete müssen Sie daran denken, daß jede Pflanze eine bestimmte Fläche braucht, um optimal zu gedeihen. Bei Obstpflanzen sind großzügige Abstände erforderlich, damit sie gesund bleiben und maximale Erträge bringen, doch ein guter Schnitt läßt zwischen ihnen oft genug Licht entstehen, um einige Gemüse oder Kräuter zu ziehen. Die traditionell üblichen Abstände zwischen den Gemüsereihen erlauben es, zur Pflege durch die Reihen zu gehen, doch sofern nicht Zwischenkulturen gezogen werden, kann man in kleinen Gärten viel Platz sparen, wenn die Pflanzen rundum gleich dicht stehen.

Pflanzabstände werden im allgemeinen so berechnet, daß die vorhandene Fläche maximale Erträge bringt. Dennoch kann man auch bei einer größeren Pflanzdichte eine gute Ernte erzielen, wenngleich die Pflanzen kleiner bleiben, was aber in manchen Fällen (siehe beispielsweise Mini-Blumenkohl, Seite 50) durchaus wünschenswert ist. Pflanzen wie Kopfsalat und Kopfkohl benötigen nur den halben Abstand, wenn man jede zweite Pflanze noch jung erntet. Die Verwendung kleiner oder kompakter Sorten, die geringe Pflanzabstände tolerieren, bietet ebenfalls die Möglichkeit, den Platz gut zu nutzen, da man mehr Pflanzen ziehen kann, auch wenn die Gesamternte dadurch kaum größer werden wird.

Kulturfolgen

Ein nach Monaten unterteilter Anbauplan für ein Jahr hilft, die zur Verfügung stehende Fläche und Zeit optimal zu nutzen, wobei natürlich eine gewisse Flexibilität notwendig ist, falls unerwartet schlechtes Wetter oder irgend etwas anderes dazwischenkommt. Gemüse haben unterschiedliche Entwicklungszeiten

Oft ist die Versuchung groß, die gesamte Fläche gleichzeitig mit einer großen Vielfalt an Kulturen zu bepflanzen und zu wenig Platz für spätere Aussaaten zu lassen, so daß die Versorgung bis zum Ende der Saison und darüber hinaus nicht mehr gewährleistet ist. Aber wer ein wenig Erfahrung hat und sorgfältig plant, weiß schon früh in der Wachstumsperiode, wieviel Platz er freilassen oder zunächst mit Zwischenkulturen oder Gründüngerpflanzen einsäen muß. Hier wachsen drei Salatkulturen nebeneinander, die zu unterschiedlichen Zeiten ausgesät wurden. Unbedeckter Boden muß unkrautfrei gehalten werden. Flächen, die man mit der Hacke nicht erreicht, jätet man von Hand.

und Platzansprüche. Lassen Sie nach Möglichkeit nie Flächen ungenutzt: Oft kann man im Anzuchtbeet Jungpflanzen bereithalten, die umgesetzt werden, sobald ein Beet abgeräumt ist, und möglicherweise läßt sich vor Aussaat der nächsten Hauptkultur eine raschwüchsige Zwischenfrucht wie Kopfsalat, Radieschen oder eine Gründüngerpflanze einfügen.

Damit möglichst ununterbrochen frisches Gemüse zur Verfügung steht, sollte man versuchen, den ungefähren Erntetermin abzuschätzen und die Aussaaten so zu verteilen, daß es zu keiner Zeit eine Überversorgung oder Engpässe gibt. Besonders willkommen sind Gemüse, die im Spätwinter und Frühjahr erntereif werden. Da oft verschiedene Sorten der gleichen Frucht zu unterschiedlichen Zeiten reifen, kann man, etwa beim Anbau von zwei oder drei Erbsen-, Kartoffel- oder Porreesorten, eine lange, ununterbrochene Ernte sicherstellen. Denken Sie daran, daß sich überschüssige Gemüse, Kräuter und Obst auf vielfältige Weise konservieren lassen, unterscheiden Sie jedoch zwischen Kulturen und Sorten für den sofortigen Verbrauch und solchen für die Lagerung.

Fortlaufende Aussaat

Einige erntereife Gemüse bleiben mehrere Wochen in gutem Zustand, andere verderben dagegen rasch oder bilden Samen aus und müssen sofort verbraucht werden. Sollte man daher Überschüsse nicht einfrieren oder auf andere Weise konservieren können, ist es besser, mehrere kleine aufeinanderfolgende Aussaaten vorzunehmen. Sät man bald nach Aufgehen der vorangegangenen Saat erneut, sollte es möglich sein, Engpässe zu vermeiden.

Flächen, die für ein bestimmtes Gemüse vorbereitet wurden, können in der laufenden Wachstumsperiode vielleicht noch einmal für die gleiche Frucht genutzt werden, sofern keine Probleme mit Schädlingen oder Krankheiten aufgetreten sind und der Boden eine Kopfdüngung erhält. Frühe Brokkoli- oder Kohlsorten können auf diese Weise das ganze Jahr angebaut und geerntet werden, wobei man die Folgekulturen im Saatbeet vorzieht und umsetzt, sobald die erste Ernte abgeschlossen ist.

Zwischenkulturen

Wenn eine Frucht, die nur langsam wächst, mit dem endgültigen Abstand gesät oder gepflanzt wird, ist oft zwischen den Reihen und Pflanzen noch Platz für eine andere Frucht oder eine rascher wachsende Sorte des gleichen Gemüses, die abgeräumt wird, bevor die Hauptkultur den gesamten Platz beansprucht. Kohl benötigt sehr viel Fläche, aber möglicherweise hat zwischen den Wintersorten eine Reihe Sommerkohl Platz, wenn er frühzeitig geerntet wird. Man kann Jungpflanzen einer Folgefrucht zwischen die Reihen ihrer reifenden Vorgänger pflanzen oder dort säen und später versetzen. Rasch wachsende kleine Kopfsalatsorten können zwischen Eisbergsalat gepflanzt werden, der nur langsam Köpfe bildet, oder man sät Pflücksalat um kopfbildende Sorten und läßt ihn nach dem Abräumen letzterer weiterwachsen.

Zudem ist es möglich, verschiedene Gemüse in einem Beet zu ziehen, sofern sie ähnliche Bedürfnisse haben. In gutem Boden können beispielsweise Maispflanzen als Stützen für Stangenbohnen dienen, während darunter kriechende Kürbisse das Austrocknen des Bodens verhindern und die Zwischenräume optimal nutzen. Für eine solch intensive Anbauweise muß der Boden jedoch sehr fruchtbar sein, und man sollte die Pflanzen mit vollem Abstand ziehen, damit nicht Schatten und beengte Verhältnisse Krankheiten begünstigen oder die Erträge stark vermindern.

Verlängerung der Wachstumsperiode

Oft kann man die nutzbare Wachstumsperiode am Anfang und am Ende um jeweils zwei bis drei Wochen

Glashauben eignen sich ideal zum Schutz früher Saaten – da sie recht hoch sind, haben die Pflanzen unter ihnen mehr Platz und sind besser vor Frost geschützt. Man nutzt die geschützte Fläche am besten, indem man enge Reihenabstände wählt oder zwei und mehr Kulturen zusammensetzt, die nicht um Platz konkurrieren, etwa, wie hier, Frühlingszwiebeln und Möhren. Die Enden der Tunnel schließt man mit Glasscheiben, damit sich nicht der Wind in ihnen fängt.

Tunnel verwenden

Tunnel sind Abdeckungen aus Glas oder Kunststoff, die frühe oder späte Kulturen bei niedrigen Temperaturen schützen. Am besten eignet sich Glas, aber es ist nicht nur schwer und teuer, sondern zerbricht auch leicht. Der leichtere Kunststoff muß aus Gründen der Stabilität befestigt werden.
Aus Glas oder Polykarbonat werden starre Konstruktionen hergestellt, bei denen man zwei Platten mit Klammern zu einfachen Zelten zusammenfügt oder vier Platten mit Draht zu höheren Hauben. Zudem gibt es größere Haubenkonstruktionen, bei denen Polyethylenfolie über Spezialrahmen gespannt wird.
Gekaufte oder selbstgebaute Folientunnel können zum Abdecken von Beeten unterschiedlicher Größe benutzt werden. Polyethylenfolie kann man über Drahtbügel, die in gleichmäßigen Abständen aufgestellt werden, spannen und an beiden Enden an Pflöcke binden. Weitere Drahtbügel oder Schnur über der Folie halten sie straff. Solche Folie hält etwa zwei bis drei Anbauperioden und kann zur Belüftung und Bewässerung angehoben werden.
Überdies sind Glas- oder Kunststoffhauben für Einzelpflanzen erhältlich.
Viele Gärtner verwenden nach dem Auspflanzen Kunststoffbehälter ohne Boden als provisorischen Schutz für empfindliche Kulturen.

verlängern, indem man durch ein Frühbeet oder tragbare Tunnel Pflanzen vor Wind schützt und die Boden- und Lufttemperatur erhöht. Solche Vorrichtungen machen auch die Kultur von wärmeliebenden Freilandpflanzen wie Gurken in kühleren Klimalagen möglich.

Ein Frühbeet wird benutzt, um frühe Sämlinge zu schützen und Pflanzen abzuhärten, die im Warmen vorgezogen wurden (siehe Seite 43). Wo es direkt auf Erde steht, können in ihm jedoch auch frühe Kulturen bis zur Reife gelangen oder noch im Herbst Sämlinge gepflanzt werden, um eine späte Ernte zu ermöglichen. Falls es mit Bodenheizkabeln ausgerüstet oder tragbar ist, so daß es auf warmen Kompost oder Mist gesetzt werden kann, kann man vielleicht sogar im Winter sehr frühe Kulturen wie Salat oder Möhren ziehen.

Im Spätwinter und zu Frühjahrsbeginn verwendet man Tunnel oder Frühbeete dazu, Erdbeeren zu treiben oder den Boden zu erwärmen und abtrocknen zu lassen, um frühe Gemüse zu säen, und sie bleiben so lange an ihrem Platz, bis die Kulturen abgeräumt oder langsam an Freilandbedingungen gewöhnt werden können. Sorgen Sie dafür, daß der Boden sehr fruchtbar ist und die Pflanzen sehr eng stehen, wenn möglich mit Zwischenkulturen, um den Platz optimal zu nutzen, doch denken Sie daran, zu wässern und häufig zu lüften, um der Gefahr von Pilzerkrankungen rechtzeitig vorzubeugen.

Damit man Tunnel nicht durch den ganzen Garten tragen muß, wobei Glasscheiben zerbrechen können, organisiert man seinen Anbauplan so, daß Kulturen, die nacheinander Schutz brauchen, aneinandergrenzen. Auf diese Weise muß man die Tunnel nur von einer Reihe zur nächsten bringen. So können etwa im Spätwinter gesäte Möhren und Salate bis Mitte des Frühjahrs abgedeckt werden, dann setzt man die Tunnel über den Zuckermais, wo sie bis zum Frühsommer bleiben. Anschließend kann man sie zum Schutz von Paprika und Melonen verwenden, die bereits zu einem früheren Zeitpunkt unter Glas gesät wurden. Nachdem man sie im Frühherbst geerntet hat, setzt man die Tunnel über im Spätsommer gesäte Radieschen, Möhren und Frühlingszwiebeln oder benutzt sie, um die letzten Buschtomaten und Monatserdbeeren reifen zu lassen.

Eine Alternative zu Tunneln sind Abdeckungen aus Gewebe, perforierter Folie oder Vlies. Geht man sorgsam mit ihnen um, halten sie länger als eine Wachstumsperiode. Für windige Lagen und Gärten, in denen häufig gejätet werden muß, ist ihre Verwendung jedoch nicht empfehlenswert. Die Abdeckungen erwärmen den Boden vor frühen Saaten und werden nach der Aussaat sofort wieder aufgelegt. Man entfernt sie erst, sobald die Pflanzen gut gedeihen. Leichtere Materialien können während der gesamten Entwicklung von bestimmten Kulturen wie Möhren oder Kohl an ihrem Platz bleiben. Die Gemüse heben die Abdeckung hoch, während sie heranwachsen, und sie sind darunter vor Freßfeinden

Allgemeine Pflegearbeiten

Sämlinge und Jungpflanzen scheinen voller Lebenskraft und Versprechungen, doch vom Moment an, in dem sie zu wachsen beginnen, haben sie viel zu tun. Während ihre Wurzeln auf der ständigen Suche nach Wasser und Nährstoffen sind, müssen sie sich gegen die Konkurrenz anpassungsfähiger und mitunter wuchernder Unkräuter wehren und ihre natürlichen Widerstandskräfte gegen Schädlinge und Krankheiten aufbieten. Unsere Aufgabe als Gärtner ist es, für sie die bestmöglichen Bodenbedingungen zu schaffen, sie durch behutsame Pflegemaßnahmen zu unterstützen und im Bedarfsfall einzugreifen, damit sie zur Reife kommen und schließlich geerntet werden können.

Bei guter Planung und Pflege kann auch in einem kleinen Küchengarten eine große Vielfalt frischer Produkte gezogen werden wie Porree, Markkürbisse, Gartenbohnen, Artischocken und Möhren. Rotkohl und roter Mangold sorgen in diesem ohnehin reizvollen Gärtchen für weitere Farbe. Die blühenden Zwiebeln und der rote Salat werden bald geerntet, um Platz für spätere Aussaaten und Pflanzungen zu schaffen.

Vorbereitung des Bodens

Nicht jeder hat das Glück, mit einem sauberen Boden beginnen zu können, und manch einer steht sogar einem überwucherten Grundstück gegenüber. Lassen Sie sich dadurch nicht entmutigen: Schneiden Sie die Unkräuter ab, beseitigen Sie alle größeren Hindernisse, und mähen Sie dann noch vorhandene Pflanzen mit einem Sichelmäher sehr kurz. Nun graben Sie den Boden um oder gehen mit der Motorhacke darüber und sammeln dabei alle Wurzeln aller ausdauernden Unkräuter ein oder harken sie anschließend mit dem Rechen heraus. Wer einen ganzen Sommer Zeit hat, wiederholt diese Bearbeitung im Abstand von etwa zwei Wochen bei trockenem Wetter und entfernt jedesmal freigelegte Unkrautstücke. Auf diese Weise sollten schließlich die meisten Unkrautwurzeln vernichtet sein, aber es ist eine drastische Maßnahme, die vorübergehend die Bodenstruktur schädigt. Eine weitere Methode, mit der die meisten hartnäckigen Unkräuter vernichtet werden können, besteht im Abdecken der gesamten Bodenfläche mit schwarzer Folie oder alten Teppichen während einer ganzen Wachstumsperiode.

Bekämpft man das Unkraut im Herbst, kann der Boden bis zum Frühjahr grob umgegraben liegenbleiben. Sprießen die überlebenden Unkräuter dann neu, hebt man sie mit der Grabegabel heraus. Bevor Sie in Ihrem Küchengarten mit dem Anbau von Gemüse, Obst und Kräutern beginnen, sollten ausdauernde Unkräuter wie etwa Giersch und Quecke möglichst vollständig beseitigt worden sein, da sie sich sonst aus im Boden verbliebenen Rhizomen wieder sehr rasch ausbreiten und in den Kulturen nur noch mühsam zu bekämpfen sind.

Es gibt überzeugende Argumente für und gegen das Umgraben, doch selbst in einem Gemüsegarten, in dem nicht umgegraben wird, ist zunächst eine gründliche Bodenbearbeitung nötig, um eine gute Drainage sicherzustellen, die Belüftung der Erde für Pflanzenwurzeln und nützliche Bodenorganismen zu verbessern und Dünger auszubringen. Es ist aber nicht von Vorteil, jedes Jahr umzugraben, denn dies schädigt die Bodenstruktur und läßt leichte Böden rascher austrocknen. Schwerem und verdichtetem Boden kommt es jedoch zugute, wenn Luft in ihn gelangt und er durch Frost krümelig wird. Gräbt man beim ersten Mal tief um, mag es später ausreichen, den Boden jedes Jahr nur einen Spatenstich tief zu umbrechen oder mit der Grabegabel zu bearbeiten. Eine tiefe Bearbeitung wird nur wiederholt, wenn die Erträge sinken oder es Anzeichen dafür gibt, daß die Drainage schlecht ist.

Tonböden gräbt man am besten im Herbst um und läßt sie in Schollen liegen, damit der Frost auf eine möglichst große Fläche einwirken kann und der Winterregen sie nicht verdichtet. Viele Gärtner graben sandige Böden nur im Frühjahr um und ziehen es vor, sie während des Winters durch eine Mulchdecke oder Gründüngerpflanzen vor schwerem Regen zu schützen. Man darf aber niemals umgraben, wenn der Boden gefroren oder sehr naß ist, da man dadurch die Bodenstruktur ernstlich schädigen kann.

Rigolen eines Beetes

Durch Umgraben eines Gemüsebeetes in doppelter Spatentiefe lockert und lüftet man verdichteten Boden, was es Wurzeln erlaubt, auf der Suche nach Wasser und Nährstoffen tiefer vorzudringen. Der Nutzen hält lange Zeit an, und möglicherweise muß nur alle paar Jahre einmal rigolt werden. Wo reichlich Kompost oder Mist vorhanden ist, kann etwas in die untere Schicht eingearbeitet werden, wichtiger aber ist, daß der Unterboden mit der Grabegabel gelockert wird. Organisches Material bleibt am besten für den Oberboden reserviert, da es dort für die Pflanzen leichter verfügbar ist. Man muß darauf achten, daß der Unterboden unten bleibt.

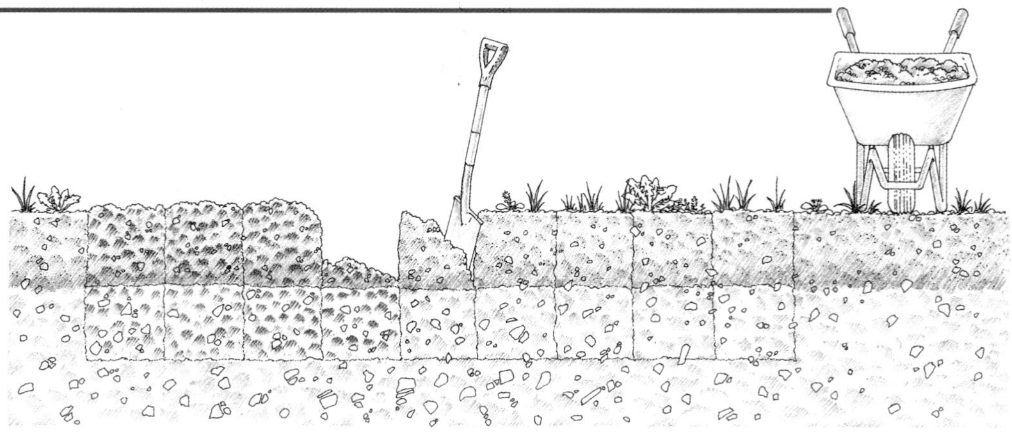

Das Umgraben erfolgt von links nach rechts, wobei der Oberboden des ersten Grabens in eine Schubkarre geladen und zum Auffüllen des letzten Grabens ans andere Ende des Beetes gefahren wird.

Wenn man Boden gleich nach Abräumen einer Kultur bearbeitet, bleibt er für neue Saatbeete oder Folgekulturen geeignet. Es ist stets ratsam, Boden, der durch Begehen verdichtet wurde (wie hier zwischen Sämlings- und Salatreihen), zu lockern, um eine gute Belüftung und Drainage sicherzustellen. Wenn man unbepflanzte Flächen mit der Grabegabel bearbeitet, entfernt man gleichzeitig Steine und alle ausdauernden Unkräuter.

Tips zum Umgraben

• Wie bei allen anstrengenden Tätigkeiten gräbt man nur so lange um, wie die Arbeit nicht beschwerlich wird, und hört auf, bevor man müde ist.
• Bearbeiten Sie das Beet mit gleichmäßigem Tempo, und legen Sie am Ende jeder Reihe eine Pause ein, um den Rücken zu strecken und den Spaten zu säubern.
• Wählen Sie zum Umgraben einen freundlichen Tag; die Erde darf weder gefroren noch naß sein.
• Stechen Sie das Spatenblatt senkrecht ganz in den Boden, so daß für den nächsten Spatenstich eine glatte Fläche entsteht.
• Wenden Sie bei jedem Spatenstich die unterste Erde zuoberst, um sie zu lockern und Unkräuter zu begraben.
• Einjährige Unkräuter können eingearbeitet werden, ausdauernde Unkräuter müssen Sie jedoch mit allen Wurzelstücken entfernen.
• Falls das Beet nicht sofort gebraucht wird, lassen Sie es in Schollen liegen, glätten es aber grob, um sich später Arbeit zu sparen.
• Lassen Sie den Unterboden dort, wo er hingehört, unter dem dunkleren fruchtbaren Oberboden.

Rigolen

Beim Rigolen wird der Boden mindestens zwei Spaten tief umgegraben. Dies ist für eine anfängliche und von Zeit zu Zeit wiederholte, tiefe Bodenbearbeitung ideal. Traditionelle Küchengärten waren in vier Bereiche unterteilt, von denen jeweils einer im Herbst rigolt wurde (siehe Rigolen eines Beetes, links).

Am einfachsten ist es, einen Graben in Spatentiefe auszuheben und diese ausgehobene Erde ans andere Ende des Beetes zu bringen. Dann lockert man mit der Grabegabel den Unterboden ebenfalls eine Spatentiefe, wobei man gleichzeitig reichlich verrotteten Mist oder Kompost einarbeitet. Nun hebt man den nächsten Graben aus und bedeckt mit diesem Oberboden den ersten Graben. Wenn man das Ende des Beetes erreicht hat, füllt man den letzten Graben mit der Erde aus dem ersten Graben. Grasnarbe oder einjährige Unkräuter können mit dem Spaten gestochen und zuunterst in die Gräben eingebracht werden, wo sie verrotten und so zur Humusbildung beitragen. Ausdauernde Unkräuter sollte man jedoch möglichst gründlich entfernen, da sie auch aus kleinsten Wurzelstücken wieder austreiben. Größere Beete teilt man der Länge nach in zwei gleiche Hälften. Arbeitet man dann auf der einen Seite abwärts und auf der anderen wieder aufwärts, muß man die Erde aus dem ersten Graben nur über eine kleine Distanz am Kopfende des Beetes tragen.

Einfaches Umgraben

In den meisten Fällen reicht es aus, einen Spatenstich tief umzugraben, besonders dort, wo der Boden in den vergangenen Jahren tief bearbeitet wurde und er genügend fruchtbar und durchlässig ist. Einfaches Umgraben dient dazu, Mist oder Kompost sowie einjährige Unkräuter und Gründüngerpflanzen einzuarbeiten. Man hebt, wie beim Rigolen, zunächst einen Graben in Spatenstichtiefe aus, wirft den Oberboden vom nächsten Graben umgedreht in den ersten und arbeitet dann in diesen Oberboden mit der Grabegabel großzügig organisches Material ein. Wenn Flächen zu klein sind oder es schwierig ist, gerade Gräben auszuheben, kann man sich damit begnügen, einfach jeden Spaten Erde an seinem ursprünglichen Platz umzudrehen.

Arbeiten mit der Grabegabel

Durch einfaches Umgraben mit der Grabegabel lockert und lüftet man den Boden, wobei größere Schollen zerkleinert werden. Anschließend kann man zur Anlage eines Saatbeetes die Erde harken (siehe Seite 37). Die Grabegabel wird auch benutzt, um Mulch und die jährlichen Mist- oder Kompostgaben einzuarbeiten. Zur Lockerung von Unkräutern oder Verkrustungen nach Regen wird die Grabegabel etwa in halber Tiefe in den Boden gestochen.

Wässern und Düngen

Über weite Zeiten des Jahres wird Wasser im Boden gespeichert. Wie groß diese Menge ist, hängt vom Bodentyp ab: In sandigen Böden ist das Wasser im Vergleich zu Tonböden, die dreimal soviel halten können, relativ rasch erschöpft.

Man kann den Zeitpunkt, ab dem zusätzlich gewässert werden muß, aber hinausschieben, indem man in den Boden organisches Material einarbeitet, um den Anteil an Humus zu erhöhen, der wie ein Schwamm wirkt und große Mengen Wasser halten kann. Mulchen schützt die Erdoberfläche vor Sonne und Wind und reduziert die Wassermenge, die durch Verdunstung verlorengeht, dennoch kommt irgendwann der Punkt, an dem Wässern notwendig wird.

Wann gewässert wird

Die ersten Anzeichen für Wassermangel sind unauffällig. Stengel und Blätter sind nicht mehr so elastisch, wenn man sie vorsichtig biegt, Blätter verlieren ihren natürlichen Glanz und werden matt, und die Pflanzen wachsen langsamer. Es wäre unklug, mit dem Wässern zu warten, bis die Pflanzen welken oder nicht mehr blühen, da sie sich dann vielleicht nicht mehr erholen. Zu frühes Wässern kann ebenfalls schädlich sein, da es lösliche Nährstoffe aus dem Boden auswäscht, den Geschmack beeinträchtigt und die Blattentwicklung auf Kosten der Ernte fördert.
Es gibt bestimmte Pflanzen, Standorte und Entwicklungsstadien verschiedener Kulturen, wo ein Wässern zur richtigen Zeit entscheidend ist. So sollten keimende Samen, Sämlinge, Blattgemüse und Pflanzen, die vor kurzem versetzt oder gepflanzt wurden, niemals austrocknen. Obstpflanzen müssen während der Blüte und wenn ihre Früchte zu schwellen beginnen, gewässert werden. Wurzelgemüse bevorzugen in den ersten Entwicklungsstadien ständig feuchte Erde und brauchen größere Wassergaben, sobald sich ihre Wurzeln entwickeln. Pflanzen, die am Fuße einer Mauer oder an windigen Plätzen wachsen, müssen möglicherweise häufiger als andere gegossen werden.

Sämlinge und sehr junge Pflanzen müssen wenig und oft gegossen werden, ansonsten ist gründliches Wässern besser als ein wenig. Man sollte normalerweise etwa 5 l Wasser pro m² geben, bei besonders hohem Bedarf bis zu 20 l pro m². Leichte Böden wässert man alle acht bis zehn Tage, Tonböden alle zwei Wochen. Nach Möglichkeit sollte man an windstillen, bedeckten Tagen oder abends gießen, damit möglichst wenig Wasser verdunstet.

Einzelne Pflanzen wässert man am besten mit der Gießkanne, für Sämlinge verwendet man eine feine Brause. Für große Flächen ist ein Schlauch mit einer Brause geeignet, aber ermüdend, was oft dazu führt, daß nicht genügend gewässert wird. Schwenkregner bewässern große Flächen, doch falls sie sich nicht genau einstellen lassen, geht viel Wasser verloren, zudem verschlämmt die Bodenoberfläche. Die wirksamste Methode zur Bewässerung bilden Tröpfel- oder Beregnungsschläuche (siehe Kulturen wässern, links unten).

Kulturen wässern

Ausreichende Mengen Wasser sind für ein konstantes Wachstum wichtig, doch Wasser ist auch kostbar und sollte nicht verschwendet werden. Am besten werden Pflanzen einzeln mit der Gießkanne gewässert oder mit einem Schlauchsystem, das die Wassermenge steuert und nur dorthin Wasser bringt, wo es gebraucht wird. Flexible Tröpfelschläuche haben zahlreiche kleine Löcher, aus denen das Wasser langsam in die Erde sickert, Beregnungsschläuche bewässern die umliegenden Pflanzen von oben. Beide Systeme können fest installiert oder nach Bedarf verlegt werden.

Beregnungsschläuche bilden ein effizientes, anpassungsfähiges System zur Bewässerung gerader Pflanzreihen.

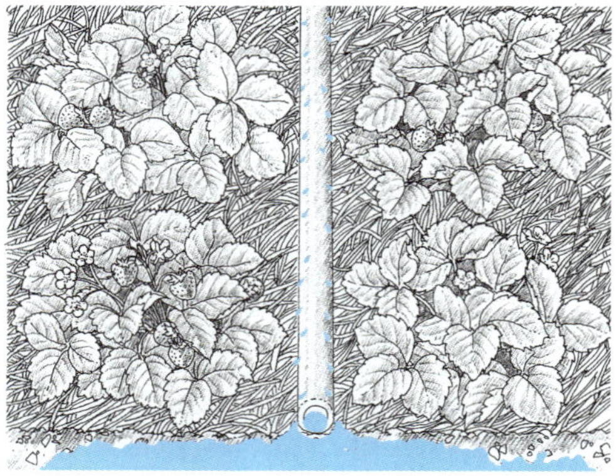

Wo Blätter oder Früchte trocken bleiben müssen oder Pflanzen nicht in Reihen stehen, nimmt man einen Tröpfelschlauch.

Während Pflanzen wie Kartoffeln mit Gießkanne oder Gartenschlauch gegossen werden können, wässert man Blattgemüse und andere Kulturen, die viel Wasser brauchen, am besten mit Beregnungsschläuchen, die an Ort und Stelle bleiben.

Wann gedüngt wird

Wenn der Boden gründlich bearbeitet wurde und regelmäßig Mist- oder Kompostgaben erhält, damit er fruchtbar bleibt, kommen Kulturen ohne zusätzliche Düngung zur Reife. Gärtner haben jedoch hohe Erwartungen an ihre Pflanzen, und auf ärmeren Böden oder am Ende des Winters, wenn Niederschläge aus leichten Böden die Nährstoffe ausgewaschen haben, kann eine Düngung über späteren Erfolg und Mißerfolg entscheiden.

Die wichtigsten Nährstoffe für Pflanzen sind Stickstoff, Phosphor und Kalium (siehe auch Seite 18), die gewöhnlich in dieser Reihenfolge aufgeführt und mit ihren chemischen Symbolen – N, P und K – abgekürzt werden. Alle Dünger werden nach ihrem NPK-Verhältnis gewertet. Dünger können rasch oder langsam wirken und mineralischen oder organischen Ursprungs sein. Einige liefern nur einen dieser Nährstoffe, beispielsweise Pottasche, bei dem das NPK-Verhältnis 0 : 0 : 10 beträgt, bei anderen handelt es sich um Volldünger, die aus einer ausgewogenen Mischung für den allgemeinen Gebrauch bestehen.

Dünger werden in Form von Pulver oder Granulat als Grunddüngung ausgebracht und vor dem Säen oder Pflanzen in den Boden eingeharkt, als Kopfdüngung um wachsende Pflanzen gestreut und eingeharkt oder eingewässert oder zur Blattdüngung verwendet, die – als Flüssigkeit direkt auf das Laub der Pflanzen gespritzt – rasch wirkt. Sie ergänzen das Grundniveau an Bodenfruchtbarkeit, das entsteht, indem man bei der Bodenbearbeitung organisches Material hinzufügt. Eine Grunddüngung mit Volldüngern wie Blut-, Fisch- oder Knochenmehl zur Aussaat- oder Pflanzzeit fördert kräftiges, frühes Wachstum, das gegebenenfalls durch spätere Kopfdüngungen erhalten wird. Man muß Dünger mit Umsicht verwenden, da übermäßige Mengen schädlich sein können, die Aufnahme anderer Elemente vermindern können und leicht ins Grundwasser ausgewaschen werden.

Die erforderliche Menge hängt von Pflanzentyp (siehe Einzelbeschreibungen in den folgenden Kapiteln), Entwicklungsstadium und Jahreszeit ab. So werden Stickstoffverbindungen, die für ein rasches Wachstum sorgen, ständig aus dem Boden ausgewaschen und daher oft im Frühjahr hinzugefügt. Phosphor, der die Entwicklung von gesunden Wurzeln und Fruchtreife unterstützt, und Kalium, das für die Fruchtqualität und die allgemeine Gesundheit wichtig ist, werden zu jeder Zeit angewendet, vor allem aber im Herbst. Ein Mangel an diesen und anderen Nährstoffen, den sogenannten Spurenelementen, führt zu verschiedenen Wachstumsstörungen (siehe rechts), wenngleich diese auf gut gepflegten Böden vermutlich nicht auftreten.

Gebräuchliche Dünger

Typ	NPK-Verhältnis	Verwendung
Knochenmehl	3:20:0	Organischer Lieferant von Phosphaten und langsam wirkendem Stickstoff
Getrocknetes Blut	12:2:1	Sehr rasch wirkender organischer Stickstoffdünger
Hornmehl	14:1:0	Langsam wirkender organischer Stickstoffdünger
Natronsalpeter	16:0:0	Löslicher, rasch wirkender mineralischer Stickstoffdünger
Kalisalpeter	15:0:36	Rasch wirkender Stickstoff- und Kaliumdünger
Kalkammonsalpeter	20:0:0	Rasch wirkender mineralischer Lieferant von Stickstoff und Kalk
Gesteinsmehl	0:0:10	Lieferant von langsam wirkendem Kalium
Thomasmehl	0:26:0	Nachhaltig wirkender Lieferant von Phosphat
Ammoniumsulfat	20,5:0:0	Starker, rasch wirkender mineralischer Stickstoffdünger
Kaliumsulfat	0:0:48	Relativ rasch wirkender mineralischer Kaliumdünger
Superphosphat	0:15:0	Mineralischer Phosphatdünger
Holzasche	0:1:5	Lieferant von löslichem Kalium, Qualität schwankend; wird am besten frisch angewandt

Spurenelemente

Neben den Hauptnährstoffen brauchen Pflanzen auch kleine Mengen Spurenelemente. Eine Düngung mit diesen Elementen sollte nur nach einer Bodenanalyse erfolgen.

- **Bor:** rauhe Stellen auf Früchten und Blättern, braune Herzen bei Gemüsen; mit Borax behandeln.
- **Kupfer:** Welken und Absterben von jungen Blättern und Trieben; Spurenelementdünger geben.
- **Eisen:** junge Blätter blaß, vor allem auf stark kalkhaltigen Böden; Eisendünger geben und pH-Wert des Bodens prüfen.
- **Mangan:** blasses Blattgewebe zwischen leuchtendgrünen Adern, ältere Blätter rollen sich; Überkalkung vermeiden und mit Mangansulfat düngen.
- **Molybdän:** deformierte Blätter und Triebspitzen, auf sauren Böden bei Blumenkohl Klemmherzigkeit; pH-Wert prüfen, dann aufkalken.
- **Zink:** deformierte Blätter und Triebe, braune Knospen, häufig auf leichten Böden; Überkalken vermeiden, Behandlung wie bei Kupfermangel.

Mulchen

Mulch ist eine Decke für den Boden, die ihn vor extremen Witterungsbedingungen schützt und Unkräuter unterdrückt. Heiße Sonne, Frost, Wind oder schwerer Regen lassen Temperatur und Feuchtigkeit eines unbedeckten Bodens stark schwanken, wohingegen eine Mulchdecke diese Einflüsse abschwächt und so die Bodenverhältnisse stabilisiert.

Traditionell werden als Mulch organische Materialien verwendet wie verrotteter Mist, Kompost, Stroh, Farn, Rasenschnitt oder Pilzsubstrat. Sie reduzieren nicht nur die Verdunstung und nehmen Samen einjähriger Unkräuter das Licht, sondern liefern darüber hinaus Pflanzen Nährstoffe, fördern die Tätigkeit der Regenwürmer und verbessern nach und nach die Bodenstruktur. Sie nehmen überdies aber viel Wasser auf und verhindern so manchmal, daß leichter Regen bis zum Boden vordringen kann. Daher ist es wichtig, das Material stets nur auf feuchtem Boden zu verteilen und gemulchte Pflanzen immer gründlich zu wässern. Da Mulch Temperaturschwankungen mindert, wird er im Herbst ausgebracht, bevor der Boden abkühlt, um empfindliche Pflanzen zu schützen, und im Frühjahr, nachdem sich der Boden etwas erwärmt hat, um die Bodenfeuchtigkeit länger zu bewahren und Unkräuter zu unterdrücken.

Keimende einjährige Unkräuter können leicht herausgezogen werden, ausdauernde Unkräuter lassen sich aber kaum durch eine Mulchdecke unter Kontrolle halten. Wenn sich organisches Material setzt, wird es durchlässiger, und seine isolierende Wirkung läßt nach, daher sollten Mulchdecken ab und zu mit einer Grabegabel gelockert werden.

Die meisten Pflanzen profitieren vom Mulchen, doch wo nur eine begrenzte Menge an organischem Material vorhanden ist, reserviert man es für Blatt- und Stengelgemüse, die in ständig feuchten Böden am besten gedeihen, sowie für Erbsen, Bohnen und Möhren, bei denen das Jäten schwierig wird, wenn sie heranwachsen. Nur ganz oder teilweise verrottetes Material oder solches mit genügend Stickstoff eignet sich als Mulch. Mulch auf Holzbasis und umkompostierte Rinde kann dem Boden Stickstoff entziehen und so das Pflanzenwachstum hemmen.

Eine Bodendecke kann hilfreich sein, verunkrauteten Boden zu säubern. Dazu breitet man Pappe, alte Teppiche oder dunkle Folie auf dem Boden mindestens eine Wachstumsperiode lang aus, bevor man den Boden bearbeitet (siehe auch Seite 26 f.). Folie ist auch eine wirksame Bodenbedeckung um wachsende Pflanzen. Sie können in Schlitze in Folienbahnen gesetzt werden, die man über ein vorbereitetes Beet gelegt und an den Rändern befestigt hat. Unter schwarzer Folie wachsende Kartoffeln brauchen nicht angehäufelt zu werden, weiße Folie strahlt Sonnenlicht auf reifende Früchte zurück, und durchsichtige Folie hilft im Frühjahr, den Boden zu erwärmen.

Blattgemüse wie Spinat leiden bei Hitze, wenn der Boden nicht ständig feucht gehalten wird. Eine dicke Mulchschicht aus organischem Material wie Stroh kann für eine gleichmäßige Bodenfeuchtigkeit sorgen. Man muß jedoch darauf achten, daß keine Schnecken oder anderen Schädlinge unter dem Mulch Zuflucht finden.

Unkrautbekämpfung

Unkräuter als Bodenzeiger

Unkräuter geben oft nützliche Hinweise auf die Beschaffenheit des Bodens. Einzelne Exemplare sind keine zuverlässigen Anzeiger, doch falls einige der folgenden Unkräuter in gemischten Pflanzengemeinschaften viel zu finden sind, kann dies den Bodentyp verraten.

- **Saure Böden:** Bauernsenf, Bingelkraut, Erdrauch, Fingerhut, Fingerkraut, Gänseblümchen, Kleine Brennessel, Saatwucherblume, Sauerampfer, Schachtelhalm, Schuppenmiere, Spergel, Wildes Stiefmütterchen.
- **Kalkige Böden:** Baldrian, Ferkelkraut, Fetthenne, Flockenblume, Glockenblume, Hopfenklee, Löwenzahn, Margerite, Rainfarn, Rapünzelchen, Täschelkraut, Weißer Senf.
- **Neutraler mittelschwerer Lehm:** Ackerdistel, Huflattich, Kamille, Klettenlabkraut, Kohlgänsedistel, Krauser Ampfer, Schafgarbe, Sonnwend-Wolfsmilch, Vergißmeinnicht.

Eine gemischte Gemeinschaft aus kräftigen Unkräutern ist zwar ein Zeichen für fruchtbaren Boden, aber gewöhnlich auch eine Gefahr für Kulturpflanzen, denn die Unkräuter konkurrieren mit ihnen um Licht, Wasser und Nährstoffe und können als Wirtspflanzen zudem Schädlinge und Krankheiten verbreiten. Daher darf man ihre Bekämpfung im Küchengarten nicht vernachlässigen.

Es ist jedoch unmöglich, Unkräuter völlig zu eliminieren. Ihre Samen überleben viele Jahre in verschiedenen Bodenschichten, und durch die Bodenbearbeitung kommen immer neue an die Erdoberfläche, wo sie keimen. Zudem tragen Wind und Vögel ununterbrochen Samen in den Garten, und viele Unkräuter wachsen rasch, verstreuen ihre Samen und besiedeln offenen Boden neu, manchmal mehrmals in einer Wachstumsperiode.

Um Unkraut in vernünftigen Grenzen zu halten, ist sowohl Vorbeugung als auch Bekämpfung erforderlich. Einjährige Unkräuter entwickeln sich aus Samen und sind leicht zu entfernen, mehrjährige Unkräuter überleben und breiten sich dagegen gewöhnlich durch kriechende Stengel oder Wurzeln aus, und alle können aus kleinen Stücken wieder heranwachsen. Daher sollten ausdauernde Unkräuter nicht auf den Kompost kommen, einjährige Unkräuter können dagegen kompostiert werden, falls sie noch keine Samen entwickelt haben.

Ausdauernde Unkräuter muß man vor dem Pflanzen entfernen (siehe Seite 26), und alle nachwachsenden Teile müssen immer wieder gehackt, mit der Wurzel herausgezogen oder ausgegraben werden. Mit Beharrlichkeit wird man sie schließlich besiegen, ebenso wie einjährige Unkräuter. Wenn man Unkräuter hackt, solange sie klein sind, verhindert man, daß sie blühen und Samen entwickeln, und gleichzeitig legt man andere, bisher verborgene Samen frei. Auch sie werden unweigerlich keimen, doch in abnehmender Zahl, wenn man in regelmäßigen Abständen flach hackt.

Nachdem man die Zahl der Unkräuter reduziert hat, hält man sie in vernünftigen Grenzen, indem man zwischen den Kulturen häufig hackt. Größere Unkräuter zieht man mit der Wurzel heraus, bevor sie Samen entwickeln. Chemische Unkrautbekämpfungsmittel (Herbizide) haben im modernen, naturgemäßen Küchengarten nichts zu suchen, in manchen Bundesländern ist die Anwendung dieser Mittel im Garten ohnehin untersagt.

Wo Unkrautsamen ein Problem sind, empfiehlt es sich, Beete rechtzeitig vorzubereiten. Nachdem das Beet bei Trockenheit gewässert wurde, wartet man zwei bis drei Wochen, um Unkrautsamen keimen zu lassen, und hackt dann vor der Aussaat. Während des folgenden Monats bearbeitet man den Boden ein- oder zweimal flach, dann mulcht man zwischen den Pflanzen, um das Keimen weiterer Unkräuter zu verhindern.

Materialien wie die hier verwendete Folie eignen sich ideal, um Kulturen feucht und unkrautfrei zu halten. Vor allem Erdbeeren bekommt eine Bodendecke aus schwarzer Folie gut, die die Früchte sauberhält. Damit die Folie nicht verrutscht, drückt man die Ränder mit dem Spaten in die Erde oder beschwert sie mit Erde, Steinen oder Ziegeln.

Schädlinge und Krankheiten

Verbreitete Schädlinge

Spezielle Schädlinge und ihre Bekämpfung sind auf den Seiten 76 f. (Gemüse) und 110 f. (Obst) beschrieben, die folgenden gehören jedoch zu den häufiger auftretenden Arten.

- **Blattläuse:** Sie ernähren sich vom Pflanzensaft und bilden rasch ganze Kolonien, die Pflanzen schwächen und verkrüppeln. Dabei übertragen sie oft auch Viruserkrankungen und scheiden eine klebrige Substanz (»Honigtau«) aus, auf der sich Rußtau entwickelt.
- **Raupen:** Larven von Schmetterlingen und Blattwespen, die sich von Blättern und Trieben ernähren und mitunter in so großer Zahl auftreten, daß sie Pflanzen völlig abfressen.
- **Tausendfüßer:** lange, gegliederte Lebewesen, die sich langsam bewegen und zusammenrollen, wenn sie gestört werden. Sie ernähren sich von Samen, Sämlingen, Wurzeln und Zwiebeln.
- **Schnecken:** Weichtiere, die mit großem Appetit zahlreiche Pflanzen verspeisen, überwiegend nachts. Tagsüber verstecken sie sich unter Blättern und Streu.

Die Pflanzen im Küchengarten sind in unterschiedlichem Maß anfällig für eine Reihe von Schädlingen und Krankheiten, die erkannt werden müssen. Doch wie bei Unkraut sollte man auch hier anstreben, ihr Auftreten in Grenzen zu halten, statt darauf zu hoffen, sie vollständig verhindern oder ausmerzen zu können. Kräftige, gutgepflegte Pflanzen leiden, wenn sie Belastungen ausgesetzt sind, seltener unter Befall als schwächere Exemplare, und sollten sie einmal befallen werden, überleben sie häufig. Daher besteht die beste Vorbeugung darin, die Gesundheit der Pflanzen zu fördern.

Vorbeugende Maßnahmen

Sie dürfen nicht davon ausgehen, daß alles, was im Garten kreucht und fleucht, Ihr Feind ist, denn viele Lebewesen sind Verbündete des Gärtners und sollten als solche erkannt und geschätzt werden. Zudem stellen nur bestimmte Schädlinge eine echte Gefahr dar, während andere lediglich oberflächlichen Schaden anrichten. So können Spargelhähnchen Erträge dramatisch reduzieren, Schaumzikaden sind dagegen nur eine optische Plage.

Die Schäden, die ernstzunehmende Schädlinge verursachen, können durch eine Reihe vorbeugender

Maßnahmen begrenzt werden. Gute Bearbeitung und Pflege des Bodens halten Bodenschädlinge wie Drahtwürmer und Schnakenlarven fern oder machen sie für Vögel und andere Räuber erreichbar, gute Fruchtbarkeit und Drainage stärken die Abwehrkräfte der Pflanzen. Das Entfernen von Unkraut und Pflanzenresten beraubt Schnecken und andere Schädlinge ihrer Verstecke, und einfache Barrieren wie ein Zaun oder Netze halten Katzen, Hunde und Vögel fern. Vlies oder niedrige Schutzeinfassungen helfen gegen die Möhrenfliege (siehe Seite 23).

Durch regelmäßige Inspektionen kann man oft einen beginnenden Schädlingsbefall erkennen und frühzeitig bekämpfen. Auch Zwischen- und Mischkulturen mit nicht verwandten Pflanzen bieten eine Möglichkeit, die Intensität des Befalls zu verringern. Man sollte insektenfressenden Vögeln Nistmöglichkeiten und all den Räubern, die Schadinsekten nachstellen, geeignete Lebensbedingungen schaffen. In einem naturgemäß gepflegten Garten sind zum Beispiel Hundertfüßer und Laufkäfer wertvolle Verbündete, ebenso wie Marienkäfer, Flor- und Schwebfliegen, die sich dort einstellen, wo man ihnen Blumen zieht, die sie anlocken, etwa Margeriten, Sommerflieder, Ringelblumen und Fetthenne.

Krankheiten, die durch Pilze, Bakterien und Viren hervorgerufen werden, scheinen oft bedrohlicher als durch tierische Schädlinge hervorgerufene zu sein. Die Erreger sind meist nicht sichtbar und sprechen oft dann, wenn die Symptome einer Infektion sichtbar werden, auf eine Behandlung nicht mehr an. Viele pilzliche Krankheitserreger sind außerdem gegen herkömmliche Fungizide resistent geworden. Es ist daher in jedem Fall besser, Krankheiten durch gute Pflege rechtzeitig vorzubeugen als auf Bekämpfungsmittel zu bauen.

Infektionen betreffen häufig Pflanzen, die durch schlechte Bedingungen wie Trockenheit, Staunässe, schlechte Böden, Nährstoffmangel, Überdüngung oder Anbau auf zu engem Raum bereits geschwächt sind. Sie lassen sich daher schon durch verbesserte Kulturbedingungen in Grenzen halten. Halten Sie nach Möglichkeit auch einen Fruchtwechsel ein, und entfernen Sie faulende Pflanzenteile, da sie Krankheitsherde darstellen.

Rechtzeitiges Eingreifen ist wichtig, da Krankheiten ansteckend sind und das Opfern einzelner Pflanzen den Rest der Kultur retten kann. Im Notfall können bei Pilzbefall Fungizide eingesetzt werden, die die weitere Ausbreitung begrenzen oder verhindern,

RECHTS Eine Möglichkeit, um Kulturen frei von Schädlingen und Krankheiten zu halten, stellen Barrieren dar – ein gutes Beispiel ist eine solche Einfassung aus Netz oder Folie, die verhindert, daß die Möhrenfliege ihre Eier an den sich entwickelnden Wurzeln ablegt.

UNTEN LINKS Ein interessanter Ansatz zur Schädlingskontrolle, der jedoch noch weiterer Forschung bedarf, sind Schutzpflanzungen (Mischkulturen). Wie Gärtner festgestellt haben, helfen bestimmte Pflanzen, wie etwa Katzenminze, Kulturen – hier Möhren – schädlingsfrei zu halten.

falls der Schadpilz nicht bereits resistent geworden ist. Heute sind zudem von vielen Pflanzen Sorten erhältlich, etwa von Schwarzen Johannisbeeren, Stachelbeeren und Erdbeeren, Porree, Kopfsalat und Kartoffeln, die gegen typische Schadinsekten und Krankheitserreger dieser Arten resistent sind, und man sollte auf sie zurückgreifen, wenn ein derartiger Befall öfter auftritt.

Achten Sie auch stets darauf, gesunde Pflanzen zu erwerben. Viele Sorten wurden einer offiziellen Untersuchung unterzogen, insbesondere auf Virusfreiheit, die zertifiziert wird. Viruserkrankungen, zu deren Symptomen etwa gescheckte Blätter und Kümmerwuchs gehören, sind grundsätzlich nicht heilbar. Sie werden in erster Linie durch Schadinsekten, aber auch den Kontakt mit verschmutzten Händen und Werkzeugen übertragen. Nach dem Schnitt erkrankter Obstbäume sollte das Werkzeug daher desinfiziert werden. Virusbefallene Pflanzen sollten sofort ausgegraben und beseitigt werden, um ein Ausbreiten der Viren zu verhindern. Von Pilzen, Bakterien und Viren befallene Pflanzen oder Teile davon dürfen niemals auf den Kompost, da dort Sporen oder Keime überleben könnten.

Bekämpfung

Auch wenn es trotz aller Pflege und vorbeugender Maßnahmen zu starkem Befall gekommen ist, sollten Sie auf Pflanzenschutzmittel nach Möglichkeit verzichten – schließlich sind Sie nicht darauf angewiesen, das Letzte an Ertrag aus Ihrem Garten herauszuholen. Eine naturverträgliche Bekämpfung von Schadinsekten, die vor allem unter Glas sehr erfolgversprechend ist, besteht im Freisetzen gezüchteter Parasiten oder Räuber, die gezielt nur den Schädling dezimieren, gegen den sie eingesetzt werden, aber anderen Insekten oder den Pflanzen nicht schaden. Wenn es unumgänglich ist, Spritzmittel einzusetzen, sollten Sie in erster Linie auf Stoffe wie Derriswurzel und natürliches Pyrethrum zurückgreifen, das im Unterschied zu synthetischen Pyrethroiden rasch abgebaut wird und für Warmblüter weniger giftig ist. Lassen Sie sich von Einrichtungen wie etwa dem amtlichen Pflanzenschutzdienst der Landespflanzenschutzämter beraten, welche Mittel geeignet und zugelassen sind, um aufgetretene Schädlinge und Krankheiten so gezielt wie möglich zu bekämpfen.

Verbreitete Krankheiten

Spezielle Krankheiten und ihre Bekämpfung sind auf Seite 76 f. (Gemüse) und 110 f. (Obst) beschrieben, die folgenden gehören jedoch zu den häufiger auftretenden Arten.

- **Krebs:** Er führt zum Absterben von Rinde und tieferem Gewebe bei Holzpflanzen wie Obstbäumen und verursacht Wunden, die einen Trieb letztlich abtöten können.
- **Mehltau:** Echter Mehltau läßt einen grauen Belag auf Blättern entstehen und wird durch schlechte Luftzirkulation bei trockenem, heißem Wetter gefördert, während sich Falscher Mehltau bei anhaltend feuchten Bedingungen entwickelt.
- **Fäule:** Sie wird durch eine Vielzahl von Pilzen und Bakterien verursacht, die die Zersetzung von Pflanzengewebe bewirken. Hierzu gehören Umfallkrankheiten bei Sämlingen und die Mehlkrankheit bei Zwiebeln und Porree.
- **Rost:** Pilzerkrankungen, die auf Pflanzengewebe typische schwarze, gelbe oder braune Flecken verursachen.
- **Schorf:** rauhe, krustenartige Entstellungen an Früchten und Wurzeln, die oft oberflächlich sind, durch die mitunter aber Krankheitserreger eindringen.
- **Welken:** Bodenbürtige Krankheiten, die durch schlechte Drainage und kaltes, nasses Wetter gefördert werden und zur Zerstörung von Pflanzen wie Tomaten und Gurken führen.

Gemüse im Küchengarten

Der Anbau von frischem Gemüse ist Jahr für Jahr wieder ein kreatives Unterfangen. Manche Gärtner beschließen, einige kulinarische Raritäten auszuprobieren, die sonst kaum zu bekommen sind, andere möchten große Mengen ihrer Lieblingsgemüse ziehen, um mit ihnen die Gefriertruhe zu füllen und rund ums Jahr versorgt zu sein, und wieder andere wollen von allem etwas anbauen, um während der gesamten Wachstumsperiode ein abwechslungsreiches Angebot zu haben. Dabei können sie zu jedem Zeitpunkt – von der Auswahl des Saatguts bis zur Ernte in Spitzenqualität für den direkten Verzehr oder die Lagerung – darüber entscheiden, wie sie ihr Gemüse anbauen, und dessen Qualität kontrollieren.

In Hausgärten wurden schon immer ein paar Gemüse gezogen, wenn irgendwo Platz frei war. Oft waren es nur ein paar Lieblingsgemüse wie diese Zwiebeln, Möhren und Pastinaken, die die Besitzer bei Bedarf frisch ernteten. Die Kulturen gedeihen in der sorgfältig bearbeiteten Erde prächtig, vor allem an offenen Plätzen wie diesem, die durch umliegende Pflanzen und Zäune vor kaltem Wind geschützt werden.

Saatgut auswählen

Gutes Saatgut, das frisch ist oder richtig gelagert wurde, keimt vermutlich gleichmäßig und fast lückenlos. Auch wenn eine sparsame, gleichmäßige Saat dazu beiträgt, die Gefahr von zu dichtem Wuchs zu verringern, müssen Reihen gewöhnlich ein- oder zweimal ausgedünnt werden, damit die kleinen Pflanzen in gleichmäßigen Abständen stehen und Platz zur Entwicklung haben.

Obwohl die Qualitätsstandards von Gemüsesamen gesetzlich geregelt sind, sollte man sein Saatgut mit Sorgfalt auswählen und bei einem zuverlässigen Händler kaufen. Am besten sind Samen in sogenannten Keimschutzpackungen, die Frische und Keimfähigkeit gewährleisten.

F1-Hybriden entstehen durch gezielte Kreuzung ausgewählter Elternlinien und besitzen außergewöhnliche Eigenschaften. Sie zeichnen sich durch Wuchskraft, Gleichmäßigkeit, Krankheitsresistenz oder hohen Ertrag aus und sind meist ihren höheren Preis wert. Aus Saatgut, das durch natürliche Fremdbestäubung entsteht, gehen dagegen Pflanzen mit unterschiedlichen Eigenschaften hervor. Doch obwohl Gleichförmigkeit und Kalkulierbarkeit wichtige Eigenschaften sind, sollte man auch ältere Sorten nicht übersehen, die sich seit langem bewährt haben und ihre eigenen außergewöhnlichen Eigenschaften besitzen. Zudem werden regelmäßig neue Sorten geprüft und beurteilt, und alle, die von Prüfstellen anerkannt worden sind, kann man vertrauensvoll kaufen, wenngleich dies nicht unbedingt bedeutet, daß andere schlechter sind.

Achten Sie darauf, daß Sie die richtigen Sorten für Boden, Klima und vorgesehene Verwendung wählen. Kriterien sind beispielsweise Aussaattermin, Kulturdauer, Frosthärte oder Wuchsform. Viele Samen werden in unterschiedlichen Packungsgrößen angeboten, und wo es sinnvoll erschien, ist bei den Beschreibungen der einzelnen Gemüse angegeben, wieviel gesät werden muß und welche Erträge zu erwarten sind. Einige Samen sind gebeizt, um sie während der Keimung vor Krankheiten zu schützen. Pilliertes Saatgut ist mit einer Lehmmischung umhüllt und läßt sich leichter handhaben, vorgekeimte Samen können sofort gesät werden.

Bei einigen Gemüsen – etwa Markkürbissen und Melonen – bleiben die Samen mehrere Jahre keimfähig, andere dagegen keimen in der folgenden Wachstumsperiode, wenn überhaupt, nur noch unregelmäßig, wie etwa Pastinak. Samen in ungeöffneten Keimschutzpackungen sollten mehrere Jahre halten, doch sobald eine Packung geöffnet wurde und die Samen Feuchtigkeit, Luft oder Wärme ausgesetzt sind, beginnen sie zu altern. Geöffnete Packungen bewahrt man am besten in einem Glas mit einem Schraubverschluß auf, in das man auch ein Kissen mit Silikagel legt, welches Feuchtigkeit aufnimmt, und lagert sie an einem dunklen, kühlen, trockenen Ort. Im Zweifel macht man eine Keimprobe. Dazu streut man einige Samen auf ein feuchtes Tuch oder Küchenpapier und stellt sie an einen warmen Platz. Wenn ein großer Teil von ihnen keimt, sind die Samen noch gebrauchsfähig.

Viele Gärtner sammeln von besonders guten Pflanzen eigene Samen. Bei F1-Hybriden ist dies jedoch eine unsichere Sache, da die Nachkommen nicht vorhersehbare oder gar unerwünschte Eigenschaften haben können. Dagegen ist das Sammeln von Samen vor allem bei Erbsen, Bohnen und Zwiebeln häufig lohnenswert, und im Laufe der Jahre kann man so eine Züchtung erhalten, die dem eigenen Garten besonders gut angepaßt ist. Lassen Sie die besten Pflanzen zur Blüte kommen, und binden Sie kurz vor der Reife Folienbeutel um die trockenen Früchte. Wenn die Samen reif sind, schüttelt man sie in die Beutel, reinigt sie und bewahrt sie in sorgfältig etikettierten Packungen auf.

Aussaat im Freien

Viele Samen können im Freien an Ort und Stelle gesät werden. Man kann sie aber auch in einem Anzuchtbeet aussäen und die Jungpflanzen an ihren endgültigen Platz umsetzen, sobald sie groß genug sind. In beiden Fällen muß ein Saatbeet vorbereitet werden, das die Keimung ermöglicht. Für kleine Samen muß es eine feinkrümelige, glatte Oberfläche haben, für größere Samen wie von Erbsen und Bohnen kann sie etwas gröber sein.

In ein Saatbeet säen

Die Erde sollte noch feucht sein, sich aber gleichzeitig mit einem Rechen leicht zerkrümeln lassen. Steine und große Klumpen werden entfernt, dann harkt man den Boden glatt (siehe Ein Saatbeet vorbereiten, unten). Trockener Boden wird vor Beginn der Arbeit gewässert. Nasser Boden wird einige Tage mit Folie abgedeckt, bis er trocken genug ist, dann sät man von einem Brett aus, um ein Verdichten der Erde zu verhindern.

Reihensaat

Die meisten Gemüsesamen werden in gerade, parallel verlaufende Saatrillen gesät, die je nach Kultur unterschiedliche Abstände haben. Kulturen, die später verpflanzt werden, können mit 15–20 cm Abstand recht eng gesät werden (siehe auch Seite 38). Mit einem Stock, der Spitze eines Handspatens oder der Ecke einer Hacke oder Harke zieht man entlang einer gespannten Gartenschnur oder der Kante eines Bretts

RECHTS Gemüse wie etwa Möhren müssen an Ort und Stelle gesät werden, Kopfsalat, Zwiebeln und viele andere Kulturen kann man dagegen in einem Saatbeet oder unter Glas vorziehen und an ihren endgültigen Standort setzen, sobald sie groß genug sind. Junge Zwiebeln wachsen zunächst nur langsam und bilden kein Blätterdach, so daß gleichzeitig eine Zwischenfrucht wie Kopfsalat gepflanzt werden kann, die einige Wochen später geerntet wird.

Ein Saatbeet vorbereiten

Ein Saatbeet muß fest, eben und feinkrümelig sein, damit für die Keimung optimale Bedingungen gegeben sind. Wenn der Boden feucht, aber nicht zu naß ist, bricht man mit der Grabegabel oder dem Kultivator größere Schollen auf. Man entfernt Unkräuter und große Steine und ebnet das Beet mit dem Rechen ein. Bevor man aussät, drückt man die Erde mit dem Rechenrücken an – bei sehr lockeren, leichten Böden kann man dies auch mit den Stiefeln tun – und glättet die Erdoberfläche noch einmal. Diese Arbeit muß möglicherweise mehrmals wiederholt werden, bis das Saatbeet der Größe der Samen entsprechend ausreichend fein ist.

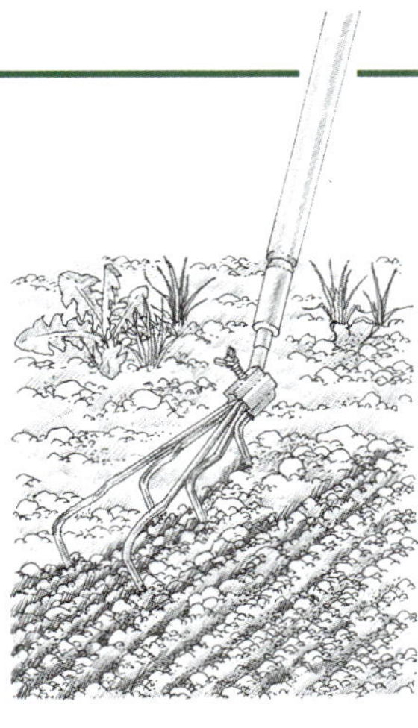

Verkrustungen mit dem Kultivator aufbrechen.

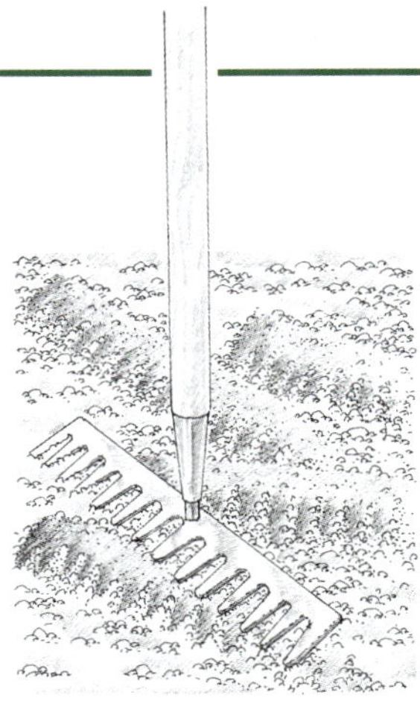

Die Erde mit dem Rechen zerkrümeln und andrücken.

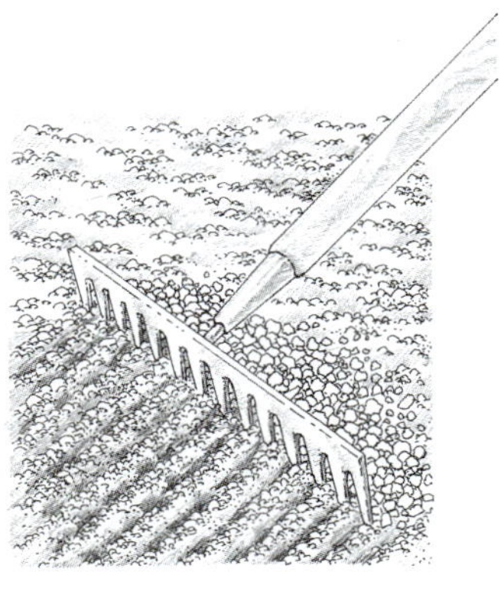

Harken, um ein feines, ebenes Saatbeet herzustellen.

eine flache, ebene, V-förmige Rille. Bei kurzen Reihen kann man einfach den Stiel eines Rechens in den Boden drücken. Für eine regelmäßige Keimung ist eine gleichmäßige Tiefe erforderlich – etwa 1 cm für sehr kleine Samen und 5 cm für sehr große Samen wie etwa Dicke Bohnen.

Große oder pillierte Samen können bereits mit dem erforderlichen Abstand gelegt werden, bei kleineren Samen, etwa von Pastinak, legt man in abgemessenen Abständen Gruppen oder »Horste« von jeweils vier bis sechs Samenkörnern an oder sät sie in einer dünnen, fortlaufenden Linie. Um nicht zu dicht zu säen und das Ausdünnen zu reduzieren, benutzt man bei fortlaufenden Reihen entweder einen Saatroller, klopft die Samen behutsam aus der Packung oder gibt sie vorsichtig auf die Handfläche und nimmt jeweils eine Prise, die man in die Saatrille streut. Nach der Aussaat bedeckt man die Samen, indem man die Erde mit einer Hacke oder Harke oder von Hand zurückschiebt, behutsam glättet und andrückt. Dann wird die Reihe mit einem Schildchen gekennzeichnet. Direkt nach der Aussaat darf nicht gewässert werden. Zum Schutz vor Vögeln und Katzen bedeckt man die Saatreihen mit Netzen oder spannt zwischen kurzen Stöcken schwarzen Baumwollzwirn.

Die Aussaat kann auch in eine breite Saatrille erfolgen, die mit einer Blatthacke gezogen wird, wodurch man Platz spart, da auf der ebenen Sohle die Samenmenge mehrerer Einzelreihen Platz hat. Große Samen wie Erbsen und Bohnen können in gleichmäßigen Abständen gelegt werden, kleine Samen, etwa von Möhren, Radieschen und Blattsalat, sät man breitwürfig und dünn in die Rille. Kleine Samen können statt dessen auch flächig oder in breiten Reihen

Eine Saatrille vorbereiten

Die meisten Samen müssen bedeckt werden, um optimale Bedingungen für die Keimung zu schaffen. Kurze Rillen können mit einem Stock oder Handspaten und einem Brett gezogen werden, längere Rillen sollte man aber mit straff gespannter Gartenschnur und der Ecke einer Hacke oder Harke markieren. Dabei ist auf eine gleichmäßige, der jeweiligen Kultur entsprechende Tiefe zu achten. Wenn Samen zu tief gesät werden, erschöpfen sich ihre Nahrungsreserven, bevor sie die Erde durchstoßen, bei einer zu flachen Aussaat besteht die Gefahr der Austrocknung. Die Erde muß vor der Aussaat feucht sein, die Reihen müssen deutlich gekennzeichnet werden.

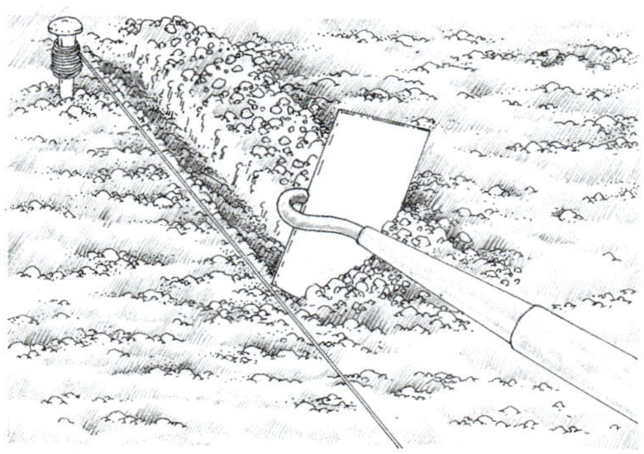

Viele Kulturen werden in einzelne V-förmige Rillen geeigneter Tiefe gesät. Größere Steine, die bei der Arbeit freigelegt werden, werden entfernt.

Bei Trockenheit Wasser in die Rillen gießen und die Samen möglichst dünn aussäen, dann mit der ausgehobenen Erde bedecken und glätten.

Frostempfindliche Kulturen wie Mais brauchen in kühleren Regionen, in denen Spätfröste drohen und die Wachstumsperiode nicht so lang ist, besondere Aufmerksamkeit. Die Samen können unter Glas in Töpfe gesät werden oder an Ort und Stelle unter Tunnel. Man legt Horste mit zwei oder drei Samen an, später werden die Sämlinge vereinzelt, und man läßt nur den kräftigsten stehen. Wenn die Pflanzabstände größer als hier sind, braucht man viele Saaten nicht auszudünnen. Man muß darauf achten, daß Mais oder andere hohe Kulturen nicht sonnenliebende Nachbarn wie Schalotten oder Zwiebeln beschatten.

auf die Oberfläche eines feuchten, sauberen Saatbeets gestreut und anschließend dünn mit Erde bedeckt werden, worauf man erst in einer Richtung und dann im rechten Winkel dazu noch einmal darüberharkt.

Wenn man Kulturen in ein Saatbeet sät, die später verpflanzt werden, führt man eine Reihensaat mit nur 15–20 cm Abstand durch. Bei schmalen Beeten ist es meist bequemer, mehrere kurze parallele Reihen anzulegen, die quer über das Beet verlaufen. Man zieht die Saatrillen mit Hilfe eines Bretts und eines Handspatens oder drückt den Stiel eines Rechens in die Erde.

Wo der Platz begrenzt ist oder der Boden zunächst verbessert werden muß, können viele Gemüse auch in Töpfen oder speziellen Anzuchtbehältern mit Aussaaterde gezogen werden. Je nach Gemüse erfolgt die Aussaat an Ort und Stelle in Horsten oder breitwürfig, oder man zieht die Pflanzen in Topfplatten an und setzt sie später um. Denken Sie jedoch daran, daß Kulturen in Gefäßen sorgfältiger gewässert werden müssen als Pflanzen im Freiland, in einem heißen Sommer vielleicht ein- oder zweimal täglich, und auch eine regelmäßige Düngung im 6-Wochen-Rhythmus ratsam ist.

Probleme bei der Aussaat

Die Keimung findet nur statt, wenn sich der Boden auf eine bestimmte Temperatur erwärmt hat (siehe bei den jeweiligen Gemüsen), weshalb die Aussaat in kalte Böden oft Zeitverschwendung ist. Aber man kann Flächen ein bis zwei Wochen vor der Aussaat mit Folie oder Tunneln erwärmen und anschließend mit ihnen die Saat schützen, bis sie aufgegangen ist.

Zudem muß der Boden die richtige Feuchte haben. Bei Nässe kann man Rillen ziehen und sie anschließend einige Tage mit Tunneln abdecken, damit sie abtrocknen. Man kann auch die Samen mit trockener Garten- oder Aussaaterde bedecken. Trockene Saatbeete werden entweder vor der Aussaat gewässert, oder man setzt zunächst einzelne Saatrillen unter Wasser, das man versickern läßt.

Nach der Aussaat hält man die Reihen gleichmäßig feucht und wässert sie behutsam mit einem feinen Brausekopf, sobald sie auszutrocknen beginnen. Dies ist vor allem bei Kulturen wichtig, die langsam keimen und durch Trockenheit Schaden nehmen können, wie Petersilie und Pastinak, und auch bei pillierten Samen, die ständige Feuchtigkeit brauchen, damit sich ihre Umhüllung auflöst.

Sämlinge ausdünnen

Auch wenn dünn gesät wurde, müssen die meisten Sämlinge ausgedünnt oder verzogen werden, damit sie genügend Platz zum Heranwachsen haben. Man beginnt mit dem Ausdünnen bereits, wenn die Sämlinge noch klein sind, und achtet darauf, daß sich die Blätter der verbleibenden Sämlinge nicht berühren. Überzählige Sämlinge werden in Bodenhöhe abgehackt oder abgeknipst, damit man die Wurzeln der verbleibenden nicht stört, oder sie werden vorsichtig umgepflanzt. Sämlinge werden mehrmals ausgedünnt, bis die Pflanzen den empfohlenen Abstand voneinander haben. Sämlinge, für die man keine Verwendung hat, kommen auf den Kompost, da sie Schädlinge und Krankheiten anziehen können, wenn sie auf dem Boden liegenbleiben. Nach dem Verziehen drückt man die Erde wieder an oder wässert die Reihen.

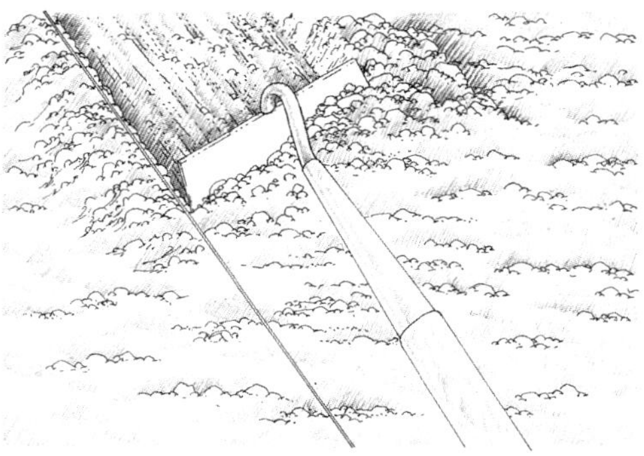

Breitere Furchen für Erbsen und Bohnen oder breite Streifen für andere Kulturen werden mit einer Blatthacke oder einem Spaten angelegt.

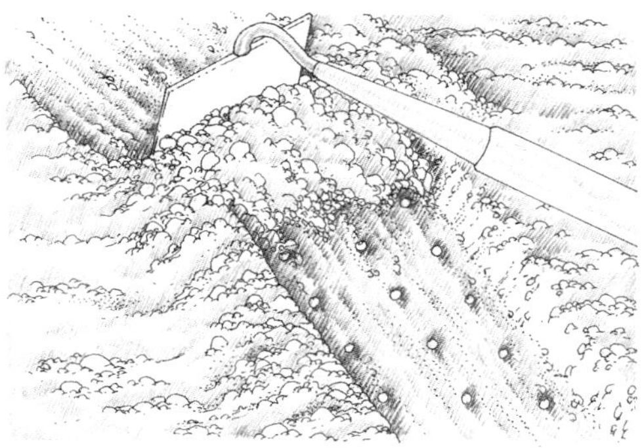

Prüfen, ob die Sohle der Furche eben ist und die richtige Tiefe hat. Samen dünn oder in regelmäßigen Abständen säen und mit Erde bedecken.

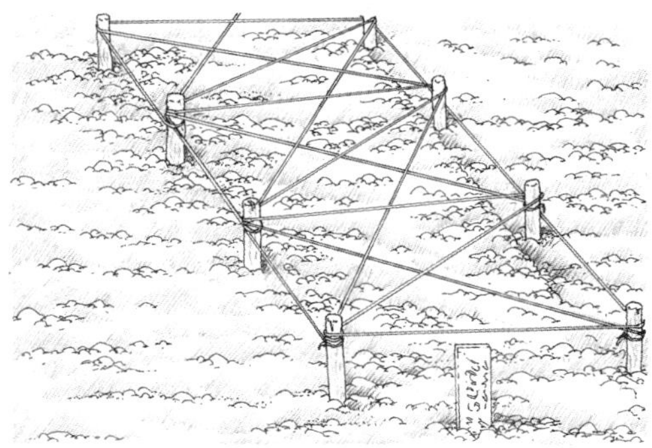

Zum Schutz vor Vögeln oder Haustieren nach der Aussaat Netze über die Reihen legen oder schwarzen Baumwollzwirn zwischen Stäbe spannen.

Einpflanzen und Umpflanzen

KRITERIEN FÜR DEN PFLANZENKAUF

Folgende Punkte sind beim Kauf von Gemüsepflanzen wichtig, hier an einer gesunden Tomatenpflanze verdeutlicht:
- Prüfen, ob die Blattfarbe stimmt – kräftiges Grün weist auf gute Pflege und Gesundheit.
- Auf Pflanzen mit gefleckten Blättern oder anderen Symptomen für Schädlinge und Krankheiten verzichten.
- Prüfen, ob bei Tomatenpflanzen die Blattknoten dicht beieinanderliegen und noch Keimblätter vorhanden sind. Kohlpflanzen sollten keine gedrehten oder holzigen Stengel haben.
- Am besten Pflanzen in Töpfen oder Topfstreifen erwerben.
- Darauf achten, daß sich auf dem Substrat keine abgestorbenen Blätter befinden oder es andere Anzeichen schlechter Pflege gibt.

Man kann natürlich alle Kulturen an Ort und Stelle säen und so jedes Umpflanzen vermeiden, doch schränkt man dadurch die Zahl der Gemüse, die gezogen werden können, wie auch ihre Erntezeit stark ein. Wenn man dagegen frühzeitig unter Glas (siehe Seite 42) aussät und die Kulturen später, wenn sich das Wetter gebessert hat, auspflanzt oder im Spätsommer ausgesäte Kulturen in Frühbeete umsetzt, kann man die Wachstumsperiode verlängern. Auf einer begrenzten Fläche kann viel mehr Gemüse gezogen werden, wenn man regelmäßig in ein Anzuchtbeet oder zwischen vorhandene Reihen sät und die Pflanzen umsetzt, sobald irgendwo Flächen frei werden. Um Ausfälle zu vermeiden, setzt man alle Pflanzen am besten jung um und schädigt ihre Wurzeln möglichst wenig.

Da Winterkohl das Umpflanzen gut zu bekommen scheint, wird er mitunter zweimal umgesetzt – zuerst vom Saatbeet ins Anzuchtbeet und 4–6 Wochen später dann an seinen endgültigen Standort –, wodurch er ein kräftiges Wurzelsystem entwickelt. Doch nicht allen Kulturen behagt das Umpflanzen, und vor allem Wurzelgemüse können kaum noch erfolgreich umgepflanzt werden, nachdem die Entwicklung ihrer Pfahlwurzeln begonnen hat. Salatpflänzchen mit nackten Wurzeln, die in heißen Sommern umgepflanzt werden, entwickeln sich selten so gut wie Pflanzen, die an Ort und Stelle gesät oder in Erd-, Torf- und Papiertöpfen oder Anzuchtplatten vorgezogen wurden (siehe Seite 43); im Frühjahr lassen sie sich dagegen leicht von einem Teil des Gartens in einen anderen umsetzen.

Da durch Umpflanzen das Wachstum gebremst wird, muß man damit warten, bis die Bedingungen optimal sind – kalte oder sehr nasse Böden, Frost und heißes, trockenes Wetter können großen Ausfall bewirken. Empfindliche Kulturen müssen zunächst vollkommen abgehärtet werden (siehe Seite 43), und auch dann kann man sie nur auspflanzen, wenn keine Frostgefahr mehr besteht. Im Sommer werden Pflanzungen abends oder an einem bedeckten oder regnerischen Tag durchgeführt, damit die Pflanzen nicht welken. Bei Hitze kann man umgesetzte Pflanzen tagsüber mit einem umgedrehten Topf schützen, bis sie sich erholt haben.

Wenn der Boden relativ sauber und fruchtbar ist, kann es vor dem Pflanzen ausreichen, ihn oberflächlich zu bearbeiten und alle sichtbaren Unkräuter zu entfernen, insbesondere bei Kulturen wie Kohl und Zwiebeln, die festen Boden bevorzugen. Andernfalls lockert man den Boden mit der Grabegabel gründlicher und wartet dann ein oder zwei Wochen, damit er sich setzen kann. Dabei kann man zugleich, wenn nötig, eine Grunddüngung mit einem Volldünger vornehmen. Achten Sie darauf, daß die Erde feucht ist, und wässern Sie die Setzlinge ausgiebig, bevor sie ausgepflanzt werden.

Mit einem Handspaten oder der Handgabel hebt man einzelne Pflanzen mit möglichst viel Erde an den Wurzeln heraus. Man hält sie an Blättern oder Stengeln und transportiert sie in einer Saatschale, damit keine Erde abfällt. Überzählige Sämlinge von Kulturen wie Kopfsalat und Zwiebeln sollten mit der Gabel aus den Reihen entfernt werden, ohne die verbleibenden Sämlinge zu stören. Man nimmt immer nur wenige Sämlinge heraus und pflanzt sie sofort wieder ein, damit die Wurzeln nicht austrocknen. Zum Abmessen der Pflanzabstände verwendet man am besten einen markierten Stab.

Für jede Pflanze wird mit dem Handspaten ein Loch gemacht, in dem die Wurzeln bequem Platz haben, nur für Porree benutzt man ein Pflanzholz. Während man die Pflanze mit einer Hand hält, füllt man um die Wurzeln Erde auf und drückt sie mit den Fingern an. Bei Trockenheit muß danach gewässert und gemulcht werden. Auf leichten, trockenen Böden schlämmt man im Sommer Wurzeln ein, indem man die Pflanzlöcher voll Wasser gießt, bevor man sie mit Erde füllt.

Einschlagen

Kann man gekaufte Setzlinge nicht sofort auspflanzen, hält man sie in gutem Zustand, indem man sie vorübergehend an einem geschützten Platz einschlägt. Obwohl dieses Verfahren vor allem bei Obstgehölzen angewendet wird, ist es auch für Kohl und andere Gemüse nützlich. Man hebt einen Graben aus, in dem die Wurzeln genügend Platz haben, und lehnt die Pflanzen gegen eine Seite des Grabens, wobei sie sich gegenseitig gerade berühren. Dann füllt man feuchte Erde in den Graben und drückt sie leicht an.

Pflanzabstände für Gemüse

Recht enge Abstände in weit auseinanderliegenden Reihen bringen nicht die besten Erträge. Forschungen lassen darauf schließen, daß dieselbe Zahl an Pflanzen, gleichmäßig verteilt, im Boden vorhandenes Wasser und Nährstoffe besser nutzt, Unkraut effektiver unterdrückt und auf diese Weise eine optimale

PFLANZABSTÄNDE

Durch gleichmäßige Abstände werden Flächen gut genutzt, und jede Pflanze kann sich ungehindert entwickeln.

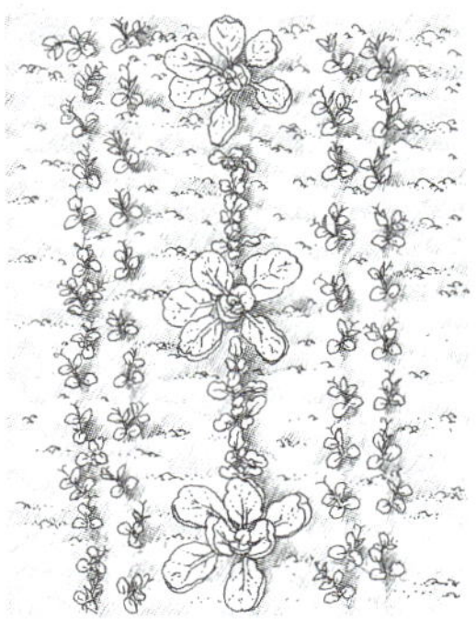

Rasch wachsende Radieschen und nachfolgende Erbsen sind bereits abgeräumt, wenn der Rosenkohl mehr Platz braucht.

Breitwürfig gesäte Kulturen jäten und verziehen, damit die Sämlinge in regelmäßigen Abständen stehen und sich gleichmäßig entwickeln können.

Wo der Boden, wie hier, im Vorfeld sorgfältig bearbeitet und unkrautfrei gehalten wurde, kann man ohne größere Vorbereitung säen oder pflanzen. Damit Setzlinge nach dem Umpflanzen gleich weiterwachsen, setzt man sie am besten an einem trüben oder regnerischen Tag um und sorgt dafür, daß Pflanzen und Boden feucht sind. Die Wurzeln sollten nur so kurz wie möglich der Luft ausgesetzt sein. Längere Reihen werden mit Gartenschnur markiert.

Entwicklung der Pflanzen bei geringster gegenseitiger Konkurrenz gewährleistet.

In den meisten Fällen ist es am besten, Pflanzen in regelmäßigen Abständen versetzt in parallelen Reihen zu ziehen, damit jede Pflanze rundum gleichmäßig Platz hat, sich zu entwickeln. Der Pflanzabstand bestimmt die Endgröße einer Pflanze wie auch den Ertrag. Pflanzt man etwa Sommerkohl mit 35 × 35 cm Abstand, erhält man eine große Ernte aus kleinen Köpfen, bei 45 × 45 cm Abstand erntet man ein Drittel weniger Pflanzen, doch die einzelnen Köpfe sind größer und haben festere Herzen.

In den USA ziehen viele Gärtner Gemüse wie Möhren, Spinat, Rote Bete und Blattsalat in Streifen von bis zu 90 cm Breite, wobei sie die Samen breitwürfig auf die gesamte Fläche streuen und später die Sämlinge grob auf einige Zentimeter ausdünnen, indem sie die Fläche mit einem feinzinkigen Rechen »kämmen«. Bei dieser Methode lassen sich schwer optimale Pflanzdichten ermitteln, aber sie eignet sich ideal für Blattsalat und gemischte Salatkulturen, die in mehreren parallelen Reihen mit 10 cm Abstand gesät werden. Die Sämlinge dünnt man auf etwa 2,5 cm aus.

Doch wie die Anordnung auch sein mag, stets muß frühzeitig Unkraut gejätet werden, mit einer schmalen Hacke oder, zwischen dichtstehenden Pflanzen, von Hand. Sehr dichte Pflanzungen erreichen bald das Stadium, in dem sie mit ihren sich ausbreitenden Blättern die weitere Entwicklung von Unkraut verhindern, herkömmliche Pflanzreihen liegen jedoch zu weit auseinander, um das Unkrautwachstum zu bremsen. Da Unkräuter zwischen Reihen ein größeres Problem darstellen als jene, die zwischen den Pflanzen einer Reihe wachsen, muß bei großen Pflanzabständen fast die ganze Zeit gehackt werden.

Die Pflanzenkultur in engen gleichmäßigen Abständen eignet sich ideal für schmale Beete, die von parallel verlaufenden Wegen aus gepflegt werden, so daß keine Notwendigkeit besteht, zwischen Pflanzen durchzulaufen, aber vielleicht ziehen Sie herkömmliche Anordnungen vor, hacken zwischen den Reihen das Unkraut und nutzen die großzügigeren Abstände für Zwischenkulturen. Welches System angewendet wird, hängt von der Anordnung Ihrer Beete ab und davon, welchen Aufwand an Pflege Sie betreiben wollen. Die optimalen Pflanzabstände für beide Methoden finden Sie bei den Beschreibungen der einzelnen Gemüsearten.

Aussaat unter Glas

Sät man Gemüse im Gewächshaus oder auf einem Fensterbrett aus, können sie schon zu wachsen beginnen, wenn es im Freien für eine Keimung noch zu kalt ist. Aber auch hier ist der richtige Zeitpunkt wichtig. Als grobe Faustregel gilt: Sie rechnen von dem Datum, an dem in Ihrer Gegend gewöhnlich die letzten Spätfröste auftreten, mehrere Wochen zurück, in denen sich die Pflanzen nach der Aussaat entwickeln können – die genaue Dauer ist von Klima und Art des Gemüses abhängig (Details siehe Pflanzenbeschreibungen in diesem Kapitel) –, und geben noch zwei Wochen zum Abhärten (siehe Seite 43) dazu. Vorgekeimte Samen benötigen weniger Zeit, um die Größe zum Auspflanzen zu erreichen.

Wie gesät wird

In der Regel sät man Samen in Töpfe oder Schalen mit steriler Aussaaterde, die man mitunter in einen Vermehrungskasten stellt, und pikiert später in Schalen mit einem nahrhafteren, gröberen Substrat.

Man füllt die Gefäße locker mit frischer, feuchter Aussaaterde und streicht sie mit einem schmalen Stück Holz glatt. Erdige Substrate drückt man behutsam an, um eine ebene Oberfläche für die Aussaat zu erhalten, Gefäße mit erdefreiem Substrat werden kräftig aufgeklopft, damit dieses sich setzt. Dann streut man die Samen dünn und gleichmäßig auf die Oberfläche, bedeckt sie mit einer dünnen Schicht Feinerde und stellt sie in einen Vermehrungskasten oder an einen warmen Platz. Um das Substrat feucht zu halten, deckt man es mit Glasscheiben oder durchsichtiger Folie ab. Diese dreht man täglich um oder wischt sie ab, um Kondenswasser zu entfernen, nach der Keimung nimmt man sie ganz fort. Sobald die Sämlinge auflaufen, setzt man die Gefäße an einen hellen Platz, schützt sie aber vor greller Sonne. Wenn das Substrat austrocknet, stellt man die Gefäße in etwas Wasser, bis die Erdoberfläche feucht zu werden beginnt.

Sämlinge pikieren

Sobald die Sämlinge so groß sind, daß sie sich handhaben lassen, pikiert man sie in Schalen mit Blumenerde, wo sie mehr Platz zur Entwicklung haben (siehe Wie man pikiert, unten). Mit einer Eßgabel, einem kleinen Pflanzholz oder einem Pflanzschildchen hebt man einige Sämlinge heraus und trennt sie vorsichtig, wobei man sie nur an den Blättern hält, da ihre Stengel sehr empfindlich sind. Jeder Sämling wird so in ein Loch gesetzt, in dem seine Wurzeln Platz haben, daß seine Blätter unmittelbar über der Erde sitzen. Dann drückt man die Erde behutsam an und wässert die Saatschale mit einer feinen Brause. Sämlinge sollten mit 2,5–5 cm Abstand in Reihen pikiert werden. In einer normalen Saatschale haben zwischen 24 (6 × 4) und 40 (8 × 5) Sämlinge Platz, je nach späterer Größe der Jungpflanzen. Man kann ein Lochbrett kaufen oder selber konstruieren, mit dem sich alle Löcher gleichzeitig machen lassen.

Wie man pikiert

Wenn sich Sämlinge rasch und gesund entwickeln sollen, müssen sie in Schalen oder Anzuchtplatten pikiert werden, bevor sie zu dicht stehen oder hochbeinig werden. Man verwendet saubere Schalen und frisches Substrat. Erde wird leicht angedrückt, erdfreie Substrate werden durch Aufklopfen verdichtet. Man wählt die kräftigsten Sämlinge aus und pflanzt sie sofort wieder ein. Dünne oder verformte Sämlinge werden nicht verwendet. Die Sämlinge brauchen nun niedrigere Temperaturen als bei der Keimung und viel Licht, während der ersten Tage müssen sie aber vor Sonne geschützt werden.

Pflanzabstände von Hand oder mit einem geeigneten Lochbrett markieren.

Sämlinge an den Blättern halten, einsetzen, Erde leicht andrücken, mit feiner Brause wässern.

Um eine normale, gesunde Entwicklung sicherzustellen, pikiert man Sämlinge mit so großem Abstand, daß sie sich gegenseitig keine Konkurrenz machen. Stets vollkommen saubere Saatschalen und frisches Substrat verwenden.

Anzuchtplatten verwenden

Pikieren ist nicht notwendig, wenn man in kleine Töpfe, Anzuchtplatten, Torftopfstreifen oder Erdpreßtöpfe unterschiedlicher Größe, die man mit einem Spezialgerät selbst herstellen kann, sät. Auf diese Weise umgeht man auch die Gefahren, die beim Verpflanzen für die Wurzeln entstehen (siehe In Anzuchtplatten säen, unten). Große Samen, etwa von Bohnen oder Mais, werden oft einzeln in kleine Töpfe gesät, in denen die Pflanzen wachsen, bis man sie ins Beet setzt. Pflanzen in verrottbaren Töpfen aus Torf oder Papier können in ihren Töpfen, die sich in der Erde zersetzen, ausgepflanzt werden.

Mit Ausnahme von Erdpreßtöpfen verwendet man für Anzuchtplatten normale Blumenerde, die ausreichend Dünger für das Wachstum bis zum Pflanzstadium enthält. Um Platz zu sparen, können Samen zunächst in Töpfe oder Schalen gesät und die Sämlinge anschließend in Platten pikiert werden. Oder man sät einzeln oder in kleinen Gruppen in die Platten, wobei man überzählige Sämlinge direkt über der Erde abknipst und nur den jeweils kräftigsten stehenläßt.

Abhärten

Im Warmen angezogene Pflanzen müssen langsam an Freilandbedingungen gewöhnt werden, damit sie beim Auspflanzen keinen Schaden nehmen. Zunächst stellt man die Pflanzen zwei bis drei Tage in den kühlsten Teil des Gewächshauses, dann setzt man sie in ein Frühbeet, das erst einmal geschlossen bleibt und bei Frost mit Matten oder Sackleinen geschützt wird. Man lüftet das Beet nun jeden Tag etwas länger, bis man es nach etwa zwei Wochen ganz offenstehen läßt. Unter Tunneln angezogene Pflanzen brauchen eine ähnliche Vorbereitung, bevor sie vollkommen ungeschützt wachsen können. Wer kein Frühbeet besitzt, stellt Pflanzen an milden Tagen an einen geschützten Platz im Freien und bringt sie zunächst abends wieder in das Gewächshaus zurück, doch schließlich läßt man sie vor dem Auspflanzen auch einige Nächte im Freien. Falls sich das Auspflanzen verzögert, düngt man gelegentlich, damit die Pflanzen in gutem Zustand bleiben.

In Anzuchtplatten säen

Bei der Verwendung von Anzuchtplatten werden die Wurzeln der Pflanzen kaum gestört, und so kommt es beim Umpflanzen ins Freie auch nur zu geringen Wachstumsverzögerungen. Man kann einen oder mehrere Samen in jedes Töpfchen legen oder einzelne Sämlinge, die in Schalen gekeimt sind, hineinsetzen. Die Sämlinge während des Wachstums stets feucht halten und nicht zu lange in den Platten lassen, wenn sie Pflanzgröße erreicht haben. Frühe Saaten vor dem Auspflanzen abhärten und die Erde gut wässern, bevor die Pflänzchen in feuchte Erde gesetzt werden.

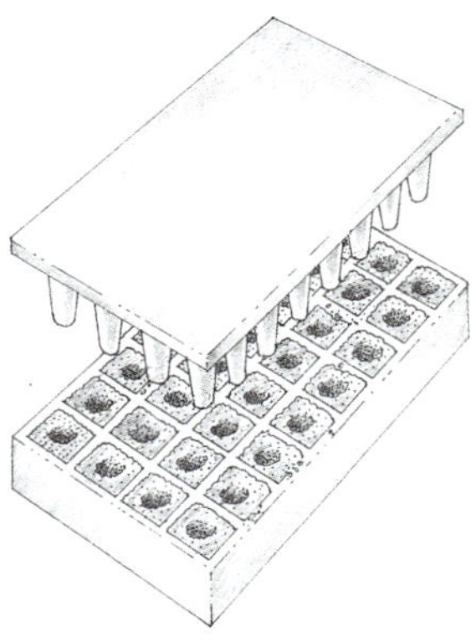

Vor der Aussaat mit einem Lochbrett Löcher in das Substrat drücken.

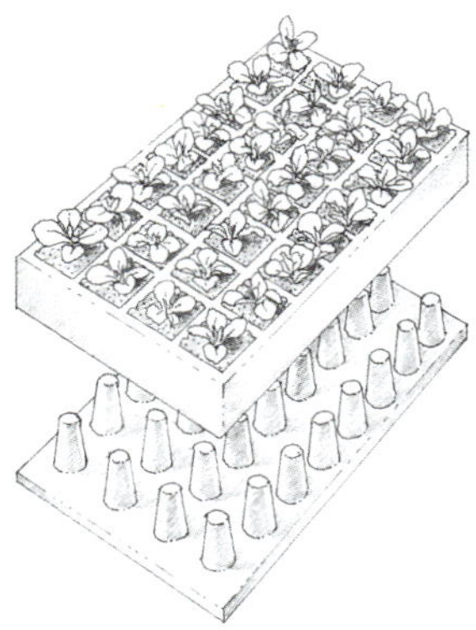

Platte auf das Lochbrett drücken, um pflanzfertige Töpfchen zu lockern.

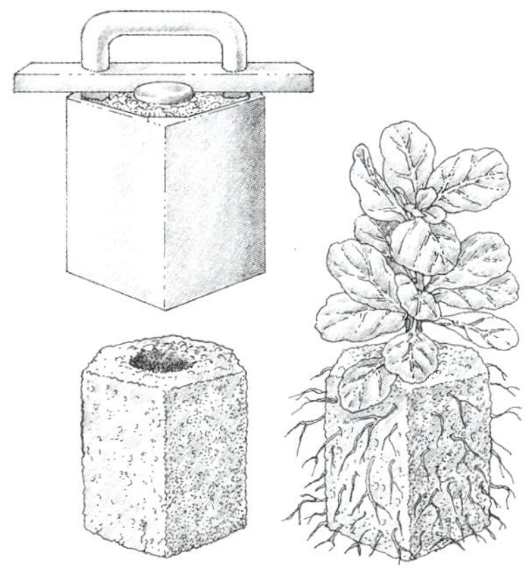

Einen Samen oder Steckling in den Erdtopf setzen. Auspflanzen, wenn sich Wurzeln durch die Seiten schieben.

Der Gemüseanbau

HÜLSENFRÜCHTE ANBAUEN

Hülsenfrüchte (Erbsen und Bohnen) sind anfällig für bodenbürtige Krankheiten und müssen daher jedes Jahr an einem neuen Platz angebaut werden. Sie beherbergen stickstoffbindende Bakterien, die in Knöllchen an den Wurzeln leben, wo sie den Stickstoff aus der Luft für die Pflanzen verfügbar machen. Sofern Böden einigermaßen fruchtbar sind, brauchen Kulturen neben der anfänglichen Grunddüngung daher keinen Stickstoffdünger. Da die Bakterien ein leicht alkalisches Milieu benötigen, sollte der pH-Wert gemessen werden und der Boden bei Bedarf vor der Aussaat gekalkt werden. Nach der Ernte schneidet man die Pflanzen ab und gräbt sie zusammen mit den Wurzeln als Gründünger unter.

Verwandte Pflanzen haben meist ähnliche Ansprüche und leiden zudem unter den gleichen Schädlingen und Krankheiten. Beim Erstellen eines Fruchtfolgeplans werden daher diese Gemüse in Gruppen zusammengefaßt, und dementsprechend beginnen wir hier mit den drei größten Gruppen: Hülsenfrüchten (Erbsen und Bohnen), Kohlpflanzen (Familie der Kreuzblütler) und Wurzelgemüsen.

Gartenbohnen
(Grüne Bohnen)

Manche Gärtner halten dieses einjährige Gemüse für unvergleichlich und säen es während der gesamten Wachstumsperiode immer wieder aus, andere ziehen es nur so lange, bis die Feuerbohnen erntereif sind (siehe rechts). Aus den einstigen mittelamerikanischen Vorfahren, von denen heute viele vom Aussterben bedroht sind, wurden zahlreiche Sorten gezüchtet. Sie haben weiße, rosa, malvenfarbene oder rote Blüten, denen flache grüne, gelbe, rote, purpurne oder auch gefleckte Hülsen folgen. Bei den meisten handelt es sich um buschig wachsende Sorten (Buschbohnen), die früh geerntet werden, doch kletternde Formen (Stangenbohnen) sind ertragreicher und werden meist statt Feuerbohnen gezogen. Von allen dreien kann man unreife Hülsen ernten oder reife Samen, die frisch oder getrocknet gegessen werden – aber niemals roh, denn sie enthalten ein giftiges Eiweiß, das beim Kochen zerstört wird.

Standort
(siehe Hülsenfrüchte anbauen, links)

Gartenbohnen sind frostempfindlich und benötigen einen warmen, sonnigen, windgeschützten Platz. Sie mögen leichte, nahrhafte Böden; schwerer Tonboden eignet sich dagegen ebensowenig wie kalter, schlecht drainierter Boden.

Man gräbt den Boden rechtzeitig vor dem Pflanzen gut um und arbeitet reichlich verrotteten Mist oder Kompost ein. Das Saatbeet wird zwei Wochen vor Aussaat oder Pflanzung vorbereitet und erhält eine Grunddüngung mit einem Volldünger. In kühleren Lagen erwärmt man den Boden vor der Aussaat mit Tunneln und verwendet zur Vorbeugung von bodenbürtigen Krankheiten gebeiztes Saatgut. Es kann eine Saat- oder Bodenimpfung durchgeführt werden, um die Stickstoffbindung zu unterstützen. Manche Gärtner nehmen dazu etwas Boden vom letzten Standort, doch dies hat den Nachteil, daß mit ihm auch Krankheiten verbreitet werden und dann das Ziel des Fruchtwechsels zunichte gemacht wird.

Kultur

Man sollte nicht zu früh im Freien säen. Die Aussaat erfolgt entweder Mitte bis Ende des Frühjahrs mit 4–5 cm Tiefe in vorgewärmtem Boden unter Tunnel oder Folie oder drei bis vier Wochen vor dem letzten Frost in Töpfe oder Erdpreßtöpfe unter Glas. Für eine fortlaufende Ernte bis zum Hochsommer im Abstand von 2–3 Wochen weitere Aussaaten durchführen, dabei die letzte im Frühherbst mit Tunneln schützen.

Wenn die Pflanzen gut wachsen, häufelt man sie an, mulcht und stützt die Triebe mit Reisern. Die Erde muß ständig feucht gehalten werden. Nach Beginn der Blüte großzügig gießen, in einem trockenen Jahr sind alle 7–10 Tage bis zu 20 l pro m² erforderlich.

Da die Blüten selbstbefruchtend sind, treten beim Fruchtansatz kaum Probleme auf. Mit der Ernte beginnen, solange die Bohnen noch jung sind (die Hülsen lassen sich sauber auseinanderbrechen, und die Samen sind noch klein), und im Abstand von 2–3 Tagen über 6–8 Wochen hinweg pflücken. Um Bohnenkerne zu trocknen, Hülsen hängenlassen, bis sie sich braun färben, dann die Pflanzen herausziehen und an einen trockenen, gutbelüfteten Platz hängen. Wenn sie spröde sind, die Bohnenkerne auspalen.

Kulturdetails *Samenzahl:* 2–3/g, 40 g/10 m fortlaufender Reihe. *Keimung:* 10–14 Tage (Mindesttemperatur 12 °C). *Keimfähigkeit:* 2 Jahre. *Höhe:* 30–45 cm, kletternde Sorten 1,8–2,5 m. *Pflanzabstand:* 10 cm bei 45 cm Reihenabstand oder 23 cm Rundumabstand bei versetzter Anordnung; kletternde Sorten siehe Feuerbohnen. *Aussaat bis Ernte:* 8–12 Wochen. *Durchschnittlicher Ertrag:* 100–225 g pro Pflanze, bei kletternden Sorten das Doppelte.

Empfehlenswerte Sorten gr: grün-, ge: gelb-, bl: blauhülsig; **Buschbohnen,** gr: ›Admires‹, ›Delinel‹, ›Dubra‹, ›Favorit‹, ›Saxa‹; ge: ›Butterzart‹, ›Wachs Sperling's Erato‹, ›Goldimmens‹; bl: ›Purple King‹; **Stangenbohnen,** gr: ›Neckarkönigin‹, ›Rapid‹, ›Sabrina‹; ge: ›Neckargold‹; bl: ›Blauhilde‹.

Schädlinge und Krankheiten Bohnenfliege, Bohnenblattlaus, Mäuse, Spinnmilben, Schnecken; Brennfleckenkrankheit, Fuß- und Wurzelfäule, Fettfleckenkrankheit, Viruserkrankungen (siehe Seite 76 f.).

Feuerbohnen
(Prunkbohnen)

Diese ungemein dekorative Bohne hat dichtes, hübsches Laub und rote, weiße, rosa oder rot-weiße Blüten, denen lange, dicke, mitunter fadenlose Hülsen folgen. In feuchten, fruchtbaren Böden gedeiht sie üppig. Bei uns ist sie einjährig, da sie frostempfindlich ist. Es gibt einige buschige Formen, die meisten sind jedoch wuchsfreudige Schlinger, die eine stabile Stütze brauchen. Sie sind robuster als Stangenbohnen, gedeihen auch in kälteren Lagen und werden wesentlich seltener von Schädlingen und Krankheiten befallen.

Standort
(siehe Hülsenfrüchte anbauen, links)

Feuerbohnen brauchen vor allem einen Platz, an dem sie andere Pflanzen nicht beschatten. Man kann sie an Zäunen oder Mauern oder als dekorativen Sichtschutz ziehen. Da sie tief wurzeln, gedeihen sie auf schlecht drainiertem Boden selten gut. Den Standort im vorangehenden Herbst mindestens einen Spatenstich tief umgraben und reichlich Kompost oder verrotteten Mist einarbeiten. Sauren Boden kalken und etwa eine Woche vor Aussaat oder Pflanzung eine Grunddüngung mit einem Volldünger durchführen, der eingeharkt wird. Kletternde Sorten brauchen stabile Stützen wie etwa 2,5 cm dicke Bambusrohre oder Stangen, die vor dem Pflanzen fest in der Erde verankert werden (siehe Kletterbohnen stützen, unten).

Kultur

Im Freien im Spätfrühjahr oder Frühsommer, wenn keine Frostgefahr mehr besteht, 5 cm tief säen. Am Ende der Reihen einige zusätzliche Samen legen, um später bei Bedarf Lücken schließen zu können. In kalten Lagen sollte die Aussaat etwa einen Monat vor dem letzten Frost unter Tunneln oder im Haus in Töpfen erfolgen. In diesem Fall junge Pflänzchen vor dem Auspflanzen abhärten. Nach Keimung oder Pflanzung mulchen.

Regelmäßig wässern, vor allem, wenn sich die Blütenknospen zu bilden beginnen, und erneut, sobald sich die ersten Blüten öffnen. Danach zweimal wöchentlich 5–10 l pro m² geben. Auf diese Weise entwickeln sich auch bei Trockenheit meist Blüten. Wo es beim Blütenansatz Probleme gibt, kann man Pflanzen zudem in Blöcken oder kurzen Reihen ziehen, um bestäubende Insekten zu schützen, weißblühende Sorten verwenden oder Pflanzen ausknipsen, um sie klein zu halten.

Kletternde Sorten nötigenfalls locker aufbinden, bis sie von selbst zu schlingen beginnen. Triebspitzen ausknipsen, wenn sie das Ende der Stütze erreicht haben. Niedrige Sorten auf 25–30 cm Höhe stutzen, Seitentriebe einmal wöchentlich ausknipsen und die Triebe mit Reisern stützen, damit die Hülsen nicht den Boden berühren.

Kletterbohnen stützen

Da Kletterbohnen rasch sehr viel Laub entwickeln, sind stabile Stützen unerläßlich. Man setzt vor dem Pflanzen 2,5 m hohe Stangen oder dicke Bambusstäbe fest in den Boden und bindet sie oben zusammen, um ihnen Halt zu geben. Man kann sie zeltförmig aufstellen oder in einer langen Reihe, die durch horizontale Stäbe verbunden wird. Noch größere Stabilität gewährleisten dicke Pfosten, die im Abstand von 2,5–3 m eingeschlagen werden und oben und unten Querhölzer haben, zwischen denen man Drähte spannt, die ihrerseits senkrechte Bambusstäbe halten.

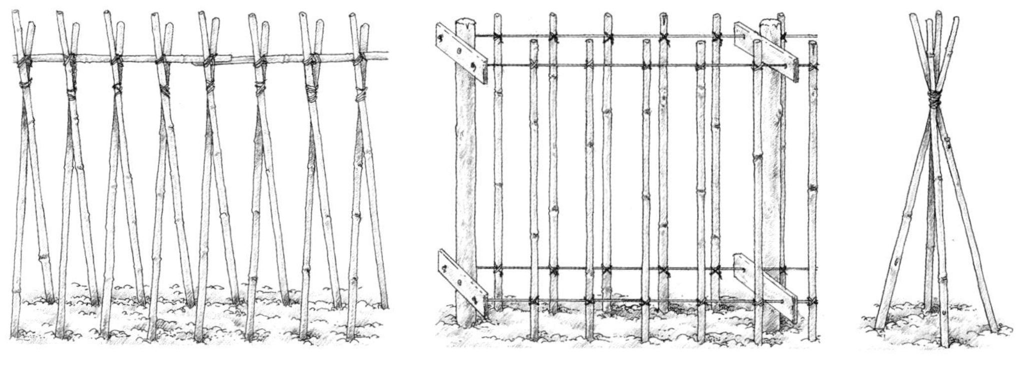

Bei Reihen die Stützen überkreuzen und mit waagrechten Stäben stabilisieren oder Reihen aus senkrechten Stäben mit soliden Pfosten und Drähten Halt geben. Kleinere Gruppen können zeltförmig erzogen werden, in windigen Lagen ist jedoch eine stabilere Konstruktion ratsam.

Hohe Sorten der Dicken Bohne sind kräftige Pflanzen, die in exponierten Gärten oft eine stabile Stütze brauchen. Das Ausknipsen der Spitzen nach Bildung der ersten Hülsen reduziert die Gefahr von Windschäden und hält überdies Blattläuse fern. Während Blüte und Fruchtansatz gießen, um gute Erträge sicherzustellen. Nach der Ernte schneiden viele Gärtner die Pflanzen zurück und düngen. Dadurch entwickeln sich Seitentriebe, die eine zweite, kleinere Ernte bringen.

Da die Hülsen von Feuerbohnen schneller hart werden als die von Stangenbohnen, müssen sie schon ziemlich jung gepflückt werden, solange sie noch zart sind. Mit der Ernte wird begonnen, wenn die Hülsen eine Länge von 15–20 cm erreicht haben. Regelmäßiges Pflücken im Abstand von 2–3 Tagen verhindert, daß die Hülsen hart werden und Fäden entwickeln. Auf diese Weise läßt sich außerdem die Erntezeit vom Juli bis zum ersten Herbstfrost verlängern. Überschüssige Bohnen, die nicht sofort verzehrt werden, können eingesalzen oder eingefroren werden. Bohnenkerne von ausgereiften Hülsen lassen sich getrocknet längere Zeit lagern.

Kulturdetails *Samenzahl:* 1/g, 80 g/10 m fortlaufender Reihe. *Keimung:* 7–10 Tage (Mindesttemperatur 12 °C). *Keimfähigkeit:* 2 Jahre. *Höhe:* 2,5–3,5 m, kleine Sorten 45 cm. *Pflanzabstand:* 15 cm, in Doppelreihen 60 cm. *Aussaat bis Ernte:* 12–16 Wochen. *Durchschnittlicher Ertrag:* 1–1,3 kg pro Pflanze.
Empfehlenswerte Sorten rotblühend: ›Butler‹, ›Hammond's Dwarf Scarlet‹ (nur 45 cm hoch, auch für Balkonkästen), ›Polestar‹, ›Preisgewinner‹; weißblühend: ›Desirée‹, ›Mergoles‹, ›Weiße Riesen‹.
Schädlinge und Krankheiten Siehe Gartenbohnen.

Dicke Bohnen
(Puffbohnen, Pferdebohnen, Saubohnen, Ackerbohnen)

Dicke Bohnen sind ertragreich und sehr nahrhaft. Man baut sie hauptsächlich der Samen wegen an, manche Leute essen aber auch die jungen Hülsen und die Triebspitzen. Die grünen, weißen oder roten Kerne werden unreif verwendet und haben ein feines Aroma. Große ausgereifte Kerne, die einen sehr kräftigen Geschmack besitzen, können noch für Suppen oder zur Aussaat einer Gründüngung verwendet werden.

Für die Sorten gibt es unterschiedliche Einteilungen, die für Gärtner wichtigste ist jedoch die Unterscheidung zwischen langen Hülsen mit 4–10 mittelgroßen Samen und den empfindlicheren ›Windsor-Typen‹ mit 2–5 sehr großen Samen. Die härtesten Sorten vertragen einigen Frost, und alle bevorzugen kühle Lagen. Sommersaaten sind selten erfolgreich.

Standort
(siehe Hülsenfrüchte anbauen, Seite 44)

Frühjahrssaaten erfolgen am besten an einem offenen, recht sonnigen Platz. Die Aussaat im Spätherbst ist nur in ganz milden Gegenden einen Versuch wert. Geeignet sind die meisten fruchtbaren, tief umgegrabenen Böden, sofern sie nicht zu sauer oder staunaß sind. Man muß sie rechtzeitig bearbeiten und verrotteten Mist oder Kompost zufügen, falls der Boden nicht schon für vorangegangene Kulturen angereichert wurde. Einige Tage vor der Aussaat kalken und einen Volldünger einharken.

Kultur

Mit der Frühjahrs-Hauptsaat im Spätwinter oder zu Frühjahrsanfang beginnen und im Abstand von einem Monat zwei weitere Aussaaten durchführen. Für überwinternde Kulturen Mitte oder Ende des Herbstes 5 cm tief säen. In milden Lagen die Reihen bis zum Spätwinter mit Tunneln abdecken, in kälteren Gebieten, in denen Winterkulturen nicht lohnen, Mitte oder Ende des Winters in tiefe Kisten oder Töpfe in einem ungeheizten Gewächshaus oder in ein Frühbeet säen.

Im Herbst gesäte Kulturen anhäufeln, höhere Sorten an exponierten Plätzen stützen, indem man um Reihen oder Blöcke Stangen oder Bambusstäbe in die Erde steckt und Schnur darumspannt. Kleine Pflanzen mit Reisern abstützen oder Stroh um sie

Erbsen sind nicht nur ein großartiges Frischgemüse, sie eröffnen bei der Planung von Beeten im Küchengarten auch große gestalterische Möglichkeiten. Die meisten Typen, selbst sehr kleine Sorten, profitieren von Stützen wie etwa Reisern, die die Pflanzen zu einfachen Schutzschirmen, Trennelementen oder sogar einem zeitweiligen Windschutz machen. Sehr starken Wind vertragen Erbsen allerdings nicht. Höhere Typen können zeltförmig, an Schnüren oder an Drahtgeflecht, die an Stützen befestigt sind, erzogen werden und wie Stangenbohnen in Reihen wachsen.

verteilen, damit die Hülsen nicht den Boden berühren. Dicke Bohnen mögen Trockenheit nicht, doch wenn im Frühjahr gesäte Kulturen nach Erwärmen des Bodens gemulcht werden, besteht gewöhnlich bis zur Blüte keine Notwendigkeit zum Gießen. Danach bei Trockenheit pro Woche 20 l pro m² geben. Wenn die Pflanzen gut blühen und sich die ersten Hülsen bilden, die Enden der Haupttriebe ausknipsen, um eine frühe Reife zu fördern und Blattläuse fernzuhalten. Junge Hülsen, die im ganzen gegart werden sollen, mit 5–8 cm Länge ernten, aber genügend Hülsen ausreifen lassen. Junge Bohnen und Bohnenkerne können eingefroren, ausgereifte Samen getrocknet werden.

Kulturdetails *Samenzahl:* 15/25 g, 150 g/10 m fortlaufender Doppelreihe. *Keimung:* 10–14 Tage (bei Temperaturen unter 15 °C). *Keimfähigkeit:* 2–3 Jahre. *Höhe:* 1,2–1,8 m; kleine Sorten 30–45 cm. *Pflanzabstand:* 20 cm in Doppelreihen mit 25 cm Abstand und 60 cm zwischen paarweise angeordneten Reihen oder in Blöcken mit 25 cm Rundumabstand. *Aussaat bis Ernte:* bei Frühjahrssaat 12–15 Wochen; bei Herbstsaat 26–30 Wochen. *Durchschnittlicher Ertrag:* 200–500 g pro Pflanze, bei Verwendung der Hülsen mehr.

Empfehlenswerte Sorten grünkochend: ›Dreifach Weiße‹, ›Hangdown‹, braunkochend: ›Con Amore‹, ›Hedosa‹; englische Sorten für Herbstsaat: ›Aquadulce (Claudia)‹, ›Bunyard's Exhibition‹, ›The Sutton‹ (niedrig bleibend).

Schädlinge und Krankheiten Bohnenblattlaus, Vögel, Mäuse; Schokoladenfleckenkrankheit, Fuß- und Wurzelfäule (siehe Seite 76 f.).

Erbsen

Der Anbau von Erbsen im eigenen Garten lohnt sich wirklich, denn sie schmecken am allerbesten, wenn sie erst unmittelbar vor dem Verzehr geerntet werden. Es werden drei Erbsenarten unterschieden: Palerbsen, auch Schal- oder Brockelerbsen genannt, haben glatte, runde Samen. Frisch geerntet schmecken sie süß, doch werden sie rasch mehlig. Reife Samen lassen sich gut trocknen und für Suppen verwenden. Die Pflanzen sind wenig kälteempfindlich. Anspruchsvoller sind die Markerbsen. Ihre Samen sind sehr zuckerhaltig und bleiben recht lange zart; reif werden sie hart und runzlig. Sie eignen sich zum Einfrieren, aber nicht zum Trocknen. Die sehr süßen, feinen Zuckererbsen schließlich werden meist ganz jung geerntet und wie Bohnen als ganze Hülse verzehrt.

Von allen Arten werden hohe Sorten angeboten, die den Raum gut nutzen, aber stabile Stützen brauchen, und niedrigere mit früheren, weniger ergiebigen Ernten. Auch diesen tut eine Stütze gut, obwohl wenig beblätterte Typen zusätzliche Ranken entwickeln und sich daher selbst gut stützen.

Abhängig von der Zeit, die sie zum Reifen brauchen, werden Erbsen in frühe Sorten und Sorten für die Haupternte eingeteilt, bei letzteren unterscheidet man mitunter noch mittelfrühe und späte Sorten. Von frühen Sorten können während der gesamten Wachstumsperiode Folgesaaten durchgeführt werden, doch ist es ein Irrtum, zu glauben, daß sie sich für kleine Gärten am besten eignen. Pflanzt man neben Erbsen schattenverträgliche Kulturen, geben hohe, ertragreiche Sorten ausgezeichneten Schutz und brauchen zugleich nicht mehr Platz als frühe Buschsorten. Wie alle Hülsenfrüchte haben Erbsen Wurzelknöllchen mit Bakterien, die Stickstoff aus der Luft binden, und tragen so dazu bei, den Boden zu verbessern.

Standort
(siehe Hülsenfrüchte anbauen, Seite 44)

Frühe und späte Kulturen bevorzugen einen Platz in voller Sonne, Hochsommer-Kulturen leichten Schatten. Da Erbsen einen tiefgründigen Boden, einen kühlen Wurzelbereich und eine gute Drainage mögen, gräbt man den Boden tief um und arbeitet reichlich Kompost oder verrotteten Mist ein, um ein Austrocknen der Wurzeln zu verhindern. Vor der Aussaat auf magerem Boden kalken, sofern er sauer ist, und ein Drittel der empfohlenen Menge eines Volldüngers als Grunddüngung einharken.

Kultur

Da Erbsen kalte Böden übelnehmen, führt man die ersten Saaten im Spätwinter oder zu Frühjahrsbeginn mit 2,5–5 cm Tiefe an einem warmen Platz unter Tunneln durch, wobei man frühe Sorten oder Palerbsen verwendet. Weitere Saaten früher Sorten Markerbsen können von Mitte des Frühjahrs an im Abstand von 3–4 Wochen erfolgen. Sorten für die Haupternte und Zuckererbsen Mitte oder Ende des Frühjahrs säen. Die letzte Erbsenaussaat erfolgt Mitte des Sommers, dabei eine frühe kurzstengelige Sorte wie ›Wunder von Kelvedon‹ oder eine ähnlich rasch wachsende, mehltauresistente frühe Sorte verwenden. In kalten oder nassen Gärten kann man zu Frühjahrsbeginn Zeit sparen, indem man Erbsen in 8-cm-Torftöpfen im ungeheizten Gewächshaus oder Frühbeet vorzieht. Pro Topf 4–5 Samen verwenden, Pflanzen mit 8–10 cm Größe abhärten und in den Töpfen mit 15 cm Abstand in Einzelreihen pflanzen.

Da Erbsen es nicht mögen, zu dicht zu stehen, Samen mit ausreichendem Abstand säen. Saaten mit Drahtgeflecht oder schwarzem Baumwollzwirn vor Vögeln schützen. Wenn die ersten Ranken erscheinen, Pflanzen mit Reisern oder Drahtgeflecht stützen, bei Einzelreihen an der Seite plazieren, bei breiteren Reihen in der Mitte und bei Blöcken rundherum. Mit der Hacke Erde um die Triebe zusammenziehen, um ihnen zusätzlichen Halt zu geben. Reihen unkrautfrei halten und, wenn die Pflanzen etwa 15 cm groß sind, mulchen. Zuerst nur in trockenen Jahren nach Bedarf wässern, mit Beginn der Blüte wöchentlich jedoch 20 l pro m^2 geben, bis die Ernte nachläßt (siehe Erbsen anbauen, unten).

Mit der Ernte beginnen, wenn die Schoten dick sind, aber noch nicht ganz prall und die Blüte verlieren. Zuckererbsen ernten, sobald sich die Samen zu entwickeln beginnen, Markerbsen, solange sie sich sauber brechen lassen. Überschüssige Erbsen einfrieren, Palerbsen ganz ausreifen lassen; die Pflanzen aus der Erde ziehen und an einen trockenen, gutgelüfteten Platz hängen, bis die Hülsen spröde werden, dann die getrockneten Erbsen auspalen.

Kulturdetails *Samenzahl:* 120/25 g, 150 g/10 m fortlaufender Reihe mit 23 cm Breite. *Keimung:* 2–3 Wochen (Mindesttemperatur 10 °C). *Keimfähigkeit:* 2–3 Jahre. *Höhe:* 30–150 cm, je nach Sorte. *Pflanzabstand:* für eine große Ernte 5 cm Rundumabstand, mit 23 cm Reihenabstand; für eine längere Ernte 30 cm breite Streifen mit jeweils drei Reihen, Abstand zwischen den Streifen 45 cm. *Aussaat bis Ernte:* frühe Sorten 12–14 Wochen, Haupternte 14–16 Wochen, Herbstaussaat 30–34 Wochen. *Durchschnittlicher Ertrag:* 500–1000 g pro 30 cm einer breiten Reihe.

Empfehlenswerte Sorten n: niedrig, h: hoch; **Palerbsen:** ›Kleine Rheinländerin‹ n, ›Rheinperle‹ n, ›Schnabel‹ h, ›Feltham First‹ n (zur Herbstaussaat in milden Gebieten geeignet, sehr frühe Sorte); **Markerbsen:** ›Aldermann‹ h, ›Markana‹, ›Sprinter‹, ›Senator‹ h, ›Wunder von Kelvedon‹; **Zuckererbsen:** ›Frühe Heinrich‹, ›Rheinische Zucker‹, ›Schweizer Riesen‹ h, ›Zuga‹ n.

Schädlinge und Krankheiten Vögel, Mäuse, Raupen des Erbsenwicklers, Thripse; Braunfleckenkrankheit, Fuß- und Wurzelfäule, Fusarium-Welke, Echter Mehltau (siehe Seite 76 f.).

GANZ RECHTS Damit Wirsing feste Köpfe bildet, braucht er eine lange Wachstumsperiode, doch als eine der dekorativeren Kohlsorten paßt er gut zu Zierpflanzen und kann an vielen Plätzen mit ihnen kombiniert werden.

Erbsen anbauen

Obwohl es etwas zeitaufwendiger ist, Erbsensamen in regelmäßigen Abständen in Horsten zu säen, entstehen dadurch gesündere und gleichförmigere Pflanzen, und es ist weniger Saatgut erforderlich. Man sät in eine breite Furche oder mehrere parallele Reihen, die dicht zusammenliegen, um Platz und Stützen zu sparen. Abgesehen von laublosen oder laubarmen (selbststützenden) Sorten müssen alle Erbsen durch Reiser, Schnüre, Kunststoff- oder Drahtgeflecht gestützt werden, damit Hülsen und Laub nicht den Boden berühren.

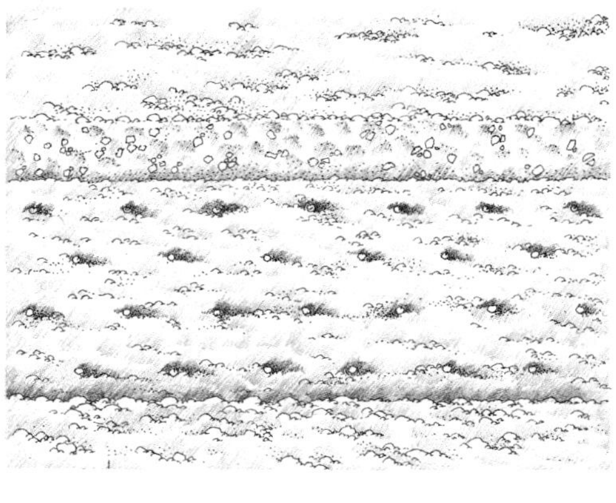

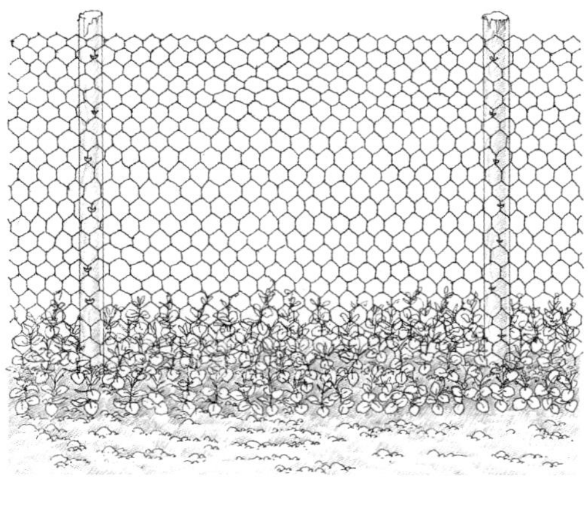

Die Furche glätten und gleichmäßig aussäen, um eine gute Keimung sicherzustellen. Drahtgeflecht in der Mitte der Furche aufstellen, bevor die Pflanzen Ranken ausbilden.

KOHLGEMÜSE ANBAUEN

Die Gemüse, die zu dieser großen Gruppe gehören, haben sehr ähnliche Standortansprüche und leiden unter den gleichen Schädlingen und Krankheiten. Es sind Gemüse der kühlen Jahreszeit, die offene Lagen brauchen; eine Ausnahme bilden nur Sommerkulturen, die leicht schattig stehen wollen. Der Boden sollte feucht, humusreich und fest sein. Leichte Böden, die kürzlich bearbeitet wurden, festtreten, oder in Boden pflanzen, der seit Abräumen der letzten Kultur (etwa Hülsenfrüchte) nicht mehr bearbeitet wurde. Kohl sollte im Fruchtwechsel angebaut werden, um Krankheiten wie Kohlhernie vorzubeugen. Er braucht alkalische Bedingungen (pH-Wert von 7 oder höher), daher den pH-Wert messen und bei Bedarf aufkalken. Bei Trockenheit regelmäßig wässern: Im Abstand von 7–10 Tagen 20 l pro m² geben. Obwohl Weiße Rüben, Kohlrüben und Radieschen auf den ersten Blick Wurzelgemüse sind, gehören auch sie wie Kohl zur Familie der Kreuzblütler und werden daher ebenfalls hier behandelt.

Kopfkohl

Vom Kopfkohl gibt es sehr vielfältige Formen, die rund ums Jahr im Garten wachsen können, auch wenn viele Gärtner sich auf Kulturen beschränken, die zwischen Spätherbst und Frühjahr erntereif sind. Die Sorten werden gewöhnlich nach ihrer Verwendungszeit zusammengefaßt, doch es gibt beträchtliche Überschneidungen, und einige Formen können das ganze Jahr hindurch gezogen werden. Man kann zwischen spitzen, runden und abgeflachten Sorten wählen, zwischen Weißkohl, Wirsing und Rotkohl und zwischen Sorten für den Frischverzehr oder die Lagerung. Schließlich gibt es noch den Chinakohl. Für den Garten eignen sich solche Kohlsorten am besten, die lange im Beet verbleiben können, ohne dabei Schaden zu nehmen. Wo der Platz begrenzt ist, greift man auf kompakte Formen wie ›Minicole‹ oder ›Stonehead‹ zurück. F1-Hybriden entwickeln sich gleichmäßiger als alte Sorten und sind oft schädlings- oder krankheitsresistent.

Standort

(siehe Kohlgemüse anbauen, links)

Kultur

Die Aussaat erfolgt 2–2,5 cm tief an Ort und Stelle oder in ein Anzuchtbeet. Auf 8 cm Abstand ausdünnen oder verpflanzen und an den endgültigen Platz setzen, wenn die Pflänzchen fünf bis sechs Blätter haben (mit etwa 6 Wochen); oder unter Glas in Anzuchtplatten säen.

Frühe Sorten im Februar und März unter Glas säen und ab Ende März auspflanzen, in kalten Gegenden oder zur früheren Ernte unter Tunneln oder Lochfolie ziehen. Späte Sorten ab Mai in ein Saatbeet ins Freiland säen, bei einer Höhe von 10–15 cm in ihr endgültiges Beet setzen. Chinakohl wird erst von Mitte Juni an direkt ins Freiland gesät. Ein früherer Anbau ist nicht möglich, da er unter den Langtagbedingungen im Sommer blüht und keine Köpfe bildet.

Dichtwachsenden Frühjahrskohl als Blattgemüse ernten und nur jede dritte Pflanze zur Kopfbildung stehenlassen. Kopfkohl wird meist nach Bedarf herausgezogen, wobei man die Wurzeln abschneidet und wegwirft. Wenn man ihn jedoch dicht über dem Boden abschneidet und dann die Strünke kreuzförmig tief einschneidet, wächst eine zweite Ernte aus kleinen Köpfen nach. Während sich frühe Sorten nur für den Frischverzehr eignen, sind späte Sorten lange haltbar, wenn sie im Spätherbst in Bodenhöhe abgeschnitten und in mit Stroh ausgekleideten Kisten an einem trockenen, kühlen Ort gelagert werden. Späte Weißkohlsorten können auch zur Herstellung von Sauerkraut in Steinguttöpfe eingelegt werden.

Kulturdetails *Samenzahl:* 250/g. *Keimung:* 1–2 Wochen (Mindesttemperatur 5 °C). *Keimfähigkeit:* unter optimalen Bedingungen bis zu 8 Jahre. *Höhe:* 25–40 cm. *Pflanzabstand:* frühe Sorten 10–25 cm, mit 30 cm Reihenabstand oder 25 cm Rundumabstand; späte Sorten 35 cm Rundumabstand für kleine Köpfe, bis zu 45 cm für große. Chinakohl 30 cm Rundumabstand. *Aussaat bis Ernte:* Chinakohl 10 Wochen, Weiß-, Rotkohl und Wirsing 20–35 Wochen. *Durchschnittlicher Ertrag:* 500–1500 g pro Pflanze.

Empfehlenswerte Sorten fr: frühe, sp: späte Sorten; **Weißkohl:** ›Cape Horn‹, ›Dithmarscher‹ fr, ›Nostra HKZ‹ fr, ›Erstling‹ fr, ›Minicole‹ fr, ›Amager‹ sp, ›Braunschweiger‹ sp, ›Filderkraut‹ sp, ›Marner Lagerweiß‹ sp, ›Winterstar‹ sp; **Rotkohl:** ›Frührot‹ fr, ›Langendijker Allerfrühester‹ fr, ›Marner Frührotkohl‹ fr, ›Herbstrot‹ sp, ›Marner Lagerrot‹ sp, ›Mohrenkopf‹ sp; **Wirsing:** ›Advent‹ (Aussaat im August, Ernte im Mai), ›Eisenkopf‹ fr, ›Julius‹ fr, ›Marner Frühkopf‹ fr, ›Promasa‹ fr, ›Vorbote‹ fr, ›Hamassa‹ sp, ›Icebridge‹ sp, ›Icequeen‹ sp, ›Marner Dauerwirsing‹ sp, ›Novum‹ sp; **Chinakohl:** ›Chorus‹, ›Parkin‹ (diese beiden Sorten sind resistent gegen Kohlhernie), ›Nagaoka‹, ›Sperlings Nippon‹.

Schädlinge und Krankheiten Vögel, Raupen, Kohlblattlaus, Kohlfliege, Kohlmotte, Weiße Fliege, Erdflöhe, Schnecken; Kohlhernie, Falscher Mehltau (siehe Seite 76 f.).

Blumenkohl

Blumenkohl ist anspruchsvoll und vielleicht das am schwersten zu kultivierende Kohlgemüse, vor allem auf leichten Böden, denen Humus fehlt. Blumenkohl bildet feste Köpfe aus endständigen Blütenknospen und ist meist weiß, es gibt jedoch auch violette, cremegelbe und grüne Sorten. Mini-Blumenkohl (siehe Mini-Blumenkohl anbauen, unten) nutzt den begrenzten Platz am besten. In ganz milden Lagen sind vielleicht auch überwinternde Sorten wie ›English Winter – Vilna‹ einen Versuch wert.

Standort
(siehe Kohlgemüse anbauen, Seite 49)

Alle Formen brauchen tiefgründigen, fruchtbaren Boden, der in allen Wachstumsstadien die Feuchtigkeit gut hält, und einen pH-Wert von bis zu 7,5, um Wachstumsstörungen wie Klemmherzigkeit (dünne Blätter, keine Kopfbildung) zu vermeiden.

Kultur

Da die Anzucht langwierig und nicht immer problemlos ist, kann es von Vorteil sein, vorgezogene Jungpflanzen in Gärtnereien zu kaufen. Bei eigener Anzucht werden frühe Sorten von Ende Januar bis zum zeitigen Frühjahr im Gewächshaus oder auf der Fensterbank in Schalen 2–2,5 cm tief ausgesät. Sind die Sämlinge gekeimt, hält man sie bei 16–18 °C warm und die Erde stets feucht. Nach dem Pikieren müssen die Setzlinge abgehärtet werden, bevor man sie von Mitte April bis zum späten Frühjahr ins Freiland auspflanzt. Sommersorten werden Mitte Mai, Herbstsorten im Laufe des Juni auf ein Saatbeet im Freien ausgesät und nach 3–4 Wochen dann in das vorgesehene Beet versetzt.

Blumenkohl benötigt für eine gute Entwicklung gleichmäßig feuchten Boden. Daher muß regelmäßig, besonders vor und nach dem Umpflanzen, gewässert werden, später wird eine Mulchdecke ausgebracht. Bei Trockenheit wässert man alle 10–14 Tage mit 20 l pro m^2. Auf sehr trockenen Böden ist es besser, die Setzlinge in etwas größeren Abständen einzuschlämmen und um jede Pflanze eine Mulde zu ziehen, die bei Trockenheit mit Wasser gefüllt werden kann. Wenn sich die Köpfe bilden, knickt man die äußeren Blätter darüber – so bleibt die Blume schön weiß.

Da Pflanzen oft gleichzeitig reif werden, erntet man die ersten Köpfe, solange sie noch fest sind, und friert alle ein, die zu altern beginnen. Pflanzen können bis zu drei Wochen gelagert werden, wenn man sie mit Wurzeln herauszieht und kopfüber in einen gutgelüfteten kühlen Schuppen hängt.

Kulturdetails *Samenzahl:* 250/g. *Keimung:* 1–2 Wochen (Mindesttemperatur 5 °C). *Keimfähigkeit:* bis zu 6 Jahre. *Höhe:* 30–45 cm. *Pflanzabstand:* frühe Sorten und Sommerkohl 45 cm, mit 60 cm Reihenabstand oder 50 cm Rundumabstand; Spätsommer-/Herbstkohl 60 cm Rundumabstand. Mini-Blumenkohl siehe unten links. *Aussaat bis Ernte:* 12–16 Wochen. *Durchschnittlicher Ertrag:* 500–1000 g pro Pflanze (bei Mini-Blumenkohl niedriger).

Mini-Blumenkohl anbauen

Wo der Platz begrenzt ist, sollte man versuchen, Blumenkohl sehr eng anzubauen und in nur 3–4 Monaten kleine Köpfe von 5–8 cm Durchmesser zu erzeugen. Sämlinge in Anzuchtplatten anziehen und in Blöcken mit 15 cm Rundumabstand auspflanzen oder wie hier an Ort und Stelle Horste mit einigen Samen anlegen und später verziehen. Bei Trockenheit wässern und alle Köpfe gleichzeitig ernten, Überschüsse einfrieren. Von Frühjahrsmitte bis zum Hochsommer alle 3–4 Wochen aussäen, um die Versorgung im Sommer und im Herbst sicherzustellen.

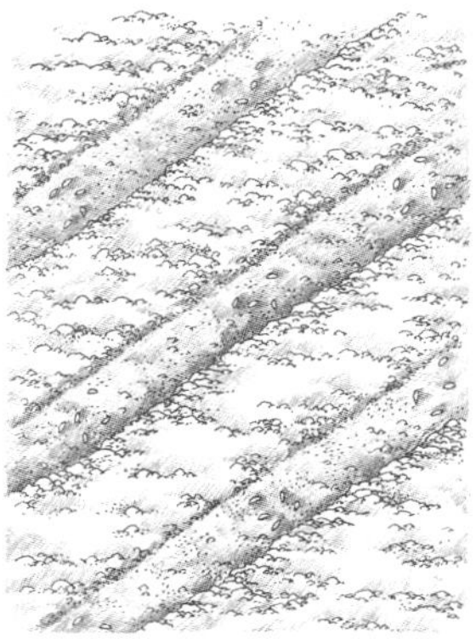

Das Saatgut in vorbereitete Rillen von 15 cm Abstand aussäen.

Von jedem Horst nur den stärksten Sämling stehenlassen.

Die Köpfe ernten, wenn sie 5–8 cm Durchmesser erreicht haben.

Diese Brokkoli-Hybriden, die wegen ihrer großen Mittelköpfe gezogen werden, sind in Entwicklung und Aussehen sehr einheitlich. Ob in Reihen oder Quadrate gepflanzt, es sind stets ordentliche, dekorative Pflanzen. Hier wurde eine rasch wachsende Sorte in eine Einfassung aus violettem Salbei gesetzt.

Empfehlenswerte Sorten frühe: ›Alpha‹, ›Danova‹, ›Erfurter Zwerg‹, ›Frühe Mechelner‹, ›Montano‹; Sommersorten: ›Andes‹, ›Celesta‹, ›Exponent‹, ›Neckarperle‹, ›White Ball‹; Herbstsorten: ›Alverda‹ (grüne Köpfe), ›Flora Blanca‹, ›Violetta di Sicilia‹ (violetter Kopf), ›White Rock‹.
Schädlinge und Krankheiten Siehe Kopfkohl, Seite 49.

Brokkoli
(Kopfbrokkoli)

Was den Begriff »Brokkoli« betrifft, so gibt es einige Verwirrung. Ursprünglich die italienische Bezeichnung für zarte Triebe beliebiger Kohlsorten, wird heute unterschieden zwischen dem häufig gepflanzten Kopfbrokkoli mit an Blumenkohl erinnernden, jedoch nicht so festen und meist grünen Blütenständen und dem seltener zu findenden Sprossenbrokkoli oder Spargelkohl (siehe Seite 51) mit Blütenständen an langen, fleischigen Stielen.

Obwohl schon vor über 150 Jahren verschiedene, darunter auch vollkommen winterharte Sorten bekannt waren, geriet der Anbau von Brokkoli in Mitteleuropa eine Zeitlang nahezu in Vergessenheit. Heute werden vom Kopfbrokkoli, meist einfach Brokkoli genannt, F1-Hybriden gezogen, die rasch einen großen Mittelkopf aus blaugrünen Knospen entwickeln, dem oft kleinere Seitensprosse nachfolgen. Manche Sorten tun dies bereitwilliger als andere. Die ältere Sorte ›Green Sprouting‹ bildet nur kleine Sprossen aus, dies jedoch üppig und über einen langen Zeitraum hinweg. In dichteren Abständen gepflanzte Hybriden entwickeln kleinere Köpfe, die gleichzeitig reifen und gut eingefroren werden können. Die Kopfbildung findet bei den Sorten in unterschiedlicher Geschwindigkeit statt. Bei ›Mercedes‹ dauert sie oft nur 10–11 Wochen, weshalb sich die Sorte ideal für Folgesaaten eignet. ›Shogun‹ dagegen benötigt einige Wochen länger, dafür entwickelt diese Sorte aber auch schwerere Köpfe.

Standort
(siehe Kohlgemüse anbauen, Seite 49)

Brokkoli gedeiht in weniger fruchtbaren Böden als andere Vertreter der Kohlfamilie.

Kultur

Ein Umsetzen von im Freien wachsenden Pflanzen ist nicht empfehlenswert, doch für frühe Kulturen kann 6–8 Wochen vor den Eisheiligen in Anzuchtplatten oder kleine Töpfe gesät werden. Mitte des Frühjahrs auspflanzen, falls nötig unter Tunnel. Spätere Aussaaten erfolgen an Ort und Stelle mit 2–2,5 cm Tiefe in Horsten im erforderlichen Abstand, später die Sämlinge bis auf den kräftigsten ausdünnen. Im Frühsommer die letzte Aussaat im Freien durchführen. Frühe Sorten können im Spätsommer in Anzuchtplatten gesät und in milden Gegenden später ins Freiland, sonst in ein Frühbeet, gepflanzt werden und sind zu Frühjahrsbeginn erntereif.

Regelmäßig wässern und mulchen, um die Bodenfeuchtigkeit zu bewahren. In einem trockenen Jahr alle zwei Wochen (je nach Bodentyp) 10–20 l pro m² geben. Die mittleren Köpfe ernten, solange sie noch fest sind und bevor sich die Knospen öffnen, dann den Pflanzen eine Kopfdüngung mit einem Stickstoffdünger geben, um die Entwicklung von Seitensprossen anzuregen. Diese mit 10–13 cm Länge schneiden.

Kulturdetails *Samenzahl:* 200/g. *Keimung:* 1–2 Wochen (Mindesttemperatur 5 °C). *Keimfähigkeit:* bis zu 6 Jahre. *Höhe:* 40–60 cm. *Pflanzabstand:* 15 cm, mit 30 cm Reihenabstand oder 23 cm Rundumabstand. *Aussaat bis Ernte:* 10–14 Wochen. *Durchschnittlicher Ertrag:* 500–1000 g pro Pflanze.
Empfehlenswerte Sorten ›Corvet‹ F1-Hybride, ›Futura‹ F1-Hybride, ›Green Comet‹ F1-Hybride, ›Green Sprouting/Italian Sprouting‹, ›Mercedes‹ F1-Hybride, ›Romanesco‹ (gelbgrüne Köpfe), ›Shogun‹ F1-Hybride, ›Southern Comet‹.
Schädlinge und Krankheiten Siehe Kopfkohl, Seite 49.

Spargelkohl
(Sprossenbrokkoli)

Manche Sorten des Spargelkohls können zweijährig angebaut werden. Im ersten Frühjahr gesät, sind sie im folgenden Frühjahr erntereif, wobei sie fast ein ganzes Jahr an einem Platz stehen. Sie sind recht hart und liefern vom Spätwinter bis ins Spätfrühjahr, wenn andere Gemüse oft knapp sind, große Mengen junger Sprosse.

Viele Gärtner halten diese modernen Züchtungen aber für unzuverlässig und sammeln daher lieber nach kalten Wintern von den kräftigsten überlebenden Pflanzen eigene Samen. Dazu kann man an besonders schönen Pflanzen einige Blütentriebe stehenlassen, die im Spätfrühjahr blühen und im Hochsommer tragen. Die Samen werden gesammelt, getrocknet und bis zum folgenden Frühjahr gelagert. Wenn man über mehrere Jahre so verfährt, kann man eine eigene Züchtung mit verbesserten Eigenschaften und besonderer Härte entwickeln. Eine frühe F1-Hybride, die sich gleichmäßiger entwickelt als herkömmliche Arten, ist ›Red Arrow‹.

Sowohl von frühen als auch von späten Sorten gibt es weiße und violette Formen. Letztere sind etwas härter und ertragreicher, doch manche Leute bevorzugen den milderen Geschmack der weißen Sorten.

Mehrjähriger Brokkoli kann bis zu 1,5 m hoch werden und 90 cm breit. Er eignet sich gut für eine sonnige Ecke des Küchengartens, wo er jedes Jahr Mitte bis Ende des Frühjahrs 8–10 cremeweiße, kleine, blumenkohlartige Blütenstände entwickelt.

Standort
(siehe Kohlgemüse anbauen, Seite 49)

Die hohen kopflastigen Pflanzen brauchen einen Platz, an dem sie vor Winterwinden geschützt sind. Der Boden sollte fest und reich an organischem Material sein, um der langen Entwicklungszeit Rechnung zu tragen.

Kultur

Mitte bis Ende des Frühjahrs 2–2,5 cm tief in ein Saatbeet im Freien säen. Mit den frühen Sorten beginnen, damit sie eine möglichst lange Wachstumsperiode haben. In kalten Gegenden können die ersten Aussaaten in Töpfe oder Anzuchtplatten in einem Frühbeet erfolgen. Freilandsämlinge auf 8 cm ausdünnen und im Frühsommer an den endgültigen Standort umsetzen. Fest und tief pflanzen, so daß die untersten Blätter gerade über dem Boden sitzen.

Während Trockenheit wässern, um ein gleichmäßiges Wachstum sicherzustellen, und mulchen. Im Frühherbst die Stengel anhäufeln. Pflanzen in rauhen Lagen mit Fichtenreisig Winterschutz geben. Junge Blütentriebe ernten, sobald sie Knospen entwickelt haben und 10–15 cm lang sind. Mit einigen jungen Blättern abschneiden oder abbrechen. Wenn Pflanzen regelmäßig geerntet werden, nicht zur Blüte kommen und nach dem ersten Schnitt eine Kopfdüngung mit einem Volldünger erhalten, wachsen noch bis zu zwei Monate Seitentriebe nach.

Für mehrjährigen Brokkoli im Frühjahr einige Samen in Anzuchtplatten säen, Jungpflanzen mit 90 cm Rundumabstand in nahrhafte Erde setzen. Die ersten Köpfe erscheinen im folgenden Frühjahr. Jedes Frühjahr mit Kompost oder verrottetem Mist mulchen oder eine Kopfdüngung mit einem Volldünger durchführen. Da keine Köpfe zur Blüte kommen dürfen, lange Triebe nach der Ernte zurückschneiden. Wenn Pflanzen nachzulassen beginnen, kann man 10–15 cm lange Triebe abreißen, in einem Frühbeet bewurzeln und auspflanzen.

Kulturdetails *Samenzahl:* 200/g. *Keimung:* 1–2 Wochen (Mindesttemperatur 5 °C). *Keimfähigkeit:* bis zu 6 Jahre. *Höhe:* 90–120 cm. *Pflanzabstand:* rundum 60–75 cm. *Aussaat bis Ernte:* 40 Wochen. *Durchschnittlicher Ertrag:* 500–1000 g pro Pflanze.
Empfehlenswerte Sorten ›Early Purple‹, ›Early White‹, ›Late Purple‹, ›Late White‹, ›Red Arrow‹ F1-Hybride; mehrjährig: ›Nine Star Perennial‹.
Schädlinge und Krankheiten Siehe Kopfkohl, Seite 49.

Rosenkohl

Dies ist das Gemüse, das einst Schreber- und Gemüsegärten in Verruf brachte, da die hohen, hageren Stengel älterer Sorten mit ihren vergilbenden Blättern schrecklich häßlich aussahen. Die Entwicklung von F1-Hybriden hat das Image des Rosenkohls gewandelt, denn diese sind kräftige Pflanzen mit gutentwickelten Wurzeln, die auch starkem Wind trotzen (außer in leichten Böden – siehe Standort, rechts). Im Gegensatz zur verbreiteten Meinung sind Hybridpflanzen nicht alle zur gleichen Zeit erntereif, es sei denn, man pflanzt frühe Sorten zum Einfrieren mit kleinen Abständen und entfernt die Triebspitzen, wenn die untersten Röschen halb entwickelt sind.

Die Sorten werden zu verschiedenen Zeiten erntereif, frühe Sorten vom Spätsommer bis zur Herbstmitte, mittlere Sorten von Herbstmitte bis Frühwinter und späte Sorten von Wintermitte bis Frühjahrsbeginn. Man kann nicht nur die in den Blattachseln sitzenden Röschen essen, sondern auch die Triebspitzen (›Ormavon‹ hat besonders große Röschen, die an kleine Kohlköpfe erinnern). Die Pflanzen sind sehr hart, in warmen Gegenden aber schwer zu ziehen – hier versprechen Saaten im Frühherbst zur Ernte im Winter am ehesten Erfolg.

Rosenkohl ist für die meisten Schädlinge und Krankheiten, die Kohlgemüse befallen, sehr anfällig, und daher ist eine gute Pflege wichtig. Daher sollten gelbe Blätter wie hier bei der Ernte mit entfernt werden und alle abgeernteten Stengel und Pflanzenreste sofort abgeräumt werden.

Standort
(siehe Kohlgemüse anbauen, Seite 49)

Die Erde muß recht fest sein, um den hohen, blattreichen Pflanzen ausreichenden Halt verleihen zu können. Zwar schätzt auch Rosenkohl nahrhaften Boden, doch muß man eine Überdüngung unbedingt vermeiden, da sich sonst nur lockere, schlecht verwertbare Röschen entwickeln.

Kultur

Für sehr frühe Ernten im Spätwinter in einem ungeheizten Gewächshaus säen und Sämlinge in Schalen pikieren oder am Ende des vorangehenden Sommers in ein Frühbeet säen und Sämlinge auf 8 cm Abstand verziehen. Im Frühjahr abhärten und auspflanzen, nachdem eine Grunddüngung mit einem Volldünger in die vorgesehene Fläche eingeharkt wurde. Pflanzen so tief setzen, daß sich die untersten Blätter direkt über dem Boden befinden.

Frühe, mittlere und späte Sorten von Anfang bis Mitte des Frühjahrs mit etwa zweiwöchigem Abstand nacheinander in ein Saatbeet säen. Entweder sehr dünn säen oder Sämlinge auf 8 cm Abstand verziehen, damit sie nicht schwach und hochbeinig werden. Mit 10–15 cm Größe (etwa 6 Wochen nach der Aussaat) für eine sehr frühe Ernte umpflanzen.

In trockenen Jahren gießen, bis die Pflanzen angewachsen sind und gut gedeihen, danach ist nur noch wenig Wässern erforderlich. Zur Sommermitte eine Kopfdüngung mit einem Stickstoffdünger durchführen, an windigen Standorten hohe Sorten anhäufeln, um ihnen Halt zu geben. Möglicherweise müssen sie mit einzelnen Stäben oder rundum mit einem Gerüst aus Stäben und Schnur gestützt werden. Gelbe, abgestorbene oder kranke Blätter sofort entfernen und Pflanzen regelmäßig auf Schädlingsbefall überprüfen.

Mit der Ernte beginnen, wenn die untersten Röschen groß genug sind; mit einem Ruck nach unten sauber abbrechen. Beschädigte oder deformierte Röschen nicht an der Pflanze lassen und bis zur Erntehöhe auch alle Blätter entfernen. Weiterhin reife Röschen ernten und schließlich die Triebspitzen als Blattgemüse pflücken. Rosenkohl ist recht frosthart, und nach mäßigem Frost werden die Röschen sehr zart und schmackhaft. Nur in sehr kalten Lagen und strengen Wintern ist es besser, die Pflanzen ganz auszugraben und kopfüber in einen kalten, luftigen Schuppen zu hängen oder in einem Frühbeet einzuschlagen, wo sie mehrere Wochen frisch bleiben. Abgeerntete Strünke sollten ausgerissen und beseitigt werden, etwa indem man sie mit einem Hammer oder dem Spatenrücken zerquetscht und als unterste Schicht im Komposthaufen verwendet oder sie im Häcksler gründlich zerkleinert.

Kulturdetails *Samenzahl:* 250/g. *Keimung:* 1–2 Wochen (Mindesttemperatur 5 °C). *Keimfähigkeit:* bis zu 8 Jahre. *Höhe:* 45–120 cm. *Pflanzabstand:* rundum 60 cm, zum Einfrieren 50 cm. *Aussaat bis Ernte:* 20–36 Wochen, je nach Jahreszeit. *Durchschnittlicher Ertrag:* ca. 1 kg pro Pflanze.
Empfehlenswerte Sorten früh: ›Hossa‹, ›Predora‹, ›Wilhelmsburger‹; spät: ›Banner‹, ›Boxer‹, ›Citadel‹, ›Fest und Viel‹, ›Fortress‹, ›Hilds Ideal‹, ›Igor‹.
Schädlinge und Krankheiten Siehe Kopfkohl, Seite 49.

Rettiche und Radieschen

Rettiche und Radieschen gibt es in vielen Formen und Größen. Radieschen sind rund, oval oder länglich und rot, weiß oder zweifarbig. Japanische Rettiche sind schwerer und haben eine lange, weiße Rübe. Harte Winterrettiche sind sehr groß, rund oder oval und haben eine rote oder schwarze Schale. Spezielle Sorten für niedrige Temperaturen werden zum Winteranbau unter Glas benutzt.

Standort
(siehe Kohlgemüse anbauen, Seite 49)

Am besten eignet sich ein sonniger, offener Platz. Sommersaaten gedeihen jedoch in leichtem Schatten anderer Kulturen besser. Das Saatbeet wie für Möhren vorbereiten (siehe Seite 56).

Kultur

Sorten für niedrige Temperaturen ab Januar etwa im vier- bis sechswöchigen Rhythmus in ein ungeheiztes Gewächshaus oder ein frostfreies Frühbeet säen. Normale Sorten in kleinen Mengen alle zwei Wochen 1 cm tief dünn säen – im Spätwinter unter Tunneln beginnen, vom Frühjahr bis zum Spätsommer im Freien säen und im Frühherbst wieder unter Schutz. Japanische Rettiche werden im Hoch- oder Spätsommer gesät, Winterformen im Spätsommer ins Freiland oder im Frühherbst in Frühbeete.

Sämlinge frühzeitig verziehen, da sie Wettbewerb nicht vertragen. Unkrautfrei halten und regelmäßig wässern, bei Trockenheit jede Woche bis zu 10 l pro m^2 geben. Sorten für den Anbau bei niedrigen Temperaturen unter Glas nicht zu stark wässern.

Radieschen ernten, sobald sie eine ausreichende Größe haben und bevor sie hohl und holzig werden. Japanische Rettiche können nach etwa 10 Wochen herausgezogen werden, die Rüben sollten dann 15 cm oder länger sein. Wintersorten bei Bedarf ernten, dazu entweder im Boden überwintern (in Frühbeeten kann ihnen nichts passieren) oder im Spätherbst herausnehmen und wie Möhren (siehe Seite 56) lagern.

Kulturdetails *Samenzahl:* 100–150/g. *Keimung:* bei 5 °C 3–7 Tage. *Keimfähigkeit:* 8–10 Jahre. *Höhe:* 10–15 cm, bei Winterrettich bis zu 60 cm. *Pflanzabstand:* Radieschen 2,5 cm, mit 15 cm Reihenabstand, bei breitwürfiger Saat 2,5 cm; unter Schutz rundum 5 cm; japanische Sorten und Rettiche 15–23 cm, mit 23 cm Reihenabstand oder 20 cm Rundumabstand. *Aussaat bis Ernte:* Radieschen 3–4 Wochen, andere 8–12 Wochen. *Durchschnittlicher Ertrag:* 225 g pro 30 cm fortlaufender Reihe, bei Wintersorten mindestens das Doppelte.
Empfehlenswerte Sorten Radieschen, früh: ›Boy‹, ›Cyros‹, ›Fanal‹, ›French Breakfast‹, ›Frühwunder‹, ›Karissima‹, ›Knacker‹, ›Saxa‹, ›Saxa Treib‹, ›Eiszapfen‹, ›Juwasprint‹, ›Rota‹; Sommersorten: ›Carnita‹, ›Champion‹, ›Cherry Belle‹, ›Parat‹, ›Prinz Rotin‹, ›Sora‹, ›Raxe‹, ›Rundes, halb weiß, halb rot‹, ›Sperlings Parat‹, ›Riesenbutter‹; **Rettiche,** früh: ›Aspro‹, ›Rosa Ostergruß‹, ›Hilds Neckarruhm‹, ›Halblanger weißer Treib und Freiland‹, ›Rex‹; Sommersorten: ›Halblanger weißer Sommer‹, ›Main-Dreieck‹; Winterrettiche: ›Münchner Bier‹, ›Hilds blauer Herbst und Winter‹, ›Langer Schwarzer Winter‹, ›Runder Schwarzer Winter‹; Japanische Rettiche: ›April Cross‹, ›Minowase Summer Cross‹.
Schädlinge und Krankheiten Kohlfliege, Erdflöhe, Schnecken (siehe Seite 76 f.).

Weiße Rüben
(Speiserüben)

Weiße Rüben sind länglich bis rund, weiß- oder gelbfleischig und haben eine weiße, rote, rosa oder gelbe Schale. Winterharte Sorten können in milden Lagen im Winter gezogen werden, rasch reifende (frühe) Sorten sät man oft als Zwischenfrucht und erntet sie während der Wachstumsperiode fortlaufend. Die frühe Sorte ›Tokyo Cross‹ ist mitunter schon nach 35 Tagen reif, sie schießt aber oft, wenn sie vor der Sommersonnenwende gesät wird.

Standort
(siehe Kohlgemüse anbauen, Seite 49)

Weiße Rüben mögen feuchten, fruchtbaren Boden. Man zieht sie an einem warmen, offenen Platz, Sommersaaten sollten aber ein wenig Schatten haben.

Kultur

Sehr frühe Kulturen im Spätwinter 2 cm tief in ein Frühbeet oder unter Tunnel säen. Ab Mitte März mit der Aussaat raschwüchsiger Sorten im Freien beginnen und bis zu Beginn des Hochsommers im Abstand von 3–4 Wochen Folgesaaten durchführen. Mitte und Ende des Sommers späte Sorten für den Winter säen, die frisch geerntet oder eingelagert werden. ›Tokyo Cross‹ kann in Abständen bis zum Frühherbst gesät werden und bringt eine späte Ernte kleiner Rüben. Sät man im Spätsommer oder Frühherbst eine winterharte Sorte, kann man im folgenden Frühjahr die Blätter ernten (siehe Rübstiel, rechts).

RÜBSTIEL

Rübstiel sind Mai- oder Herbstrüben, bei denen man etwa 6 Wochen nach der Keimung die zarten, jungen Blätter erntet. Dazu im Oktober ins Frühbeet oder Gewächshaus aussäen und erneut ab März ins Frühbeet oder ins Freie. Sämlinge nicht verziehen und die Pflanzen dichter als beim Anbau zur Ernte der Wurzeln kultivieren. Die Blätter mit etwa 10–15 cm Höhe schneiden, dabei ein kurzes Stück stehenlassen, damit die Blätter nachwachsen. Mehrmals ernten, bis die Pflanzen schießen. Manche Gärtner häufeln die Pflanzen 15 cm hoch an, um sie zu treiben und die Blätter zu bleichen.

Sämlinge früh immer wieder verziehen (ausgenommen solche, deren Blätter geerntet werden), bis sie den notwendigen Abstand haben. Regelmäßig jäten und mulchen sowie wenig, aber häufig wässern. In sehr trockenen Perioden bis zu 10 l pro m² geben, aber trockene Erde nicht kurz vor der Ernte plötzlich durchtränken, da die Rüben platzen können. Niemals zu reichlich gießen, weil die Rüben dadurch auf Kosten des Geschmacks Gewicht zulegen.

Rasch wachsende, frühe Sorten mit weniger als 5 cm Durchmesser ernten. In der Hauptsaison ernten, sobald die Wurzeln verwendbar sind. Mit der Grabegabel bei Bedarf herausheben. Winterkulturen läßt man in milden Lagen im Boden, sonst im Spätherbst herausheben. Die Blätter abdrehen und die Rüben zwischen Sandschichten in einer Kiste an einem kühlen Platz lagern oder auf ein Strohbett auf den Boden legen und mit Stroh oder Sackleinwand abdecken.

Kulturdetails *Samenzahl:* 400/g. *Keimung:* 6–10 Tage (Mindesttemperatur 5 °C). *Keimfähigkeit:* 6–8 Jahre. *Höhe:* 23–25 cm. *Pflanzabstand:* frühe Sorten 10 cm, mit 23 cm Reihenabstand; Haupternte 15 cm, mit 30 cm Reihenabstand; Rübenblätter unausgedünnt mit 15 cm Reihenabstand. *Aussaat bis Ernte:* 6–12 Wochen. *Durchschnittlicher Ertrag:* 450–1000 g pro 30 cm fortlaufender Reihe.
Empfehlenswerte Sorten Mairüben: ›Schneeball‹, ›Tokyo Cross‹, ›Holländische Weiße‹; **Herbst-** oder **Stoppelrüben:** ›Teutoburger‹, ›Ulmer Ochsenhörner‹; **Teltower Rübchen:** ›Petrowski‹, ›Teltower kleine Märkische‹.
Schädlinge und Krankheiten Siehe Kopfkohl, Seite 49.

Kohlrüben
(Steckrüben)

Gärtner betrachten die Kohlrübe oft naserümpfend als kommerziell angebaute Futterpflanze, doch ist sie härter als die Weiße Rübe und bringt häufig auch höhere Erträge. Moderne Sorten sind wuchsfreudig und robust. ›Lizzy‹ etwa schießt und platzt nicht, ›Marian‹ ist gegen Kohlhernie und Mehltau resistent. Die Kohlrübe hat eine cremefarbene, violette oder zweifarbige Schale, das Fleisch ist meist gelb und schmeckt süßlich.

Standort

Kohlrüben mögen die gleichen Bedingungen wie Weiße Rüben, bevorzugen jedoch einen offenen, sonnigen Platz.

Werden Sämlinge von Radieschen nicht ausgedünnt, sind die Ernten oft enttäuschend – Sorten wie diese pralIen ›French Breakfast‹ und ›Ribella‹ entwickeln sich nur gut, wenn sie ungehindert wachsen können. ›Ribella‹ ist eine der wertvollen, neuen britischen Sorten, die sowohl im Winter niedrige Temperaturen unter Glas vertragen als auch in regelmäßigen Abständen ins Freie gesät werden können, um im Sommer und im Herbst eine regelmäßige Versorgung zu sichern.

Kultur

Im Spätfrühjahr oder direkt zu Sommerbeginn 2 cm tief an Ort und Stelle säen. Sämlinge frühzeitig beginnend mehrmals ausdünnen, bis sie den notwendigen Abstand haben. Auf die gleiche Weise jäten, mulchen und wässern wie Weiße Rüben.

Kohlrüben können im Herbst herausgehoben werden, sobald sie eine ausreichende Größe haben, dabei einige zur Weiterentwicklung im Boden lassen. In der Erde verbleibende Kohlrüben überleben den Winter meist unbeschadet, vor allem, wenn man sie mit einer dicken Schicht Stroh abdeckt, doch ist es bequemer, noch vorhandene Rüben zu Winterbeginn herauszuheben und nach Abdrehen der Blätter zwischen Sand in Kisten in einem kühlen Schuppen zu lagern. Im Boden verbleibende Kohlrüben können auf die gleiche Weise getrieben und gebleicht werden wie Weiße Rüben (siehe Rübstiel, links).

Kulturdetails *Samenzahl:* 400/g. *Keimung:* 6–10 Tage (Mindesttemperatur 5 °C). *Keimfähigkeit:* 6–8 Jahre. *Höhe:* 23–25 cm. *Pflanzabstand:* 23 cm, mit 38 cm Reihenabstand. *Aussaat bis Ernte:* 20–26 Wochen. *Durchschnittlicher Ertrag:* gut 1 kg pro 30 cm fortlaufender Reihe.
Empfehlenswerte Sorten ›Ostgöta‹, ›Seefelder‹, ›Wilhelmsburger‹, ›Marian‹.
Schädlinge und Krankheiten Siehe Kopfkohl, Seite 49. Bei anfälligen Sorten kann Falscher Mehltau zum Problem werden.

WURZELGEMÜSE ANBAUEN

Wurzelgemüse brauchen gut bearbeiteten Boden, der recht nahrhaft ist, aber in letzter Zeit keine Mistgaben erhalten haben darf. Am besten ist es, Wurzelgemüse nach einer Kultur anzubauen, für die dem Boden Mist zugeführt wurde. So ziehen sie aus der früheren Bearbeitung und den restlichen Nährstoffen Nutzen. Sie werden aber stets vor einer Kultur gepflanzt, die gekalkt werden muß, da die meisten Wurzelgemüse leicht saure Bedingungen bevorzugen. Sofern nicht Anzuchtplatten verwendet werden, sät man Wurzelgemüse an Ort und Stelle, da Umpflanzen die Wurzeln schädigt. Wenn möglich, zwei Wochen vor der Aussaat ein feines Saatbeet vorbereiten und alle großen Steine entfernen, dann zunächst Unkräuter keimen lassen, da Wurzelgemüse schwer unkrautfrei zu halten sind.

Möhren
(Karotten, Wurzeln)

Es gibt zahlreiche Möhrensorten, die entweder schlanke Wurzeln bilden oder große dickere, die sich im Geschmack deutlich voneinander unterscheiden. Die meisten Formen sind orangefarben oder rot, wenngleich in manchen Gegenden der Welt auch violette, gelbe und weiße Möhren gezogen werden, wobei es kaum möglich ist, Ursprung und Herkunft dieser Formen zu bestimmen.

Möhren können in zwei Gruppen unterteilt werden. Rasch wachsende frühe Möhren werden für frühe Saaten und Folgesaaten verwendet, zu ihnen gehören Sorten wie etwa ›Nantaise‹ und die sogenannten Pariser Karotten mit runden Wurzeln, die sich ideal für die Aussaat in Anzuchtplatten (siehe Rote Beten, Seite 59) oder die Kultur in flachgründigen Böden eignen.

Sorten für die Haupternte sind größer und haben eine längere Entwicklungszeit. Zu ihnen zählen etwa ›Juwarot‹ und ›lange rote stumpfe ohne Herz‹. Sie sind ertragreich und gut für den Winterbedarf geeignet. Viele Gärtner ziehen jedoch eine fortlaufende Versorgung mit frühen Möhren vor, die bis in den Winter hinein gehen kann, wenn späte Kulturen in Frühbeeten oder einem ungeheizten Gewächshaus gezogen werden.

Standort
(siehe Wurzelgemüse anbauen, links)

Am besten eignen sich leichte, krümelige, durchlässige Böden mit einem pH-Wert von 6,5–7,5, in die im vorangegangenen Jahr reichlich organisches Material eingearbeitet wurde. Auf schweren oder steinigen Böden zieht man kürzere Sorten, etwa der Pariser Karotten, oder baut die Möhren in Hügelbeeten an. Für frühe Saaten wählt man einen warmen Platz, für andere offene, sonnige Standorte.

Kultur

Die Aussaat erfolgt sehr dünn an Ort und Stelle mit 1–2 cm Tiefe. Die ersten Saaten erfolgen zu Frühjahrsbeginn unter Tunneln oder in ein Frühbeet. Folgesaaten einer frühen Sorte sät man in zwei- bis dreiwöchigen Abständen vom Frühjahr bis zum Hochsommer im Freien und Anfang bis Mitte des Herbstes wieder in einem Frühbeet oder ungeheizten Gewächshaus zur Ernte im Winter und im Frühjahr. Wo die Möhrenfliege ein Problem ist, kann man einen schweren Befall mitunter dadurch verhindern, daß man Mitte des Frühjahrs im Freien sät und noch einmal im Hochsommer, wenn die Fliegenpopulation gering ist. Im Spätfrühjahr sät man die Sorten für die Haupternte.

Die Erde ständig feucht halten, aber nicht zu naß. In trockenen Jahren alle 2–3 Wochen ca. 20 l pro m^2 geben. Sämlinge in allen Entwicklungsstadien ausdünnen, wobei überzählige über der Erde abgeknipst und beseitigt werden. Sorgfältig Unkraut hacken, bis die Pflänzchen zwei oder drei Blätter entwickelt haben, dann mulchen, um die Bodenfeuchtigkeit zu bewahren und weiteres Unkraut zu unterdrücken.

Mit der Ernte beginnen, sobald die Wurzeln verwendbar sind – herausziehen oder mit der Grabegabel herausheben. Die Haupternte Mitte des Herbstes mit der Grabegabel aus dem Boden nehmen, Blätter abdrehen und Wurzeln säubern, zwischen Sandschichten in Kisten an einem kühlen Platz im Haus lagern oder Wurzeln im Boden lassen und nach Absterben der Blätter mit einer 15 cm dicken Schicht aus Blättern und Stroh abdecken, die mit Drahtgeflecht oder Erde beschwert wird.

Kulturdetails *Samenzahl:* 1000/g. *Keimung:* 2–3 Wochen (Mindesttemperatur 7 °C). *Keimfähigkeit:* bis zu 6 Jahre. *Höhe:* 23–40 cm. *Pflanzabstand:* frühe Sorten 8–10 cm, Haupternte 5–8 cm, mit 15 cm Reihenabstand. *Aussaat bis Ernte:* frühe Sorten 10 Wochen, Haupternte 15–26 Wochen. *Durchschnittlicher Ertrag:* 200–500 g pro 30 cm fortlaufender Reihe.
Empfehlenswerte Sorten K: Karotten; früh: ›Frühbund‹, ›Suko‹, ›Pariser Markt‹ (K), ›Kundulus‹ (K), ›Nantaise‹, ›Ingot‹, ›Sytan‹; spät: ›Cubic‹, ›Rote Riesen‹, ›lange rote stumpfe ohne Herz‹, ›Juwarot‹, ›Rothild‹.
Schädlinge und Krankheiten Blattläuse, Möhrenfliege (tolerante Sorten sind ›Ingot‹ und ›Sytan‹); Viruserkrankungen.

Pastinak

Sofern eine Sorte gewählt wird, die zum Boden paßt, kann dieses traditionelle Winter-Wurzelgemüse lohnend und ertragreich sein. Sorten mit langen Wurzeln (z. B. ›Lange große Weiße‹) benötigen 20–30 cm krümeligen, steinfreien Boden, um sich gut zu entwickeln, die kürzesten (z. B. ›Runde Pastinake‹) gedeihen dagegen in etwa 10 cm Mutterboden. In manchen Böden kann Krebs zu schweren Deformationen führen, die Sorten sind aber in unterschiedlichem Maß resistent.

Einige der beliebteren und ertragreichen Wurzelgemüse. Diese Möhren, Roten Beten, Weißen Rüben und Kartoffeln, hier gerade frisch geerntet, sind es wert, im Garten angebaut zu werden, sie brauchen jedoch einen gut gelockerten Boden.

Standort
(siehe Wurzelgemüse anbauen, links)

Einen offenen Platz mit gut gelockerter Erde wählen, der für die vorangegangene Kultur tiefgründig bearbeitet und mit Mist gedüngt wurde. Bei einem pH-Wert unter 6,5 aufkalken.

Kultur

An Ort und Stelle säen, für große Wurzeln so früh wie möglich, nicht aber, solange die Erde noch naß und kalt ist. In milden Lagen kann im Spätwinter oder zu Frühjahrsbeginn mit der Aussaat begonnen werden, falls notwendig unter Tunneln. Die Aussaat kann auch in Anzuchtplatten unter Glas erfolgen, doch sollte umgepflanzt werden, bevor sich die Pfahlwurzeln entwickeln, was gewöhnlich 3–4 Wochen nach der Aussaat der Fall ist. Ansonsten bis Mitte oder Ende des Frühjahrs warten, da die Saat dann rascher und gleichmäßiger aufläuft.

Die Aussaat an einem windstillen Tag durchführen, da die Samen papierartig und sehr leicht sind. 2 cm tief säen, entweder fortlaufend oder im empfohlenen Abstand Horste mit einigen Samen anlegen. Zum Markieren der Reihen können dazwischen Radieschen gesät werden – sie sind abgeräumt, wenn der Pastinak Platz braucht. Sämlinge im vorgesehenen Abstand vereinzeln. Wie bei Möhren jäten, mulchen und wässern (siehe Seite 56).

Vom Herbst an Wurzeln nach Bedarf mit der Grabegabel herausheben. Pastinak kann über Winter im Boden bleiben, die Reihen mit den verborgenen Wurzeln jedoch durch Stäbe markieren. Vor strengem Frost einige Wurzeln aus dem Boden nehmen und ein Stück einer Reihe mit Stroh abdecken, um das Ausgraben zu erleichtern. Am Ende des Winters können noch vorhandene Wurzeln, falls der Platz für andere Kulturen gebraucht wird, herausgenommen und anderswo eingeschlagen werden.

Kulturdetails *Samenzahl:* 300/g. *Keimung:* 2–4 Wochen (Mindesttemperatur 7 °C). *Keimfähigkeit:* 2 Jahre. *Höhe:* 38–45 cm. *Pflanzabstand:* bei sehr großen Sorten 15 cm, mit 30 cm Reihenabstand, bis zu 10 cm und 20 cm Reihenabstand oder 12–15 cm Rundumabstand für kleine Sorten. *Aussaat bis Ernte:* 20–35 Wochen, je nach Größe. *Durchschnittlicher Ertrag:* 500 g pro 30 cm fortlaufender Reihe.
Empfehlenswerte Sorten ›Halblange Weiße‹, ›Lange große Weiße‹, ›Runde Pastinake‹, ›White Diamond‹.
Schädlinge und Krankheiten Möhrenfliege, Selleriefliege, Krebs (siehe Seite 76 f.).

Für kleinere Gärten ist eine Kartoffelsorte wie ›Concorde‹ ideal, die rasch wächst und bald erntereif ist. Ihr ordentliches, kompaktes Laub beansprucht wenig Platz, und da sie früh geerntet wird, kann man an ihrem Platz noch eine weitere Kultur säen oder pflanzen, bevor das Jahr schon zu weit fortgeschritten ist.

Kartoffeln

Die meisten Gärtner ziehen den Anbau von Frühkartoffeln vor, denn schon wenige Pflanzen sorgen im Sommer für eine lohnende Ernte »neuer« Kartoffeln. Die gleichen Sorten können im Hochsommer noch einmal für eine späte Ernte gepflanzt werden. Besonders beliebt sind »Salatkartoffeln«, die eine hohe Qualität haben. Späte Sorten für die Haupternte benötigen mehr Platz, doch in größeren Gärten lohnt ihr Anbau, um Kartoffeln für den Winter einlagern zu können.

Der Anbau von Kartoffeln ist unkompliziert, und sie bringen in fast allen Böden eine Ernte, doch mit jeder Verbesserung des Bodens steigt der Ertrag erheblich an. Die zwei größten Probleme sind ihre Frostempfindlichkeit (im Zweifel mit dem Pflanzen warten) und ihre Anfälligkeit für Schädlinge und Krankheiten. Wichtig sind saubere, zertifizierte (krankheitsfreie) Saatkartoffeln wie auch eine Kenntnis der Sorten: So ist beispielsweise ›Estima‹ recht resistent gegen Kraut- und Knollenfäule, ›Pentland Squire‹ wird selten von Schnecken befallen, und ›Désirée‹ verträgt trockene Böden oder jahreszeitlich bedingte Trockenheit meist sehr gut.

Standort

Einen offenen, sonnigen und frostfreien Platz wählen, am besten mit fruchtbarem, durchlässigem, leicht saurem Boden; kürzlich aufgekalkten Boden meiden. Kartoffeln gedeihen aber in den meisten Böden und sind nützliche »Pionierpflanzen« für schlechte oder unbearbeitete Böden. Rechtzeitig vor dem Pflanzen gräbt man um und arbeitet reichlich verrotteten Mist oder Kompost ein. Das Beet jedes Jahr wechseln, wobei bis zu einem erneuten Anbau am gleichen Platz mindestens drei Jahre vergehen sollten.

Kultur

Mindestens sechs Wochen vor dem Pflanzen zertifizierte Saatkartoffeln kaufen und mit den Augen nach oben zum Vorkeimen in Kisten legen, die an einen hellen, frostfreien Platz gestellt werden. Auf diese Weise wird die Wachstumsperiode verlängert. Die Keime sollten etwa 2,5 cm lang werden; falls große Frühkartoffeln gewünscht sind, bis auf 2 oder 3 Keime alle entfernen.

Die Saatkartoffeln 10–15 cm tief (auf leichten Böden tiefer) in Rillen legen oder mit einem Pflanzholz einzelne Löcher machen. Zu Frühjahrsbeginn oder wenn keine ernstliche Frostgefahr besteht, mit frühen Sorten beginnen, Mitte und Ende des Frühjahrs weitere Sorten folgen lassen. Die Knollen mit den Keimen nach oben in die Erde legen und bedecken. Zum Schutz und zur Ernteverfrühung können frühe Kulturen mit Tunneln oder Folie abgedeckt werden. Pflanzt man in schwarze Folie, kann man sich späteres Anhäufeln ersparen.

Falls Frostgefahr besteht, junge Blätter unbedingt mit Stroh, Zeitung oder einer dünnen Schicht Erde bedecken. Mit Anhäufeln beginnen, wenn die Pflanzen etwa 25 cm hoch sind, damit Knollen nicht am Licht ergrünen. Mit der Blatthacke lockeren Boden auf beiden Seiten der Reihe zusammenziehen, um einen gleichmäßigen Damm von etwa 15 cm Höhe entstehen zu lassen.

Kartoffeln brauchen ständige Feuchtigkeit, daher bei trockenem Wetter wässern, frühe Sorten alle zwei Wochen mit 15 l pro m^2, andere Sorten nur einmal zu Beginn der Blüte mit 25 l pro m^2. Nicht zu oft wässern. Zu reichliches Gießen kann zu einer üppigen Entwicklung des Grüns auf Kosten der Knollen führen, ein Überwässern der Haupternte mindert möglicherweise Qualität und Lagerfähigkeit.

Mit der Ernte von Frühkartoffeln beginnen, wenn ihre Blüten voll geöffnet sind, und nach Bedarf mit der Grabegabel herausheben. Die Stengel von Lagerkartoffeln im Herbst etwa 5 cm über dem Boden abschneiden, wenn sie braun zu werden beginnen, und nach zwei Wochen die Knollen an einem warmen, trockenen Tag aus dem Boden nehmen. 2–3 Stunden zum Abtrocknen auf der Erde liegenlassen, dann in Holzkisten oder Papiersäcke füllen und in einem dunklen, frostfreien Schuppen lagern.

Kulturdetails *Saatknollen:* 20–30/kg. *Bodentemperatur:* mindestens 7 °C. *Höhe:* 45–90 cm. *Pflanzabstand:* frühe Sorten 30 cm, mit 45 cm Reihenabstand, mittelfrühe und späte Sorten 40 cm, mit 75 cm Reihenabstand. *Aussaat bis Ernte:* frühe Sorten 13–14 Wochen, mittelfrühe 15–18 Wochen, späte 18–22 Wochen. *Durchschnittlicher Ertrag:* bis 1,5 kg pro Pflanze.

Empfehlenswerte Sorten früh: ›Erstling‹, ›Saskia‹, ›Sieglinde‹, ›Hela‹, ›Concorde‹; mittelfrüh: ›Cilena‹, ›Climax‹, ›Clivia‹, ›Désirée‹, ›Grandifolia‹, ›Granola‹, ›Grata‹, ›Hansa‹, ›Quarta‹; spät: ›Astrid‹, ›Datura‹, ›Maritta‹, ›Monza N‹ (diese Sorten sind mehlig).

Schädlinge und Krankheiten Kartoffelkäfer, Nematoden, Schnecken, Drahtwürmer; Kartoffelschorf, Kraut- und Knollenfäule, Viruserkrankungen (siehe Seite 76 f.).

Einige Sorten wurden für eine Ernte kleiner Rüben zum Frischverzehr gezüchtet, andere sind groß und lagerfähig. Viele Formen können aber für beide Zwecke gezogen werden – beim Verziehen erntet man kleine Rüben, den Rest läßt man zum Lagern ausreifen.

Rote Beten
(Rote Rüben)

Rote Beten können eine runde oder zylinderförmige Knolle mit rotem, gelbem oder weißem Fleisch haben. Zum Frischverzehr und zum Einlegen verwendet man meist runde Sorten, die nicht schießen, und pflanzt sie häufig als Zwischenkultur. Die längeren Sorten werden gewöhnlich für die Haupternte gezogen und entwickeln große Rüben, die eingelagert werden können.

Bei den »Samen« handelt es sich tatsächlich um Kapseln, die mehrere Samen enthalten, von denen viele oder sogar alle keimen, so daß sie verzogen werden müssen. Mittlerweile wurden aber auch monogerme Sorten mit einsamigen Kapseln gezüchtet.

Standort

Wie bei Möhren vor der Aussaat als Grunddüngung einen Volldünger einharken.

Kultur

Bei Trockenheit die Saatrillen vor dem Säen unter Wasser setzen oder Samen zunächst eine Stunde in lauwarmem Wasser einweichen, um die Keimung zu beschleunigen. Für eine sehr frühe Ernte einen Monat vor den Eisheiligen eine runde Sorte, die nicht schießt, unter Tunneln oder in Anzuchtplatten säen (siehe Horstsaat bei Roten Beten, unten). Weitere Saaten der gleichen Sorte können von Frühjahrsmitte bis Sommermitte in monatlichen Abständen 2 cm tief in Reihen erfolgen. Lagerfähige Sorten 12–14 Wochen vor Einsetzen der Herbstfröste säen.

Sämlinge mit Netzen oder schwarzem Baumwollzwirn vor Vögeln schützen und auf den erforderlichen Abstand verziehen, wenn sie etwa 2 cm hoch sind. Jäten, bis die Pflanzen groß genug sind, um gemulcht zu werden, und darauf achten, daß die Erde stets feucht ist. Bei Trockenheit alle 2–3 Wochen 10 l Wasser pro m^2 geben. Sobald die Rüben zu schwellen beginnen, eine Kopfdüngung mit einem Volldünger durchführen.

Frühe Sorten und solche zum Einlegen mit etwa 5 cm Durchmesser ernten; die Haupternte kann wie bei Möhren aus dem Boden genommen und eingelagert oder im Freien gelassen werden (siehe Seite 56). Das Laub zum Lagern nicht abschneiden, sondern abdrehen, dabei etwa 5 cm vom Stiel stehenlassen.

Kulturdetails *Samenzahl:* 70/g. *Keimung:* 2 Wochen (Mindesttemperatur 7 °C). *Keimfähigkeit:* 3 Jahre. *Höhe:* 15–30 cm. *Pflanzabstand:* frühe Sorten 10 cm, mit 25 cm Reihenabstand; Haupternte 10 cm, mit 10 cm Reihenabstand oder 15 cm Rundumabstand; Einlege-Sorten 8 cm Rundumabstand. *Aussaat bis Ernte:* 8–16 Wochen, je nach Sorte. *Durchschnittlicher Ertrag:* 500 g pro 30 cm fortlaufender Reihe.
Empfehlenswerte Sorten rund: ›Boltardy‹, ›Chioggia‹, ›Golden Beet‹, ›Monotop‹, ›Rote Kugel‹; länglich: ›Forma nova‹, ›Forono‹, ›Halanga‹, ›Loma‹.
Schädlinge und Krankheiten Blattläuse, Vögel, Erdraupen; Braunfleckenkrankheit, Viruserkrankungen (siehe Seite 76 f.).

Horstsaat bei Roten Beten

Bei der Anzucht von Frühkulturen unter Glas werden Zeit und Material effizient genutzt, wenn man Gemüse wie Rote Beten, Porree, Möhren, Weiße Rüben, Salat oder Zwiebeln für die Haupternte in kleinen Horsten sät. Man verwendet Preßtöpfe, Schalen mit Gittereinsatz oder kleine Töpfe und legt Horste mit jeweils 2–3 Samen, bei Möhren und Zwiebeln 6–8 Samen, an. Die Saat in einem geheizten Gewächshaus auflaufen lassen, dann die Pflänzchen an einen kühleren Platz bringen, wo sie bleiben, bis sie groß genug sind, um abgehärtet und ausgepflanzt werden zu können. Größere Abstände benutzen, damit die nicht verzogenen Büschel Platz zur Entwicklung haben.

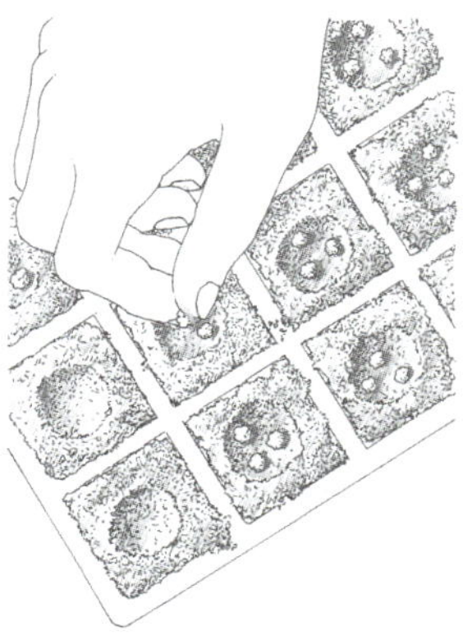

Pro Topf 2–3 Samen in eine kleine Vertiefung in feuchte Erde säen.

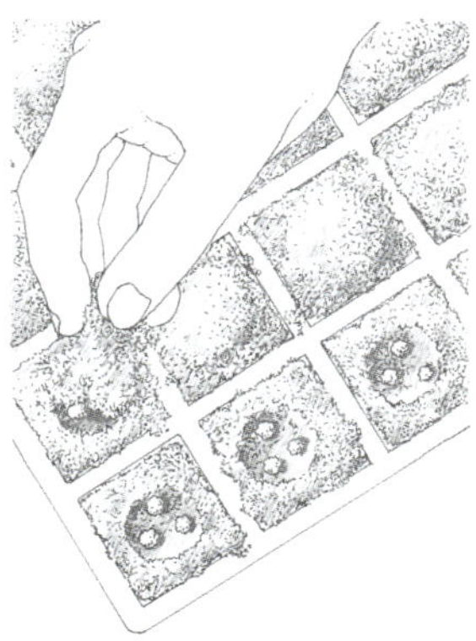

Samen mit gesiebter Erde oder scharfem Sand sorgfältig bedecken.

Gruppen auspflanzen, bevor die Sämlinge zu dicht stehen.

ZWIEBELN ANBAUEN

Da Zwiebelkulturen stets fruchtbare Bedingungen mögen, gräbt man mehrere Monate vor Aussaat oder Pflanzen große Mengen organisches Material unter. So hat die Erde Zeit, sich zu setzen, denn Zwiebeln brauchen festen Boden. Zwiebeln wachsen lieber in leichtem oder mittelschweren Boden als in schwerem Lehm und hassen saure Bedingungen. Sie werden an offenen, sonnigen Plätzen im Fruchtwechsel angebaut, entweder allein oder mit Möhren, die ähnliche Ansprüche haben. Als vorbeugende Maßnahme gegen die Mehlkrankheit sollten zwischen zwei Kulturen mindestens drei Jahre verstreichen, besser noch mehr. Vom Beginn bis zum Ende muß gejätet werden, weil die schlanken Blätter von Zwiebeln Unkraut nicht unterdrücken können.

Speisezwiebeln

Für die Verwendung in der Küche eignen sich am besten kleine bis mittelgroße Zwiebeln, die man bei enger Pflanzung erhält. Bei weiter Pflanzung und früher Aussaat bald nach der Wintersonnenwende können sich riesige Zwiebeln entwickeln.

Speisezwiebeln sind rund, plattrund oder birnenförmig bis länglich und haben eine gelbe, braune, rote oder weiße Schale. Sie können aus Samen gezogen werden oder aus kleinen Steckzwiebeln, wodurch man oft einem Befall durch die Zwiebelfliege vorbeugen kann. Viele Gärtner verwenden lieber Steckzwiebeln, da diese bereits eine mehrwöchige Entwicklungszeit hinter sich haben. Zudem brauchen sie auch nicht pikiert oder verpflanzt zu werden, vertragen ärmere Böden und kommen oft früher zur Reife. Im Frühjahr gepflanzte Sorten reifen ab Hochsommer und können im Herbst und Winter eingelagert werden, während Zwiebeln, die am Ende der Wachstumsperiode gesät oder gesteckt werden und überwintern, im folgenden Sommer reifen, aber nicht sehr lagerfähig sind.

Standort

(siehe Zwiebeln anbauen, links)

Obwohl manche Gärtner Zwiebeln mit Erfolg Jahr für Jahr im gleichen Beet anbauen, macht gewöhnlich das Risiko von Schädlingen und Krankheiten einen Fruchtwechsel ratsam. Den Boden rechtzeitig umgraben, für im Frühjahr gesäte Kulturen möglichst im vorangehenden Herbst, dabei reichlich Kompost oder verrotteten Mist einarbeiten. Saure Böden kalken, damit der pH-Wert über 6,5 steigt. Vor der Aussaat ein feines Saatbeet herstellen und als Grunddüngung einen Volldünger einharken. Sehr leichten Boden festtreten und dann noch einmal mit dem Rechen glätten.

Kultur

Will man große Zwiebeln ziehen oder ist die Wachstumsperiode kurz, erfolgt die Aussaat im Spätwinter bei 10 °C oder etwas mehr unter Glas. Man kann in Schalen säen und später pikieren oder auch einzeln oder in Horsten mit 6–8 Samen in Anzuchtplatten und die Pflänzchen später unverzogen mit doppeltem Abstand auspflanzen. Wenn sich zwei kräftige Blätter entwickelt haben, die Sämlinge im Frühjahr abhärten und auspflanzen.

Im Freien werden Zwiebeln zu Frühjahrsbeginn gesät, in kalten Jahren unter Tunneln. Man sät sparsam 1 cm tief und verzieht die Sämlinge zwei- oder dreimal, bis sie den erforderlichen Abstand haben. Ausgedünnte Pflanzen entfernen, da sie die Zwiebelfliege anlocken. Steckzwiebeln werden im endgültigen Abstand in Saatrillen so tief gepflanzt, daß ihre Spitzen gerade bedeckt sind. Steckzwiebeln mittlerer Größe verwenden – sehr kleine entwickeln sich selten gut, sehr große haben die Tendenz, rasch zu blühen – und nicht in die Erde drücken, da so die Basis beschädigt werden kann.

Bewährte überwinternde Sorten werden im Spätsommer ausgesät, im Herbst einmal verzogen und im Frühjahr auf den endgültigen Abstand ausgedünnt. Herausgezogene Pflanzen können behutsam versetzt werden. Lauchzwiebeln in milden Lagen ebenfalls im Spätsommer säen. Der genaue Zeitpunkt hängt von der Gegend ab. Ziel ist es, Sämlinge heranzuziehen, die groß genug sind, um den Winter zu überstehen, aber nicht so groß, daß sie im Frühjahr blühen: Ideal sind 15 cm. Steckzwiebeln, die überwintern sollen, werden Anfang bis Mitte des Herbstes in durchlässigen Boden gepflanzt. Steckzwiebeln sind sehr robust, nur Dauernässe vertragen sie nicht gut. Herbst-Steckzwiebeln dürfen nicht im Frühjahr gepflanzt werden, da sie andere Bedürfnisse haben und ohne eine Periode mit niedrigen Temperaturen schlecht gedeihen.

Da Unkraut die Entwicklung ernstlich hemmen kann, zunächst hacken und, wenn die Pflanzen gut wachsen, von Hand jäten. Zwiebeln wurzeln flach und werden durch unvorsichtiges Hacken leicht verletzt. Auf gut vorbereiteten Böden ist Wässern gewöhnlich nicht notwendig, eine Ausnahme bilden überwinternde Kulturen, die in einem trockenen Jahr nach der Aussaat oder dem Pflanzen Wasser brauchen. Zwiebeln können gemulcht werden, doch sollte der Mulch von den Zwiebeln weggezogen werden, wenn sie zu reifen beginnen. Im Frühjahr gesäte Zwiebeln nach Sommermitte nicht mehr wässern oder düngen, da dies ihre Qualität mindert. Überwinterte Zwiebeln können im Frühjahr eine Kopfdüngung mit einem Stickstoffdünger erhalten. Alle erscheinenden Blütenstände abbrechen oder abschneiden und diese Zwiebeln zuerst verwenden.

Zwiebeln können jederzeit geerntet werden, sobald sie groß genug sind. Um sie zu lagern, wartet man, bis das Grün von allein umknickt und abzusterben beginnt. Zwiebeln mit einer Grabegabel aus dem Boden heben (nie herausziehen) und auf Sackleinwand zum Trocknen in der Sonne ausbreiten, in einem nassen Jahr unter Glas. Wenn die Schalen trocken und papierartig sind, können unbeschädigte Zwiebeln in Netzen gelagert, zu Zöpfen geflochten oder behutsam in Kisten gelegt werden. An einem kühlen, frostfreien Platz aufbewahren. Die Lagerfähigkeit hängt von der

Zwiebeln für die Haupternte müssen so früh wie möglich angebaut werden, damit sie vor Sommermitte möglichst lange wachsen können, denn danach konzentrieren sich die Pflanzen auf die Entwicklung ihrer Zwiebeln. Deren Größe und Qualität steht in direktem Zusammenhang mit Kraft und Blattentwicklung der Pflanzen und ist zudem davon abhängig, wieviel Licht und Wärme die Zwiebeln erreicht.

Sorte und Qualität der Zwiebeln ab. Geplatzte, dickhalsige oder beschädigte Zwiebeln sollten sofort verbraucht werden, japanische Sorten innerhalb von einem oder zwei Monaten nach der Ernte.

Dicht wachsende Zwiebeln können unreif aus dem Boden genommen und wie Frühlingszwiebeln verwendet werden. Echte Frühlingszwiebeln (Lauchzwiebeln) bilden schließlich auch kleine Zwiebeln aus, werden jedoch hauptsächlich wegen ihrer weißen Schäfte und grünen Blätter gezogen, die man als Salatgemüse benutzt. Folgesaaten stellen die Versorgung vom Frühjahr bis zum Ende des Herbstes sicher. Ihr Standort wird wie für Speisezwiebeln vorbereitet.

Damit im Frühjahr Zwiebeln erntereif sind, sät oder steckt man im Spätsommer eine winterharte Sorte. In einem strengen Winter die Jungpflanzen mit Tunneln schützen oder in ein Frühbeet säen, das bei sehr großer Kälte geschlossen bleibt. Sparsam säen und, falls notwendig, nach dem letzten schweren Frost auf 2,5 cm Abstand ausdünnen. Die entfernten Pflanzen können für Salat verwendet werden. Für die Anschlußernte Mitte oder Ende des Winters eine normale Sorte in Anzuchtplatten (mehrere Samen pro Topf) unter Glas säen. Die Pflanzen zu Frühjahrsbeginn abhärten und auspflanzen. In milden Gegenden sät man vom Spätwinter an im Freien und dann weiter im Abstand von 3–4 Wochen bis Mitte des Sommers. Bei Trockenheit wässern.

Kulturdetails *Samenzahl:* 250/g, Steckzwiebeln 120–150/kg. *Keimung:* 2–3 Wochen (Temperatur mindestens 7 °C, höchstens 21 °C). *Keimfähigkeit:* 2–3 Jahre. *Höhe:* 45–60 cm. *Pflanzabstand:* mittelgroße Zwiebeln 4 cm, große Zwiebeln 8 cm, mit 30 cm Reihenabstand; Frühlingszwiebeln dünn in Einzelreihen mit 10 cm Abstand ziehen oder mit 8 cm in breiten, 15 cm auseinanderliegenden Streifen. *Aussaat bis Ernte:* Frühjahrssaaten 16–22 Wochen, Herbstsaaten 40–46 Wochen; Frühlingszwiebeln 8 Wochen oder, überwintert, 30–36 Wochen. *Durchschnittlicher Ertrag:* Speisezwiebeln 500 g pro 30 cm fortlaufender Reihe.
Empfehlenswerte Sorten Herbsternte: ›Allround‹, ›Braunschweiger Rote‹, ›Golden Bear‹, ›Juwarund‹, ›Pirowska‹ (rot), ›Rijnsburger‹, ›Stuttgarter Riesen‹ (Steckzwiebeln), ›Zittauer gelbe Riesen‹; überwinternde Zwiebeln: ›Express Yellow‹, ›Senshyu Yellow Globe‹, ›Weiße Königin‹, ›Presto‹, ›Taify‹, ›Ronny‹ (rot), die letzten drei genannten als Steckzwiebeln; Frühlings- oder Lauchzwiebeln: ›Evergreen Bunching‹, ›Ishikura Long White‹, ›Lange Weiße Milda‹, ›Southport White Globe‹, ›Southport Red Globe‹, ›White Lisbon‹ (winterhart); Etagenzwiebeln (winterhart, Brutzwiebeln ab Ende Juli).
Schädlinge und Krankheiten Nematoden, Zwiebelfliege; Falscher Mehltau, Mehlkrankheit, Viruserkrankungen (siehe Seite 76 f.).

Knoblauch

Der zumeist sehr robuste Knoblauch entwickelt im Boden eine Zwiebel mit einer weißen oder rosafarbenen papierartigen Schale, die zahlreiche »Zehen« umgibt, von denen jede, wenn sie gepflanzt wird, eine neue Zwiebel bildet, die beinahe ein Jahr hält. Verwendet werden nur dicke Zehen mit über 1 cm Durchmesser; die Zehen von vier Zwiebeln reichen für eine 3 m lange Reihe.

Damit Knoblauch gut gedeiht, braucht er im Winter mehrere Wochen lang niedrige Temperaturen von 0–10 °C, was eine Herbstpflanzung ermöglicht. In sehr kalten Regionen oder dort, wo die Böden während

Alle Zwiebeltypen müssen gut reifen, damit sie problemlos gelagert werden können. Diese Knoblauchzwiebeln, die ausgegraben wurden, nachdem sich ihre Blätter verfärbt haben, hängen nun an den Pfosten von Himbeerdrähten in der Sonne, bis ihre Schalen abgetrocknet sind.

des Winters naß und kalt sind, kann man die Zehen in Töpfen vorziehen und nach draußen pflanzen, sobald sich das Wetter bessert.

Knoblauch blüht oft, vor allem große Formen, die als »Riesenknoblauch« bekannt sind. Dies vermindert nur die Größe der Zwiebeln, beeinträchtigt aber nicht ihre Verwendbarkeit oder Lagerfähigkeit, die von einer gründlichen Reifung und guten Lagerbedingungen abhängig sind.

Standort
(siehe Zwiebeln anbauen, Seite 60)

Am besten geeignet sind leichte, durchlässige Böden von mittlerer Fruchtbarkeit. Wenn der Boden schwer ist, lockert man ihn durch Einarbeiten von grobem Sand oder alter Blumenerde oder baut den Knoblauch in einem kleinen, speziell vorbereiteten Hochbeet an; ein leeres Frühbeet mit Lehmsubstrat ist für diesen Zweck ideal.

Kultur

Knoblauchzehen in milden Lagen im Freien um die Herbstmitte mit den Spitzen nach oben in 5–10 cm tiefe Löcher pflanzen (je leichter der Boden, desto tiefer) und mit Erde bedecken. In rauheren Lagen im Frühjahr legen oder einzeln in 11-cm-Töpfe stecken und diese ins Frühbeet oder an einen geschützten Platz im Freien stellen, bis der Boden im Frühjahr zum Auspflanzen geeignet ist. Pflanzen unkrautfrei halten, bei Trockenheit sparsam wässern.

Zwiebeln vorsichtig mit der Grabegabel herausheben, wenn die Blattspitzen gelb werden. Nicht warten, bis das Laub vollkommen abgestorben ist. In Bündeln in die Sonne hängen oder wie Speisezwiebeln zum Trocknen ausbreiten (siehe Seite 60). Wenn die Haut papierartig und das Laub trocken ist, Zöpfe flechten, in Bündeln zusammenbinden oder die unbeschädigten Zwiebeln in flachen Kisten auslegen und bei 5–10 °C vollkommen trocken lagern.

Kulturdetails *Höhe:* 60 cm. *Pflanzabstand:* 10 cm, mit 30 cm Reihenabstand oder rundum 15–20 cm. *Pflanzung bis Ernte:* 24–36 Wochen. *Durchschnittlicher Ertrag:* pro gepflanzte Zehe eine Zwiebel.
Empfehlenswerte Sorten Keine. Es gibt aber zahlreiche Varianten und Auslesen, die an unser Klima angepaßt sind. Pflanzen aus dem Süden, die man aus dem Urlaub mitgebracht hat, gedeihen bei uns meistens nicht! Von einer gesunden Kultur kann man gute Zehen aufbewahren und wieder pflanzen.
Schädlinge und Krankheiten Die einzige Gefahr stellen gewöhnlich Viruserkrankungen dar (siehe Seite 77).

Schalotten

Schalotten sind unkompliziert und haben einen einzigartigen Geschmack. Jede gepflanzte Steckzwiebel entwickelt einen Horst neuer Zwiebeln, die sich bis zu einem Jahr lagern lassen. Sie haben als Gemüse einen typischen Geschmack und werden oft anstelle von Silberzwiebeln verwendet. Moderne Sorten sind Verbesserungen älterer Typen mit größeren Zwiebeln und verbesserten Lagereigenschaften. Mitunter sind Schalottensamen erhältlich, die auf die gleiche Weise gesät werden wie Zwiebeln (siehe Seite 60). Zum Pflanzen kleinere Zwiebeln mit etwa 2 cm Durchmesser verwenden, da größere oft schießen und zahllose kleine Zwiebeln entwickeln. Nur virusfreie (geprüfte) Ware verwenden. Während der Wachstumsperiode können einige frische Blätter geschnitten und zum Garnieren oder Würzen verwendet werden.

Standort
(siehe Zwiebeln anbauen, Seite 60)

Kultur

Schalotten brauchen eine lange Wachstumsperiode und werden in milden Klimaten daher schon am kürzesten Tag gepflanzt und erst nach dem längsten geerntet. Wenn die Bedingungen dies nicht erlauben, pflanzt man statt dessen im Spätwinter oder zu Frühjahrsbeginn. Eine 2,5 cm tiefe Saatrille ziehen oder die Zwiebeln einzeln mit dem Handspaten aufrecht pflanzen, so daß sie gerade bedeckt sind. Nach dem Pflanzen, falls notwendig, wässern und die Schalotten unkrautfrei halten.

Wenn die Blätter Mitte des Sommers absterben, die Horste vorsichtig mit der Grabegabel herausheben, aber noch nicht trennen. Auf der Erde liegenlassen oder in einem nassen Jahr unter einen Schutz legen, bis das Laub verwelkt und die Schale der Zwiebeln trocken und papierartig ist. Die Zwiebeln trennen sich jetzt leicht. Schalotten auf die gleiche Weise lagern wie Speisezwiebeln (siehe Seite 60), gesunde Zwiebeln geeigneter Größe als Vermehrungszwiebeln zurückbehalten.

Kulturdetails *Höhe:* 40 cm. *Pflanzabstand:* 15 cm, mit 23 cm Reihenabstand, oder rundum 20 cm. *Pflanzung bis Ernte:* bis zu 26 Wochen. *Durchschnittlicher Ertrag:* 8–12 Schalotten pro Steckzwiebel.
Empfehlenswerte Sorten ›Atlantic‹ (rotbraun), ›Creation‹, ›Delicato‹ (rot), ›Hative de Niort‹ (braun), ›Pikant‹ (rotbraun), ›Topper‹ (gelb).
Schädlinge und Krankheiten Siehe Speisezwiebeln, Seite 61.

Härtere Porreesorten wie die hier gezeigte sind dekorative Pflanzen, deren dunkle, riemenförmige Blätter oft blaue oder violette Zeichnungen haben.

Porree

Porree ist weniger anspruchsvoll als Speisezwiebeln und ein zuverlässiges, robustes Gemüse, das in kühlen Gegenden 6–8 Monate im Jahr zur Verfügung steht. Zudem ist er bemerkenswert vielseitig – man kann ihn zum Bleichen in Löcher pflanzen (die beste Methode) oder mit Erde anhäufeln, aber auch natürlich wachsen lassen. Die Größe kann man durch Wahl der Pflanzabstände und Länge der Wachstumsperiode variieren. Nicht ausgedünnte Jungpflanzen können wie Salatzwiebeln verwendet werden. Die stattlichen runden Blütenstände überzähliger Pflanzen erregen im folgenden Jahr den Neid jedes Blumenfreunds.

Obwohl manche Gärtner zu Schauzwecken nur dicke, kurze Typen ziehen, eignen sich für die Küche gewöhnlich Sorten mit langen, weißen Schäften besser. Diese werden in Sommer-, Herbst- und Winterporree unterteilt, aber zwischen ihnen gibt es erhebliche Überschneidungen. So reifen manche Herbstsorten schneller als Sommersorten oder halten in milden Wintern bis in den Frühling hinein. Sommersorten haben hellere Blätter und sind nicht so hart wie die dunkelblättrigen späteren Sorten.

Standort
(siehe Zwiebeln anbauen, Seite 60)

Im Gegensatz zu seinen Zwiebelverwandten braucht Porree keinen festen Boden, so daß die Erde kurz vor dem Pflanzen umgegraben und gedüngt werden kann. Die Erde glätten und wässern, um das Keimen von Unkräutern zu fördern, und diese zunächst hacken, da die spätere Pflege in einem unkrautfreien Beet leichter ist.

Kultur

Um Sommerporree mit einer guten Größe ernten zu können, sät man im Spätwinter eine frühe Sorte unter Glas in Schalen zum späteren Pikieren oder in Anzuchtplatten, entweder einzeln oder in Horsten von jeweils 3–4 Samen, und pflanzt ohne Verziehen mit 25 cm Rundumabstand aus.

Hauptsaaten aller Sorten zum späteren Verpflanzen erfolgen Anfang oder Mitte des Frühjahrs im Freien. 1–2 cm tief in Saatrillen in ein eigenes Saatbeet säen, die frühesten Saaten in einem kalten Jahr mit Tunneln schützen. Die Aussaat kann auch an Ort und Stelle erfolgen, in diesem Fall wird später auf den endgültigen Abstand verzogen. Wenn ausgedünnte Pflanzen vorher gewässert und behutsam behandelt werden, können sie verpflanzt werden. Für eine Ernte im folgenden Jahr kann man im Frühsommer eine späte Sorte an Ort und Stelle säen oder sie einen Monat später verpflanzen.

Unter Glas angezogene Pflanzen abhärten, so daß sie im Spätfrühjahr ausgepflanzt werden können. Freilandsaaten, die verpflanzt werden, auf 4 cm verziehen und wachsen lassen, bis sie 2–3 kräftige Blätter oder 20 cm Höhe haben. Sämlinge wässern und einen Stickstoffdünger in die Pflanzfläche einharken. Am nächsten Tag die Jungpflanzen mit der Gabel herausheben und behutsam trennen. Mit einem Pflanzholz im erforderlichen Abstand 15 cm tiefe senkrechte Löcher machen und in jedes eine Pflanze setzen, dabei darauf achten, daß die Wurzeln den Boden berühren. Die Löcher behutsam mit Wasser füllen, aber nur locker mit Erde, da letztlich die Schäfte den Platz brauchen.

Pflanzen unkrautfrei halten – entweder behutsam hacken oder mulchen, um Beschädigungen der Schäfte zu vermeiden. Sowohl tief im Boden als auch auf der Erde gezogener Porree kann weiter gebleicht werden, indem man um die sich entwickelnden Pflanzen mit der Hacke Erde zusammenzieht. Die Erde aber nie so hoch anhäufeln, daß sie zwischen die Blätter fällt, und ab Frühherbst nicht mehr weiter anhäufeln. In sehr trockenen Jahren gelegentlich wässern. Frühem Porree, falls nötig, einen flüssigen Stickstoffdünger geben, überwinternde Kulturen nach Sommerende jedoch nicht mehr düngen.

Porree ernten, sobald er groß genug ist. Mit der Grabegabel aus dem Boden heben und frühe Kulturen abräumen, bevor starker Frost einsetzt. Späte Sorten halten sich oft mehrere Monate gut, falls sie jedoch im Frühjahr im Weg sind, können sie abgeräumt und an anderer Stelle eingeschlagen werden.

Kulturdetails *Samenzahl:* 400/g. *Keimung:* 2–3 Wochen (Mindesttemperatur 7 °C). *Keimfähigkeit:* 3 Jahre. *Höhe:* 30–45 cm. *Pflanzabstand:* für dicke Stangen mindestens 15 cm, mit 30 cm Reihenabstand, für schlanke Stangen bis 8 cm, mit 20 cm Reihenabstand. *Aussaat bis Ernte:* 26–40 Wochen, je nach Saison. *Durchschnittlicher Ertrag:* 500 g pro 30 cm fortlaufender Reihe.
Empfehlenswerte Sorten Sommerporree: ›Albana‹, ›Alba‹, ›Bavaria‹; Herbstporree: ›Ducal‹, ›Elefant‹, ›Herbstriesen‹; Winterporree: ›Blaugrüner Winter‹, ›Genita‹, ›Siegfried‹.
Schädlinge und Krankheiten Siehe Speisezwiebeln, Seite 61. Gelegentlich können Rostpilze zum Problem werden (siehe Seite 77).

WEITERE BELIEBTE GEMÜSE

Neben den großen Gruppen wie Kohl und Hülsenfrüchte gibt es noch viele andere Gemüse, deren Anbau lohnt. Möglicherweise haben sie ähnliche Bodenansprüche wie eines der behandelten Gemüse und leiden unter den gleichen Schädlingen und Krankheiten wie ein anderes, vielleicht sind sie in ihren Bedürfnissen aber auch einzigartig. Die meisten hier beschriebenen Gemüse werden häufig in Gärten angebaut. Die Einzelbeschreibungen geben Auskunft darüber, wo ein Fruchtwechsel eingehalten werden sollte (etwa bei Tomaten); andere Kulturen wie etwa Salat können gezogen werden, wo immer Platz ist, vielleicht zwischen Reihen anderer Gemüse. Nach Möglichkeit sollte man aber nie in zwei aufeinanderfolgenden Jahren das gleiche Gemüse am gleichen Platz ziehen, um es vor Bodenschädlingen oder Nährstoffmangel zu schützen.

Spinat

Moderne Züchtungen des Spinats schießen selten und können fortlaufend gesät werden, um eine Versorgung vom Frühjahr bis zum Herbst zu gewährleisten. Mit ein wenig Schutz überstehen sie sogar den Winter, in kälteren Gegenden sind aber ältere Typen mit stacheligen Samen winterhärter.

Für die Sommer- und Herbsternte verwendet man eine Sorte wie die F1-Hybride ›Rico‹, für die Ernte im Frühjahr sät man im Herbst die F1-Hybride ›Polka‹, nur für den Winter angebaut wird ›Broad Leaf Prickly‹, für die ganzjährige Kultur eignet sich ›Monnopa‹ (enthält wenig Oxalsäure).

Der Boden sollte recht nahrhaft sein und humusreich, damit er ein gutes Wasserhaltevermögen hat. Sommerkulturen bevorzugen leichten Schatten und eignen sich ideal zum Anbau zwischen höheren Gemüsen; Winterspinat wird am besten an einem sonnigen Platz gesät, an dem die Reihen vor Wind geschützt sind oder mit Tunneln abgedeckt werden können.

Für die Ernte im Sommer und Herbst sät man vom Spätwinter oder Frühjahrsbeginn an (in kalten Gegenden unter Tunneln) bis zum Frühsommer im Abstand von 3–4 Wochen. Für die Ernte im Winter und Frühjahr wird im Spätsommer und noch einmal einen Monat später gesät, in Gegenden mit kalten Wintern erfolgt die zweite Saat in einem Frühbeet oder ungeheizten Gewächshaus. Man sät 2,5 cm tief in Reihen mit 30 cm Abstand und dünnt die Sämlinge zunächst auf 8 cm aus. Sobald sie eine ausreichende Größe haben, zieht man jede zweite Pflanze heraus, so daß die verbleibenden in Abständen von 15 cm stehen. Sie können fortlaufend geerntet werden. Man kann auch die Kulturen nicht verziehen und jung ernten.

Bei trockenem Wetter reichlich wässern, vor allem im Sommer, da Trockenheit und hohe Temperaturen zu vorzeitigem Schießen führen können. Mit ausreichender Größe kann man einzelne Blätter ernten oder ganze Pflanzen in 2,5 cm Höhe abschneiden. Die einzigen Probleme bei Spinat sind vermutlich Vögel, die über kleine Pflanzen herfallen. Moderne Sorten sind gegen Falschen Mehltau resistent.

Mangold

Mangold ist eine robuste, ertragreiche Pflanze, die in milden Lagen das ganze Jahr geerntet werden kann. Man unterscheidet Blattmangold mit spinatähnlichen Blättern (etwa die Sorten ›Lukullus‹ und ›Grüner Schnitt‹) und Rippenmangold mit langen, fleischigen Blattstielen (wie etwa ›Feurio‹ und ›Glatter Silber‹).

Mangold gedeiht auf den meisten Böden, doch lohnt sich das Einarbeiten von organischem Material, da die Pflanzen auf guten, humusreichen Böden größer werden und mehr Blätter bilden. Wenn möglich, wählt man einen leicht schattigen Platz, an dem die Pflanzen bis zu einem Jahr bleiben können.

Ab Frühjahrsanfang 2,5 cm tief in Reihen mit 40–45 cm Abstand säen, die Sämlinge auf 25 cm Abstand verziehen. Bei leichtem Winterschutz bringen Kulturen in milden Lagen, die im Spätsommer angelegt werden, oft bis zum Frühjahr Erträge. Ausgedünnte Jungpflanzen kann man auch ins Frühbeet setzen, um sie vor strengen Wintern zu schützen. Bei Trockenheit wässern, vor allem auf ärmeren Böden. Blattmangold wie Spinat ernten und verwenden, vom Rippenmangold die Stiele wie Spargel und die Blattspreiten wie Spinat verwenden.

Mais

Da sich der Zucker im Mais nach der Ernte rasch in Stärke verwandelt, sind Feinschmecker der Ansicht, daß man ihn augenblicklich nach der Ernte garen sollte – ein guter Grund, ihn selbst anzubauen. Beim Mais handelt es sich um ein hübsches, einjähriges Gras mit männlichen Blütenrispen an den Stengelenden und weiblichen Blüten, die in Kolben in den Blattachseln sitzen und lange Narbenfäden entwickeln. Da sie durch Wind bestäubt werden, zieht man Mais nicht in langen Reihen, sondern in Blöcken. Zwergformen dieser dekorativen Pflanze können auch als kleine Gruppen in Blumenrabatten einbezogen werden.

In kühleren Gegenden mit einer kürzeren Wachstumsperiode eine frühe Sorte verwenden, um sicherzustellen, daß sie genügend Zeit zum Reifen hat. Späte Sorten brauchen wärmere Lagen und mindestens 15–16 frostfreie Wochen, allerdings können alle Sorten unter Glas angezogen werden, um die Wachstumsperiode zu verlängern. Sorten mit einem besonders hohen Zuckergehalt müssen für sich gezogen werden, da diese Eigenschaft bei einer Fremdbestäubung durch normale Arten verlorengeht.

Standort

Mais braucht einen warmen, sonnigen Platz mit durchlässigem, fruchtbarem, leicht saurem Boden, der vor kalten Winden geschützt ist und nach Möglichkeit für die vorangegangene Kultur mit Mist gedüngt wurde. Ärmere Böden oberflächlich mit der Grabegabel

Die Narbenfäden weiblicher Blüten an der Spitze von Maiskolben geben den ersten Hinweis auf die bevorstehende Reife, wenn sie langsam trocknen und sich dunkelbraun zu färben beginnen. Dann ist es Zeit, die Körner selbst auf ihre Reife zu prüfen.

bearbeiten und direkt vor dem Säen oder Pflanzen Kompost hinzufügen oder einen Volldünger als Grunddüngung einharken.

Kultur

Mais 5–6 Wochen vor dem letzten Frost unter Glas in Töpfe oder Anzuchtplatten säen – Sämlinge mögen keine Störung ihrer Wurzeln – und vor dem Auspflanzen abhärten. Im Freien, wenn keine Frostgefahr mehr besteht, 2–3 Samen 2,5 cm tief in Horste legen, in kühlen Gegenden gebeiztes Saatgut verwenden. Horste mit Tunneln oder Marmeladengläsern schützen, bis die Pflanzen 4–5 Blätter haben, oder unter Folie säen. Löcher in die Folie schneiden, wenn die Saat aufgelaufen ist.

Pflanzen von Hand jäten oder flach hacken, die Wurzeln liegen nur 2,5–4 cm unter der Erdoberfläche. Bei größeren Pflanzabständen kann Mais mit Markkürbissen oder Buschbohnen unterpflanzt werden. In exponierten Lagen die Stengel anhäufeln, um ihnen Halt zu geben. Pflanzen in trockenen Jahren mit 20 l Wasser pro m^2 wässern, zum ersten Mal, wenn die Blüten erscheinen, dann wieder, wenn die Kolben anzuschwellen beginnen. Wenn die Pflanzen 20–25 cm hoch sind, bei Bedarf einen Stickstoffdünger ausbringen, und noch einmal während der Blüte. Mitunter entwickeln Pflanzen an der Basis Seitentriebe, die ausgeknipst werden, wenn sie etwa 15 cm Höhe erreicht haben.

Babymais mit etwa 15 cm Länge ernten. Normale Sorten sind erntereif, wenn sich die Haarbüschel braun färben. Die Hüllblätter zurückziehen und den Daumennagel in ein Korn drücken. Es sollte noch Flüssigkeit austreten, die aber nicht milchig, sondern wäßrig ist. Auch die Farbe gibt einen Hinweis, da die Körner zunächst elfenbeinfarben sind und dann cremegelb werden. Abgeerntete Stengel zerkleinern und kompostieren.

Kulturdetails *Samenzahl:* 5–6/g. *Keimung:* 10–14 Tage (Mindesttemperatur 10 °C). *Keimfähigkeit:* 2–3 Jahre. *Höhe:* 0,9–2,5 m. *Pflanzabstand:* rundum 30 cm, bei Unterpflanzung 60 cm, Babymais rundum 15 cm. *Aussaat bis Ernte:* 10–14 Wochen. *Durchschnittlicher Ertrag:* 1–2 Kolben pro Pflanze.
Empfehlenswerte Sorten Frühanbau: ›Früher‹, ›Golden Beauty‹, ›Honeycomb‹, ›Early Extra Sweet‹, ›Sunrise‹; Haupternte: ›Minisweet‹ (Babymais), ›Minor‹ (Babymais), ›Aztek‹, ›Goldprinz‹, ›Sweet Season‹.
Schädlinge und Krankheiten Vögel, Mäuse, Schnekken, Fritfliege (siehe Seite 76).

Salat

Bei etwas Pflege und der Auswahl geeigneter Sorten ist es möglich, das ganze Jahr hindurch Salat zu ernten, mit Ausnahme von ganz kalten Lagen selbst im Winter. Vielleicht ist aber die riesige Vielfalt der Salatsorten verwirrend, zu der jedes Jahr immer neue dazukommen, etwa in einer neuen Farbvariante oder mit einer größeren Resistenz gegen Schädlinge und Krankheiten.

Eine grundlegende Trennung wird zwischen kopfbildenden Salaten und Salaten ohne Herz vorgenommen. Zu den erstgenannten gehören der eigentliche Kopfsalat, der hohe, aufrecht wachsende Römische Salat, der knackige Eissalat mit festen Köpfen und eine daraus hervorgegangene Neuzüchtung mit etwas lockereren Köpfen und weicheren Blättern, der Bataviasalat. Als typische Langtagpflanze kommt Kopfsalat im Sommer leicht zur Blüte, schießt also schnell. Neuere Sorten des Kopfsalats und die anderen kopfbildenden Salatformen schießen weniger schnell und sind daher für einen Anbau im Sommer besser geeignet. Das gilt ebenso für die Salate ohne Herz, auch Blatt- oder Pflücksalate genannt, deren zahlreiche Sorten viele, oftmals sehr dekorativ geformte oder gefärbte Blätter entwickeln und über einen langen Zeitraum geerntet werden können.

Salat ist nicht sehr anspruchsvoll, vorausgesetzt, er wird unter feuchten und vorzugsweise kühlen Bedingungen gezogen. Eissalat verträgt Wärme am besten, doch in warmen, trockenen Böden schießt auch er schnell. Während Salatsamen in relativ kalten Böden keimen, ruhen sie bei mehr als 25 °C (Eissalat bei mehr als 29 °C), und aus diesem Grund gehen Sommersaaten oft nicht auf. Um dieses Problem zu umgehen, sät man am Nachmittag, wenn es wieder etwas kühler wird, und bedeckt die Saatrillen anschließend 24 Stunden lang mit feuchtem Zeitungspapier, oder man stellt Töpfe oder Anzuchtplatten in einen kühlen, schattigen Schuppen.

Standort

Ständige Feuchtigkeit im Wurzelbereich ist ganz wichtig, ebenso eine gute Drainage und eine recht hohe Fruchtbarkeit der obersten Bodenschicht, damit die flachen Wurzeln Nahrung finden. Rechtzeitig vor dem Pflanzen den Boden umgraben oder mit der Grabegabel bearbeiten – falls es Drainageprobleme gibt, sehr tief – und reichlich Kompost einarbeiten. Sehr saure Böden aufkalken, ideal ist ein pH-Wert von 6,5. Fruchtwechsel ist notwendig, damit sich keine

RECHTS Wie dieses bunte Beet mit gesunden Kulturen zeigt, ist das Spektrum der Salatsorten groß. Grüne und rote Kopf- und Blattsalatsorten wachsen hier in idealem Abstand zwischen anderen Salatkulturen und Zwiebeln. Im Vordergrund sind Erdbeeren zu sehen.

Bei einer sorgfältigen Wahl von Sorten und Aussaatterminen ist es möglich, das ganze Jahr hindurch Salat zu ziehen, im Winter unter Glas oder, in sehr milden Lagen, mit Schutz im Freiland.

Krankheitserreger festsetzen, aber Salat kann in jede Gruppe einbezogen werden, oft als Zwischen- oder Nachfrucht. Sommersalat in leichtem Schatten ziehen, andere Kulturen an einem offenen, sonnigen Platz.

Kultur

Saatabfolgen siehe unten. Frühe Saaten erfolgen in Schalen oder Anzuchtplatten, Hauptsaaten 1 cm tief im Freien, vorzugsweise an Ort und Stelle, da sich Jungpflanzen nur im Frühjahr und noch sehr klein gut umsetzen lassen. Wenig und oft säen, wobei die nächste Saat durchgeführt wird, wenn die vorangegangene aufgelaufen ist. Pflanzen nach und nach verziehen, bis der erforderliche Abstand erreicht ist. Sommersaaten können auch in einem kühlen Gewächshaus in Anzuchtplatten erfolgen, so daß ohne Störung der Wurzeln ausgepflanzt werden kann.

Junge Pflänzchen in feuchte Erde auspflanzen, wenn sie 4–5 Blätter haben. Den Wurzelhals dabei nicht mit Erde bedecken, da zu tief gesetzte Pflanzen leicht faulen. Bei sonnigem Wetter einige Tage schattieren, bis sie nicht mehr welken. Kulturen unter Glas sollten leicht trocken gehalten werden und brauchen gute Belüftung. Freilandpflanzen werden, falls notwendig, gewässert, bei Trockenheit mit 25 l pro m^2, vor allem kurz vor der Ernte. Unkrautfrei halten und auf trockenen, warmen Böden mulchen. Auf mageren Böden während des Wachstums zwei- bis dreimal einen Stickstoffdünger geben.

Kopfbildende Salate ernten, sobald sie groß genug sind, jedoch nicht bis zur endgültigen Reife warten, da der Salat wenig später schießen kann. Blattsalate sind oft zuerst erntebereit, und man kann über eine lange Periode von jeder Pflanze wenige Blätter ernten. Größere Pflanzen kann man auf 2,5 cm zurückschneiden, damit sie neu austreiben.

Aussaatzeiten für eine ganzjährige Salaternte

Typ	Aussaat	Ernte	Bemerkungen
Frühsommer: z. B. ›Salad Bowl‹, ›Attraktion‹, ›Charan‹	Spätwinter bis Frühjahr	Spätfrühjahr bis Frühsommer	Unter Tunneln säen bzw. in Frühbeete oder Anzuchtplatten zum Verpflanzen
Hauptanbau: z. B. ›Dolly‹, ›Saladin‹, ›Brauner Trotzkopf‹	Frühjahrsbeginn bis Hochsommer, im Abstand von 2–4 Wochen	Frühsommer bis Spätherbst	Direkt oder in Anzuchtplatten säen, späte Saaten im Frühherbst mit Tunneln schützen
Winteranbau unter Glas: z. B. ›Salad Bowl‹, ›Lollo‹-Typen, ›Larissa‹	Spätsommer bis Herbstmitte	Spätherbst bis Spätwinter	In Anzuchtplatten säen, in Frühbeete oder ins Gewächshaus verpflanzen
Überwinternde Freilandkulturen: z. B. ›Winter Density‹, ›Avondefiance‹, ›Lobjoits Green Cos‹	Spätsommer bis Frühherbst	Anfang bis Ende des Frühjahrs	An Ort und Stelle säen; im Winter mit Tunneln schützen, zu Frühjahrsbeginn verziehen

Kulturdetails *Samenzahl:* 800/g. *Keimung:* 1–2 Wochen bei 10–25 °C. *Keimfähigkeit:* 3 Jahre. *Höhe:* bis zu 25 cm. *Pflanzabstand:* rundum 15–30 cm. *Aussaat bis Ernte:* 8–12 Wochen.

Empfehlenswerte Sorten Kopfsalat: ›Attraktion‹, ›Charan‹, ›Maikönig‹, ›Dolly‹, ›Larissa‹, ›Brauner Trotzkopf‹; **Eissalat:** ›Great Lakes‹, ›Saladin‹, ›Rouge Grenobloise‹ (Bataviasalat); **Römischer Salat:** ›Kasseler Strünkchen‹, ›Little Leprechaun‹; **Blattsalat:** ›Amerikanischer Brauner‹, ›Australischer Gelber‹, ›Lollo Rosso‹, ›Oakleaf‹, ›Salad Bowl‹, ›Red Salad Bowl‹.

Schädlinge und Krankheiten Blattläuse, Vögel, Erdraupen, Schnakenlarven, Schnecken; Falscher Mehltau, Grauschimmel, Viruserkrankungen (siehe Seite 76 f.). Viele neuere Sorten sind mehltau- und virusresistent.

Salatmischungen

Fertige Salatmischungen oder selbst hergestellte, etwa eine eigene Mischung aus übriggebliebenen Samen von kopfbildenden Sorten, insbesondere Römischem Salat, Blattsalaten und Chicorée, können portionsweise gesät werden, um mehrmals Jungpflanzen zu ernten. Der Boden sollte vorbereitet werden wie bei normalen Salatkulturen und sauber sein, da man hier nur schwer jäten kann. Sparsam in parallele Reihen mit 10 cm Abstand säen, die Sämlinge, falls nötig, auf 2,5 cm Abstand verziehen. Im Spätfrühjahr Sommerkulturen säen, im Spätsommer Herbstkulturen, gegen Herbstmitte oder im Spätwinter in ein Frühbeet für die Ernte im Winter oder Frühjahr. Blätter 2,5 cm über dem Boden abschneiden, wenn sie 8 cm hoch sind. Nach und nach die Fläche abernten, während abgeschnittene Pflanzen sich wieder erholen.

Zichorien

Es gibt verschiedene Formen der Zichorie, die alle etwas bittere, aber erfrischend knackige Blätter haben. Radicchio und Zuckerhut, die Herzen bilden wie Römischer Salat, werden beide im gleichen Bodentyp angebaut wie normaler Salat. Sie können im Frühjahr und Sommer wie Blattsalat gesät werden oder im Frühsommer als Freilandkulturen mit 20 cm Abstand und noch einmal im Hochsommer für eine späte Ernte unter Tunneln oder in Frühbeeten.

Chicorée wird zum Treiben gezogen (siehe Chicorée treiben, unten). Im Spätfrühjahr im Freien in Reihen mit 30 cm Abstand säen und die Sämlinge auf 20 cm verziehen. Sämlinge entweder an Ort und Stelle lassen, um sie im Winter unter Erddämmen zu treiben, oder im Herbst ausgraben, die Blätter auf 2,5 cm zurückschneiden und die Wurzeln zwischen Sandschichten an einem kühlen Platz lagern, falls sie nicht direkt zum Treiben im Haus verwendet werden.

Feldsalat

Diese auch als Rapunzel bekannte, winterharte Salatpflanze mit ihren zart aromatischen Blättern wird normalerweise im Winter oder zu Frühjahrsbeginn ins Freie oder in Frühbeete gesät und im Hoch- und Spätsommer geerntet. Die Aussaat erfolgt mit 15 cm Reihenabstand in feuchte Erde, die Sämlinge werden auf 10 cm verzogen. Diese Pflanze sät sich üppig selbst aus, die entstehenden Sämlinge können verpflanzt werden.

Obwohl Feldsalat vor allem als zuverlässige Winterpflanze bekannt ist, die besonders für die Kultur unter Glas oder für kalte Gärten großen Wert hat, kann er auch von Frühjahrsbeginn bis zum Hochsommer ins Freie gesät und wie Blattsalat geerntet werden. Man pflückt entweder immer nur wenige Blätter oder erntet ganze Pflanzen.

Winterportulak

Diese winterharte Salatpflanze hat Blätter, die an Brunnenkresse erinnern. In leichtem Schatten ist ihre Kultur problemlos. Mit 15 cm Abstand entweder an Ort und Stelle säen oder in Schalen unter Schutz und später pikieren und auspflanzen. Im Frühjahr gesäte Kulturen können im Sommer geerntet werden, im Hoch- und Spätsommer gesäte Pflanzen vom Herbst bis zum Frühjahr. Sie gedeihen auch in kühlen Gärten üppig, wenn sie mit Tunneln abgedeckt oder in einem Frühbeet gezogen werden. Nach Bedarf Blätter ernten oder ganze Pflanzen direkt über dem Erdboden abschneiden. Die Winterkresse samt sich leicht selbst aus, die Sämlinge können verpflanzt werden.

Chicorée treiben

Der beste Chicorée entwickelt sich aus Wurzeln, die oben einen Durchmesser von etwa 5 cm haben. Man kürzt die Wurzeln auf 15–20 cm Länge und pflanzt sie zu mehreren aufrecht in einen Kübel mit feuchtem Substrat, so daß ein Ende gerade aus der Erde ragt. Dann setzt man umgekehrt einen Topf darauf, dessen Abzugslöcher ebenfalls verschlossen werden, um völlige Dunkelheit zu gewährleisten, und dann stellt man den Kübel an einen warmen Platz (Mindesttemperatur 10 °C). Je höher die Temperatur ist, desto rascher entwickelt sich der Chicorée. Bei 18 °C können die Stangen nach 3–4 Wochen geerntet werden.

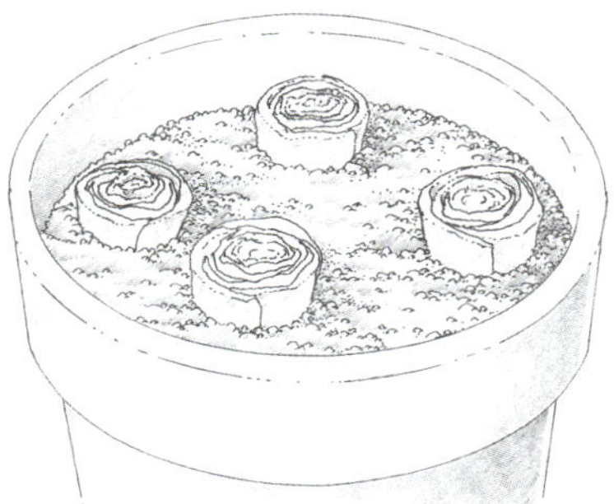

Wurzeln aufrecht in feuchte Erde setzen, so daß sie gerade aus der Erde ragen.

Die cremeweißen Stangen dicht über der Erde abschneiden und sofort verwenden.

Tomaten

Mit Ausnahme von Sorten, die ausschließlich für die Gewächshauskultur gezüchtet werden, kann man die meisten Tomaten im Küchengarten ziehen, aber sie sind sehr kälteempfindlich und dürfen erst nach den letzten Frösten ins Freie gepflanzt werden. Am besten gedeihen sie bei Temperaturen von 20 °C oder etwas mehr. Wo die Sommer kühl sind, muß man sie unter Glas vorziehen und anschließend vor eine warme Wand oder an einen geschützten, sonnigen Platz pflanzen.

Im Garten angebaut werden hohe Formen, sogenannte Stabtomaten, mit unbegrenzt wachsendem Haupttrieb, und Busch- und Balkontomaten mit stark verzweigtem Haupttrieb und begrenztem Höhenwachstum. Hohe Sorten werden meist einstämmig erzogen oder wie Kordons (siehe unten) und wachsen weiter, bis man die Triebspitze ausknipst. Halbhohe Sorten werden wie hohe erzogen, hören aber mit etwa 120 cm Höhe zu wachsen auf. Buschsorten wachsen, nachdem sie eine Fruchttraube entwickelt haben, meist nicht nicht mehr in die Höhe, sondern bilden neue Seitentriebe aus. Balkontomaten, kleine Zwergformen, eignen sich ideal für die Kultur in Töpfen oder als Randbepflanzung von Wegen.

Tomaten haben vielfältige Fruchtformen (etwa rund, eiförmig oder gerippt), Farben (rot, gelb, gestreift) und Größen (von der großen ›Marmande‹ bis zur Kirschtomate). Das Aroma ist stärker vom Anbau als von der Sorte abhängig, wenngleich einige Kirschtomaten deutlich süßer schmecken als größere Sorten. Übermäßiges Wässern und Düngen und Sonnenmangel sind die Hauptursachen, wenn der Geschmack zu wünschen übrigläßt.

Standort

Wichtig ist ein sonniger, geschützter Platz mit durchlässiger Erde, die fruchtbar, aber nicht zu nahrhaft ist. Den Boden mindestens einen Spatenstich tief umgraben und reichlich Kompost oder gut verrotteten Mist hinzufügen. Vor dem Säen oder Pflanzen einen phosphatreichen Grunddünger einarbeiten. Tomaten sollten im Fruchtwechsel angebaut werden, am besten im Wechsel mit Wurzelgemüsen. Denken Sie aber daran, daß Tomaten und Kartoffeln verwandt sind und unter mehreren Krankheiten gemeinsam leiden.

Kultur

Für eine lange Wachstumsperiode etwa acht Wochen vor den Eisheiligen im Haus bei einer Temperatur von 18 °C in Saatschalen oder Töpfe säen. Sämlinge einzeln in 11-cm-Töpfe setzen und an einen hellen Platz stellen. Vor dem Auspflanzen abhärten, üblicherweise, wenn der erste Blütenstand Farbe zu zeigen beginnt. Falls es noch kalt ist, mit dem Pflanzen warten oder die eingesetzten Pflanzen mit Tunneln oder Folie schützen.

Den Boden nach dem Pflanzen etwa sechs Wochen von der Sonne erwärmen lassen, dann kräftig mulchen. Bei Buschtomaten eine Schicht Stroh unter die fruchtenden Triebe legen, die Triebe mit Reisern stützen oder an einen Mittelstab binden, um die Früchte

Tomaten als Fächer erziehen

Hohe Sorten (Stabtomaten) werden gewöhnlich einstämmig erzogen, indem man alle erscheinenden Seitentriebe ausgeizt. Man kann zur Erhöhung des Ertrages jedoch Pflanzen auch als Fächer vor einer Wand erziehen, wobei man ein oder mehrere Paare der unteren Seitentriebe wachsen und Früchte ansetzen läßt. Diese Seitentriebe werden, genau wie der Haupttrieb, an Stützen aufgebunden. Unerwünschte Seitentriebe ausknipsen, und wenn sich 3–4 Fruchttrauben entwickelt haben, auch die Triebspitze. Pflanzen großzügig mulchen, wässern und regelmäßig düngen.

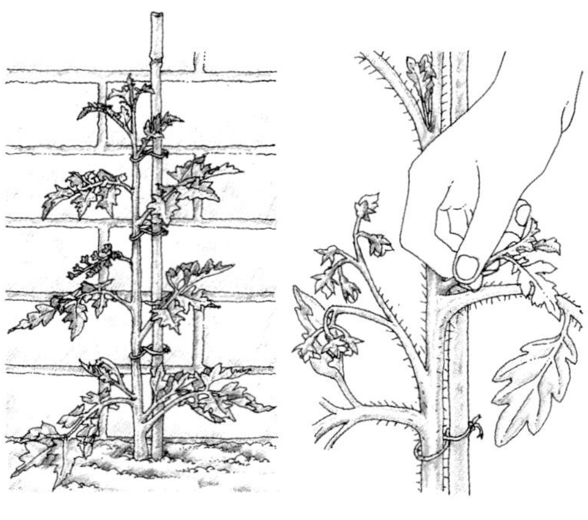

Die beiden unteren Seitentriebe wachsen lassen, alle anderen jedoch ausgeizen.

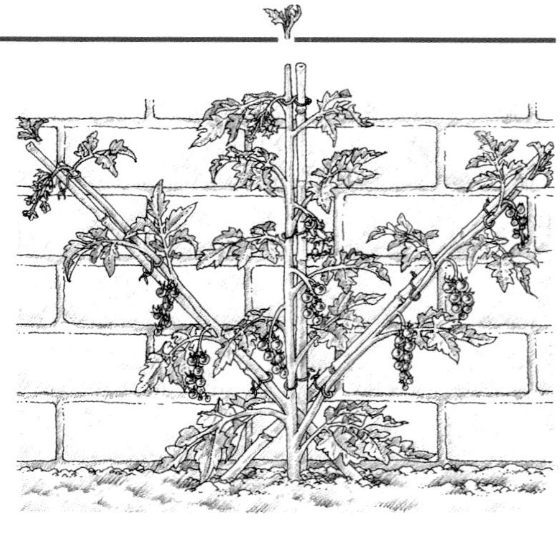

Triebe an Bambusstäben oder Drähten fächerförmig erziehen, damit sie Luft und Licht erhalten.

Tomaten sind auf der ganzen Welt beliebt, ob sie im Garten oder im Gewächshaus gezogen werden.

Gewürzpaprika braucht eine längere Wachstumsperiode als Gemüsepaprika, wenn er möglichst viel Geschmack und Schärfe entwickeln soll.

zu schützen. Hohe Arten werden wie Kordons erzogen, indem man den Haupttrieb an eine stabile Stütze bindet und die Seitentriebe ausgeizt, sobald sie erscheinen. Haben sich im Spätsommer 3–5 Fruchttrauben gebildet, die Spitze des Haupttriebs ausbrechen. Pflanzen bei Trockenheit wässern, sobald die Blüte beginnt – einmal wöchentlich 10 l pro m² geben. Wenn der Boden gut vorbereitet wurde, ist keine zusätzliche Düngung notwendig.

Früchte ernten, sobald sie reifen. Im Herbst Buschsorten mit Tunneln schützen. Stabtomaten losbinden, auf ein Strohbett legen und Tunnel darübersetzen, um die Reifung zu beschleunigen. Vor den ersten Frösten Pflanzen herausziehen und im Gewächshaus aufhängen, wo die Früchte weiterreifen, oder Früchte grün ernten und im Dunkeln im Haus nachreifen lassen.

Kulturdetails *Samenzahl:* 300/g. *Keimung:* 1–2 Wochen (Mindesttemperatur 15 °C). *Keimfähigkeit:* bis zu 10 Jahre. *Höhe:* Stabtomaten 1,2–1,8 m; Buschtomaten 45–60 cm; Balkontomaten 30–40 cm. *Pflanzabstand:* einstämmige Pflanzen 40–45 cm, mit 45 cm Reihenabstand; Buschtomaten rundum 55 cm; Zwergsorten rundum 25 cm. *Aussaat bis Ernte:* 16 Wochen (Buschtomaten) bis 20 Wochen (Stabtomaten). *Durchschnittlicher Ertrag:* bei Stabtomaten bis zu 4,5 kg.
Empfehlenswerte Sorten **Stabtomaten:** ›Harzfeuer‹, ›Meran‹, ›Planet‹, ›Vollendung‹, ›San Marzano‹ (Eiertomate), ›Yellow Pearshaped‹ (gelbe Perettitomate), ›Sweet Cherry‹ (Kirschtomate), ›Sweet 100‹ (Kirschtomate); **Busch- oder Balkontomaten:** ›Balkonstar‹, ›Minibel‹, ›Phyra‹, ›Rendita‹, ›Roma‹, ›Sperlings Liebchen‹, ›Tiny Tim‹, ›Totem‹.
Schädlinge und Krankheiten Blattläuse, Thripse, Weiße Fliegen, Nematoden, Schnecken, Vögel; Kraut- oder Braunfäule, Grauschimmel, Blattfleckenkrankheit, Viruserkrankungen (siehe Seite 76 f.).

Paprika

Paprika brauchen ähnliche Wachstumsbedingungen wie Tomaten, bevorzugen aber noch höhere Temperaturen, wollen häufiger gewässert werden und mögen leicht saure Böden – manche Gärtner streuen zur Pflanzzeit um jede Pflanze ein wenig Schwefel, um auf einer kleinen Fläche einen niedrigen pH-Wert sicherzustellen.

Von der bekanntesten Art, *Capsicum annuum,* gibt es zwei Kulturformen mit vielen Sorten: Gewürzpaprika (Spanischer Pfeffer, Peperoni, Chili) mit meist dünnschaligen Früchten, die reif sehr scharf werden, und Gemüsepaprika mit dickfleischigen Früchten von mildem, ausgereift sogar süßlichem Geschmack. Cayennepfeffer *(Capsicum frutescens)* mit ungemein scharfen Früchten ist noch wärmebedürftiger als Gewürzpaprika und benötigt länger zum Reifen. Diese strauchförmige Art wird am besten bei höheren Temperaturen (über 21 °C) als mehrjährige Kübelpflanze gezogen. Auch Gemüse- und Gewürzpaprika können in Gefäße gepflanzt und im Herbst ins Haus gebracht werden, damit die Früchte ausreifen.

Standort

Wie bei Tomaten. In kühlen Gegenden am Fuße von sonnigen Mauern oder Zäunen oder im Frühbeet ziehen oder vom Spätsommer/Frühherbst an mit Tunneln schützen.

Kultur

Pflanzen im Frühjahr unter Glas auf die gleiche Weise wie Tomaten anziehen. Auspflanzen, wenn keine Frostgefahr mehr besteht und die ersten Blüten erscheinen. Bei Trockenheit reichlich wässern – pro Pflanze alle 2 Wochen bis zu 10 l Wasser geben – und dick mulchen. Sobald sich die ersten Blüten voll geöffnet haben, im Abstand von 2–3 Wochen einen Kalidünger geben. Höhere Sorten stützen. Bilden sich nur zögernd Seitentriebe, Triebspitzen ausknipsen, nach dem Fruchtansatz auch die Spitzen der Seitentriebe ausbrechen. Gewürzpaprika sollte ausreifen, Paprika kann man grün ernten und warten, bis er sich färbt – etwa 12 Wochen nach dem Auspflanzen. Wenn Herbstfröste drohen, Pflanzen einräumen oder an einen sonnigen Platz unter Glas hängen, wo die Früchte nachreifen.

Kulturdetails *Samenzahl:* 300/g. *Keimung:* 14–21 Tage (Mindesttemperatur 18 °C). *Keimfähigkeit:* 6–8 Jahre. *Höhe:* 40–120 cm. *Pflanzabstand:* rundum 50 cm, Zwergformen rundum 30 cm. *Aussaat bis Ernte:* 20 Wochen. *Durchschnittlicher Ertrag:* 1 kg pro Pflanze.
Empfehlenswerte Sorten **Gemüsepaprika:** ›Bell Boy‹, ›California Wonder‹, ›Puszta Gold‹, ›Sperlings Merit‹, ›Sweet Banana‹, ›Szegediner‹. **Gewürzpaprika:** ›de Cayenne‹, ›Westlandia‹.
Schädlinge und Krankheiten Blattläuse, Erdraupen, Schnecken; Viruserkrankungen (siehe Seite 76 f.).

Freilandgurken

In kalten Gegenden müssen die langen, schlanken Salatgurken, die man in den Geschäften kaufen kann, im Gewächshaus gezogen werden, denn sie brauchen hohe Temperaturen und viel Luftfeuchtigkeit. Dagegen erbringen Freilandgurken schon ab 15 °C befriedigende Ernten.

Die traditionellen Einlegegurken haben kurze Früchte von etwa 15 cm Länge und eine rauhe Schale. Senfgurken sehen ähnlich aus, sind aber doppelt so lang. Japanische Sorten und manche Hybriden haben mehr Ähnlichkeit mit Gewächshausgurken, einige mit runden Früchten, wie etwa ›Crystal Apple‹, haben ein besonders ausgeprägtes Aroma.

Zwar gibt es auch Buschformen, doch die meisten Gurken sind Kletterpflanzen mit langen Trieben, die über den Boden kriechen oder senkrecht an Geflecht, Spalieren oder Dreifüßen aus langen Stangen erzogen werden können. Anders als Gewächshausgurken werden Freilandsorten durch eine Befruchtung nicht bitter, daher braucht man die männlichen Blüten nicht zu entfernen.

Standort

Gurken vertragen Temperaturen unter 10 °C nicht. Sie bevorzugen erheblich wärmere, windgeschützte Plätze und fruchtbaren, durchlässigen Boden, der reich an Humus ist. Er sollte neutral oder leicht sauer sein.

Gurken werden traditionell auf Dämmen oder Hügeln gezogen, um eine gute Drainage sicherzustellen, und jeder Platz wird zwei Wochen vor dem Pflanzen oder der Aussaat vorbereitet. Dazu hebt man ein Pflanzloch von 30–45 cm Tiefe und Breite aus und füllt es dann mit einer nahrhaften Mischung, die aus gleichen Teilen Kompost oder verrottetem Mist und Erde besteht.

Kultur

4–5 Wochen vor dem letzten Frost im Haus säen – je zwei Samen hochkant 1 cm tief in 8-cm-Töpfe legen. Für die Keimung sind 21–26 °C erforderlich. Den jeweils schwächeren Sämling entfernen, dann die Pflanzen bei mindestens 15 °C weiterziehen, bis sie abgehärtet und ausgepflanzt werden, wobei die Wurzeln möglichst wenig gestört werden sollten. Jungpflanzen nicht tiefer als zuvor setzen und anschließend gründlich wässern. Oder an Ort und Stelle säen, wenn keine Frostgefahr mehr besteht. Die Horste mit Tunneln oder Marmeladengläsern abdecken, um für zusätzliche Wärme zu sorgen. Für die meisten Familien bringen zwei bis drei Pflanzen eine ausreichende Ernte.

Buschformen müssen nicht erzogen werden, bei kletternden Sorten sollte man jedoch die Triebspitze ausknipsen, nachdem sich 5–6 Blätter entwickelt haben. Es entstehen dann kräftige Seitentriebe, die man entweder auf dem Boden kriechen läßt oder gleichmäßig fächerförmig an Stützen aufbindet. An Drahtgeflecht halten sich Gurken mit ihren Ranken beim Wachsen selbst fest.

Bei erzogenen Pflanzen Triebe ausknipsen, sobald sie das Ende der Stützen erreicht haben, bei am Boden liegenden Gurken, sobald sie die Fläche ausfüllen. Stroh oder schwarze Folie als Mulch um die Pflanzen legen, vor allem bei auf dem Boden liegenden Kulturen. Bei Trockenheit häufig wässern, nie jedoch direkt von oben. Wenn die Früchte anzuschwellen beginnen, einen kaliumreichen Dünger geben. Falls es bei einem Seitentrieb nicht zum Fruchtansatz kommt, am besten die Triebspitze nach 6–7 Blättern ausknipsen.

Um die Ernteperiode zu verlängern, Früchte ernten, bevor sie ausgewachsen sind. Sauber mit einem Messer abschneiden. Wenn bei einer Kletterpflanze eine Gurke geerntet wurde, die Spitze dieses Triebs ausknipsen, damit er sich weiter verzweigt. Die Kultur vor dem ersten Herbstfrost abräumen, sehr kleine Früchte zum Einlegen verwenden. In einem kühlen Herbst können die Pflanzen sehr unter Echtem Mehltau leiden. Dann sollten sie herausgezogen werden, da sich eine Behandlung mit einem Fungizid nicht lohnt. Am Boden liegende Pflanzen und vor allem Früchte werden häufig von Schnecken heimgesucht.

Kulturdetails *Samenzahl:* 30/g. *Keimung:* 1 Woche (Mindesttemperatur 20 °C). *Keimfähigkeit:* 6 Jahre. *Höhe:* kletternde Formen 3 m, Buschformen 60 cm. *Pflanzabstand:* kletternd 45 cm, kriechend und Buschformen 75 cm. *Aussaat bis Ernte:* 12–14 Wochen. *Durchschnittlicher Ertrag:* Buschsorten 3–4 Früchte pro Pflanze, Klettersorten 8–12.
Empfehlenswerte Sorten Einlegegurken: ›Accordia‹, ›Melani‹, ›Passion‹, ›Delikateß‹, ›Mervita‹, ›Vorgebirgstrauben‹; **Senfgurken:** ›Carnimus‹, ›Gisela‹, ›Dickfleischige Gelbe‹; **Salatgurken:** ›Burpless Tasty Green‹, ›Highmark II‹, ›White Wonder‹, ›Bush Champion‹.
Schädlinge und Krankheiten Blattläuse, Erdraupen, Schnecken; Fuß- und Wurzelfäule, Echter Mehltau, Viruserkrankungen (siehe Seite 76 f.).

Wenn Gurken gut gedüngt und gewässert werden, entwickeln sie viele Früchte von hoher Qualität. Sie bleiben aber nicht lange in optimalem Zustand und sollten geerntet werden, bevor sie sich verformen oder gelb werden.

Kürbisse

Die Gruppe der Kürbisse ist sehr vielfältig und umfaßt fleischige Gemüse, die Wärme und gute Wachstumsbedingungen mögen. Sommerkürbisse, zu denen Markkürbisse und Zucchini gehören, haben eine weiche Schale und allgemein helles Fleisch. Sie werden frisch gegessen und sind nicht sehr lagerfähig. Dagegen haben Winter- und Moschuskürbisse aromatisches gelbes oder orangefarbenes Fleisch und eine sehr harte, trockene Schale, durch die sie lange gelagert werden können.

Es gibt Buschformen und kriechende Sorten, für kleine Gärten eignen sich erstere am besten. Kriechende Sorten vertragen jedoch auch leichten Schatten und können unter andere Gemüsekulturen wie Mais gepflanzt werden, sehen mit ihren breiten, üppigen Blättern und großen, gelben Blüten aber auch an Spalieren, Zäunen und Bögen erzogen hübsch aus. Zudem kann man sie auf Komposthaufen pflanzen, wo sie viele Nährstoffe erhalten und reichlich Platz haben, um sich auszubreiten.

Standort

Wie für Gurken. Pflanzstellen mit 30 cm Tiefe und 45 cm Durchmesser vorbereiten.

Kultur

Samen über Nacht einweichen, dann auf die gleiche Weise im Freien oder unter Glas säen und pflanzen wie Gurken. Nicht zu viele Pflanzen ziehen, denn sie sind sehr ertragreich. Dick mulchen, und sobald sie gut wachsen, bei trockenem Wetter gießen. Jeder Pflanze einmal wöchentlich 10 l Wasser geben, vor allem während der Blüte und wenn die Früchte zu schwellen beginnen. Wenn die Ernte beginnt, falls notwendig düngen. Kriechende Stengel bewurzeln sich oft bei Bodenkontakt, und durch Feststecken kann man den Pflanzen dazu verhelfen, neue Kraft zu bekommen.

Buschsorten brauchen wenig Aufmerksamkeit, es lohnt sich jedoch, zum Schutz der Früchte Stroh um die Pflanzen zu verteilen. Bei kriechenden Kürbissen Triebe mit etwa 60 cm Länge ausknipsen, anschließend sich entwickelnde Seitentriebe auf dem Boden verteilen oder an Stützen binden. Zucchini haben oft einen einzelnen Trieb, der häufig zu schwach ist, um aufrecht zu wachsen. Deshalb ist es besser, ihn wie einen Kordon an eine aufrechte Stütze zu binden, um die Pflanze in Ordnung zu halten. Gleichzeitig wird so auch die Luftzirkulation verbessert und damit einem Befall mit Mehltau vorgebeugt. In kühlen Jahren kann der Fruchtansatz sehr gering sein, dann sollten die weiblichen Blüten – man erkennt sie an einer winzigen Verdickung hinter den Blütenblättern – künstlich bestäubt werden. Dazu bricht man eine männliche Blüte vorsichtig ab, entfernt behutsam die Blütenblätter und drückt dann die Staubgefäße auf die Narbe in der Mitte einer voll aufgeblühten weiblichen Blüte.

Zucchini klein mit 8–10 cm Länge ernten, solange noch die welke Blüte daranhängt. Mit einem Messer abschneiden. Alle nicht geernteten Früchte entwickeln sich zu kleinen Markkürbissen, die aber nicht lagerfähig sind. Andere Sommerkürbisse werden ebenfalls jung geerntet. Richtige Markkürbisse mit 20–25 cm Länge ernten, solange die Oberfläche um den Stiel noch weich ist. Man kann einige Früchte zum Einlagern an der Pflanze ausreifen lassen, solange sie nicht durch Frost Schaden nehmen können – Früchte, die leichten Frost bekommen haben, können noch gegessen werden, halten sich aber nicht.

Winter- und Moschuskürbisse sowie Sommerkürbisse, die gelagert werden sollen, werden geschnitten, sobald ihre Stiele zu trocknen beginnen, aber vor dem Einsetzen von Frost. Unbeschädigte Früchte mit einem langen Stiel abschneiden und die Schale im Warmen bei bis zu 27 °C hart werden lassen (entweder zwei Wochen in die Sonne oder unter Glas legen), dabei gelegentlich drehen. Die Früchte an einem luftigen Platz bei etwa 10 °C in Regalen lagern oder in Netzen aufhängen, um eine ausreichende Luftzirkulation zu gewährleisten.

Kulturdetails *Samenzahl:* F1-Hybriden 5/g, andere doppelte Menge. *Keimung:* 5–10 Tage (Mindesttemperatur 15 °C). *Keimfähigkeit:* 6 Jahre. *Höhe (Länge):* kriechend 1,8 m und mehr, Buschsorten 90 cm. *Pflanzabstand:* kriechend 1,8 m, Buschsorten 90 cm. *Aussaat bis Ernte:* 8–12 Wochen. *Durchschnittlicher Ertrag:* größere Kürbisse 3–4 pro Pflanze, Zucchini 12–20 pro Pflanze.

Empfehlenswerte Sorten **Sommerkürbisse:** Spaghettikürbisse: ›Bolognesa‹, ›Vegetable Spaghetti‹, **Patisson** (ohne Ranken): ›Custard White‹, ›Scaloppini‹; **Zucchini:** ›Ambassador‹, ›Black Jack‹, ›Diamant Sperlings Dessert‹, ›Gold Rush‹; **Winterkürbisse:** ›Gelber Zentner‹, ›Grüner Zentner‹, ›Riesenmelonen‹; **Moschuskürbisse:** ›Herkuleskeule‹, ›Hokkaido‹, ›Melon Squash‹.

Schädlinge und Krankheiten Schnecken; Echter Mehltau, Viruserkrankungen (siehe Seite 76 f.).

Alle Kürbisse bringen hohe Erträge und sind auf fruchtbaren Böden einfach anzubauen. Obwohl Markkürbisse strenggenommen zu den Sommerkürbissen gehören, baut man sie seit jeher spät an und versucht, große Früchte für den Verzehr im Herbst und eine kurzfristige Lagerung im Winter zu ziehen. Der Gesamtertrag ist aber höher, wenn man einen Teil der Kürbisse mittelgroß erntet und nur einige späte Früchte zur Lagerung ausreifen läßt.

Staudensellerie

Traditionell wird Staudensellerie in England in Gräben gezogen (siehe Staudensellerie in Gräben anbauen, unten). Selbstbleichende und amerikanische (grüne) Sorten sind leichter zu kultivieren, müssen aber vor den ersten Frösten geerntet werden, wenngleich man Pflanzen in Frühbeeten ziehen und im Herbst abdecken kann, um die Ernteperiode zu verlängern.

Standort

An offenen, sonnigen Plätzen ziehen, die vor austrocknenden Winden geschützt sind. Staudensellerie bevorzugt eine sehr feuchte, fruchtbare Erde, daher mindestens einen Spatenstich tief reichlich Kompost oder verrotteten Mist eingraben und aufkalken, bis ein fast neutraler pH-Wert erreicht ist. Vor dem Pflanzen einen Volldünger als Grunddüngung einharken. Im Fruchtwechsel anbauen und von Pastinak fernhalten, der ebenfalls von der Selleriefliege befallen wird.

Kultur

Alle Typen zehn Wochen vor den Eisheiligen im Haus in Anzuchtplatten säen oder Saatschalen verwenden und Sämlinge später in Töpfe pikieren. Gebeiztes Saatgut benutzen. Pflanzen mit 5–6 Blättern nach dem letzten Frost abhärten und auspflanzen, in Frühbeete bereits etwas früher. Pflanzen im Freiland anfangs eventuell mit Tunneln oder perforierter Folie schützen.

Selbstbleichende und grüne Formen in Blöcken pflanzen, so daß sich die Pflanzen gegenseitig beschatten. Falls sich die Pflanzung verzögert und Sämlinge gelbe Blätter bekommen, düngen. Weitentwickelte Pflanzen auf 8 cm Höhe zurückschneiden und weiterziehen, bis das Wetter sich bessert. Alle von der Selleriefliege geschädigten Blätter entfernen und stark deformierte Pflanzen wegwerfen.

Bei Trockenheit reichlich wässern – wöchentlich bis zu 25 l pro m^2 geben. Gut gewachsene Pflanzen mulchen und im Hochsommer einen Stickstoffdünger geben. Wenn die Pflanzen 20–25 cm hoch sind, Stroh zwischen sie schieben, vor allem an den Rändern von Blöcken, um die Bleichung zu unterstützen.

Die Ernte beginnt, sobald der Sellerie groß genug ist, etwa 8 Wochen nach dem Pflanzen, und dauert bis zum Frost. Werden im Herbst übriggebliebene Pflanzen mit Folie oder Vlies abgedeckt, überstehen sie die ersten Fröste, und die Ernteperiode läßt sich um mehrere Wochen verlängern.

Kulturdetails *Samenzahl:* 2000/g. *Keimung:* 3 Wochen (Mindesttemperatur 10 °C). *Keimfähigkeit:* 6 Jahre. *Höhe:* 30–60 cm. *Pflanzabstand:* selbstbleichende/grüne Sorten rundum 23 cm; in Gräben 30 cm. *Aussaat bis Ernte:* selbstbleichende/grüne Sorten 12–16 Wochen; in Gräben 30–35 Wochen. *Durchschnittlicher Ertrag:* bis zu 500 g pro Pflanze.
Empfehlenswerte Sorten selbstbleichend: ›Golden Spartan‹, ›Goldgelber‹, ›White Pascal‹; grün: ›Greensleeves‹, ›Tall Utah‹, ›Hopkin's Fenlander‹; Grabenkultur: ›Giant Pink‹, ›Giant Red‹, ›Giant White‹.
Schädlinge und Krankheiten Selleriefliege, Schnekken; Braunfleckenkrankheit (siehe Seite 76 f.).

Staudensellerie in Gräben anbauen

Mit der Grabegabel reichlich Mist oder Kompost in die Sohle des Grabens einarbeiten, dann den Graben bis 8 cm unter den Rand wieder mit Erde füllen. Eine Grunddüngung einharken, dann wie oben pflanzen, wässern und düngen. Wenn die Pflanzen etwa 40 cm hoch sind, wickelt man Schnur um sie und zieht mit der Blatthacke bis in halbe Höhe der Stengel Erde zusammen. Dies wiederholt man in Abständen von 3 Wochen bis zum letzten Anhäufeln im Spätherbst. Die Pflanzen vom Frühwinter an nach Bedarf ausgraben, bei zunehmender Kälte verbleibende mit Stroh schützen.

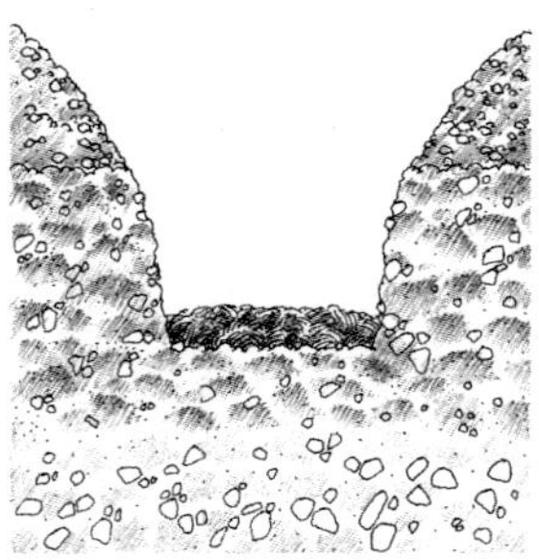

Einen Graben mit 30 cm Tiefe und 40 cm Breite ausheben und mit der Grabegabel Mist einarbeiten.

Auf den Dämmen Salat oder Radieschen ziehen, Sellerie nach dem letzten Frost pflanzen.

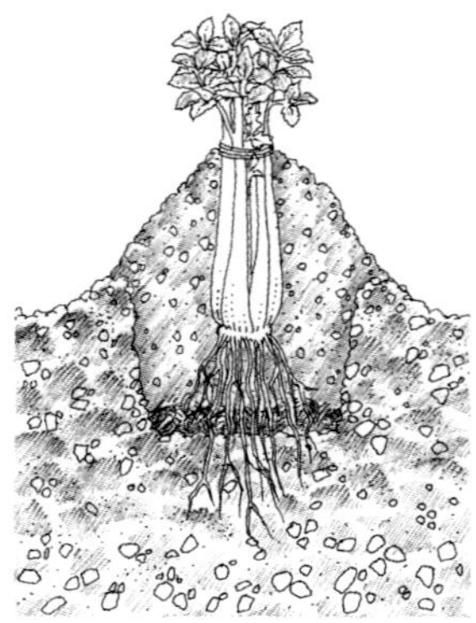

Beim letzten Anhäufeln einen glatten Damm mit schräg abfallenden Seiten anlegen.

AUSDAUERNDE KULTUREN

Manche Gemüsekulturen liefern über mehrere Jahre Ernten und lassen sich daher schwer in einen Fruchtfolgeplan einbeziehen. Für diese ausdauernden Kulturen kann man entweder ein eigenes Beet reservieren oder ihnen einen Platz im Küchengarten zuweisen, der ihren speziellen Bedürfnissen gerecht wird.

Topinambur

Da sich die Knollen dieser Verwandten der Sonnenblume, die bis zu 3 m Höhe erreicht, im Boden am besten halten, lassen viele Gärtner sie mehrere Jahre am gleichen Platz. Leider breiten sie sich ziemlich stark aus, und daher ist es besser, sie einjährig zu behandeln und zur Pflanzzeit alle noch verbliebenen Knollen aus dem Boden zu heben. Die meisten Sorten ähneln sich sehr. Unterschiede bestehen vor allem in der Knollenfärbung. ›Dwarf Sunray‹ ist niedriger und trägt im Spätsommer große, gelbe Blüten. Topinambur ist eine gute Pionierpflanze für schwere, magere oder neue Böden, doch wirklich gute Ernten erzielt man nur in durchlässiger, fruchtbarer Erde.

Sobald sich im Frühjahr der Boden bearbeiten läßt, kleine Knollen 10–15 cm tief mit 30 cm Abstand pflanzen. Stengel bei 30–45 cm Höhe bis in halbe Höhe anhäufeln und mulchen, um die Bodenfeuchtigkeit zu bewahren. Bei Trockenheit reichlich gießen und an exponierten Plätzen hohe Pflanzen mit Pfosten und Drähten stützen. Um eine maximale Ernte zu erzielen, Blütenansätze entfernen und im Hochsommer Stengel auf 1,8 m kürzen. Knollen nach Bedarf ausgraben, dabei stets eine ganze Pflanze roden. In kalten Gegenden können alle Knollen aus dem Boden gehoben und in Kisten mit feuchter Erde oder Sand gelagert werden, sonst bis zum Frühjahr im Boden lassen und dann herausnehmen. Einige der kleineren Knollen zum Neupflanzen aufbewahren.

Da Topinambur und Artischocken anstelle von Stärke das unverdauliche Inulin enthalten, sind sie als Gemüse für Diabetiker besonders gut geeignet.

Artischocken

Dies sind ausdauernde Pflanzen mit tiefgeteilten, silbriggrünen, ausladenden Blättern und bis zu 1,5 m hohen Trieben. Im Sommer tragen sie große, violettblaue, distelähnliche Blüten, die zum Verzehr jedoch bereits im Knospenstadium geerntet werden.

Artischocken können aus im Frühjahr ins Freie gesäten Samen gezogen werden, die Qualität ist hier aber unterschiedlich, und es sollten nur die besten Pflanzen erhalten werden, die man später durch Ableger (Kindel) weitervermehrt. Sämlinge werden im Frühsommer ausgepflanzt und sind im folgenden Jahr, in Ausnahmefällen noch spät im gleichen Jahr, erntereif. Man kann Ableger kaufen oder zu Frühjahrsbeginn von eigenen Pflanzen Kindel nehmen, die man mit einem Handspaten oder Spaten von der Mutterpflanze abtrennt.

Jungpflanzen oder Ableger mit 90 cm Abstand in eine gut mit Mist oder Kompost gedüngte, durchlässige Erde an einen sonnigen, vor kaltem Wind geschützten Platz setzen. Jedes Jahr mulchen, wenn sich die Erde im Frühjahr erwärmt, und bei trockenem Wetter reichlich wässern. In kalten Gegenden Wurzelhälse ruhender Pflanzen im Winter mit Stroh oder trockenem Fallaub schützen. Alle 3–4 Jahre durch Ableger erneuern, die von den besten Pflanzen genommen werden.

Zur Ernte großer Artischocken nur die Mittelknospe sowie 2–3 weitere Knospen am oberen Ende der Stengel stehenlassen. Artischocken werden geerntet, wenn sie dick sind, aber noch feste Blätter haben. Nach Ernte der kleineren Seitenknospen Stengel etwa auf halbe Höhe zurückschneiden.

Artischocken brauchen für ihre großen hübschen Blätter viel Platz. Robustere Sorten haben oft stachelige Knospen oder einen weniger ausgeprägten Geschmack, aromatische Sorten wie ›Grand Camus de Bretagne‹ oder ›Gros Vert de Laon‹ sind jedoch empfindlicher. Eine dicke Mulchschicht liefert in rauheren Lagen einen guten Winterschutz.

Von Frühjahrsmitte an Spargelbeete alle ein bis zwei Tage inspizieren, da die Stangen rasch wachsen und erntereif werden. Statt Grünspargel wird häufiger der weiße Bleichspargel angebaut. Man zieht ihn in Dämmen und erntet ihn, wenn sich in den Dämmen Risse zeigen.

Grünspargel

Die Spargelbeete, die einst ein markantes Element in jedem großen Küchengarten waren, hatten bis zu 1,5 m Breite und wurden leicht erhöht angelegt, um eine gute Drainage zu gewährleisten. Spargel war somit ein Luxusgemüse, denn er konnte nur acht Wochen geerntet werden, nahm aber große Flächen ein und verschlang jedes Jahr riesige Mengen Mist.

Tatsächlich kann diese winterharte Staude in Einzel- oder Doppelreihen auf ebenem Boden gezogen werden oder in Blöcken aus kürzeren Reihen, die in erhöhten Beeten quer angelegt werden. In guten Böden werden Spargelpflanzen 20 Jahre und mehr Erträge bringen. Manche Gärtner ziehen Spargel sogar in Blumenrabatten, da er dekoratives zartes Laub entwickelt, wenn er ab Ende Juni nicht mehr gestochen wird.

Varietäten wie ›Connover's Colossal‹ in Großbritannien und ›Martha Washington‹ oder ›Mary Washington‹ in den USA sind alte kommerziell angebaute Sorten, die heute nach Ansicht vieler Erzeuger durch rein männliche F1-Hybriden übertroffen werden – weibliche Pflanzen sind nicht so ertragreich, und aus ihren Beeren können durch Selbstaussaat minderwertige Pflanzen hervorgehen, die mit den ursprünglichen konkurrieren. Hybriden sind kräftiger und bringen früher Erträge (zwei Jahre nach Pflanzen, drei nach Aussaat), daher sind sie für kleinere Gärten empfehlenswert. Die meisten Sorten können aus Samen gezogen werden, doch sofern es sich nicht um Hybriden handelt, haben sie sehr unterschiedliche Qualität, und es ist eine sorgfältige Auslese erforderlich, wobei nur die kräftigsten Pflanzen erhalten bleiben.

Standort

Spargel braucht einen offenen, sonnigen Platz, der vor kalten Winden und Spätfrösten geschützt ist. Dennoch müssen die Winter kalt genug sein, um eine mehrwöchige Ruheperiode zu erlauben. Spargel kann auf den meisten Böden gezogen werden, sofern sie nicht sauer oder staunaß sind. Vor dem Pflanzen gut umgraben und reichlich Kompost oder Mist einarbeiten. Alle ausdauernden Unkräuter entfernen, da Spargel es nicht mag, wenn der Boden bei seinen Wurzeln tief bearbeitet wird. Neupflanzungen mit möglichst großem Abstand zum alten Platz anlegen, da dort möglicherweise Krankheitserreger und Schädlinge im Boden ruhen.

Kultur

Große Samen zunächst 48 Stunden in Wasser einweichen. Im Spätfrühjahr im Freien 2,5 cm tief mit 8 cm Abstand in ein Saatbeet säen oder Sämlinge auf 8 cm verziehen. Im folgenden Frühjahr die kräftigsten Pflanzen umsetzen. Hybriden, die im Spätwinter in kleine Töpfe gesät und bei 15 °C zum Keimen gebracht wurden, können im Frühsommer ausgepflanzt werden und bringen schon im folgenden Jahr eine kleine Ernte.

Spargel wird gewöhnlich im Frühjahr gepflanzt, wobei man ein Jahr alte Setzlinge verwendet, die man kauft oder selbst zieht (siehe oben). In Töpfen gezogene Pflanzen können einzeln in 10–15 cm tiefe Löcher gepflanzt werden, Setzlinge mit bloßen Wurzeln pflanzt man jedoch meist in einen 10 cm tiefen Graben auf Erde, die in der Mitte zu einem kleinen Hügel aufgehäuft wird. Die Pflanze auf die Mitte des Hügels setzen, die Wurzeln nach allen Seiten ausbreiten und mit etwas krümeliger Erde bedecken. Die Sprosse, während sie wachsen, anhäufeln, bis der Boden wieder eben ist.

Unkraut von Hand jäten oder flach hacken. Gießen, bis die Setzlinge angewachsen sind. Alle wilden Sämlinge und beerentragenden Triebe weiblicher Pflanzen beim Erscheinen entfernen. Wenn sich das Laub im Herbst gelb färbt, schneidet man es fast auf Bodenhöhe zurück. Zu Frühjahrsmitte eine Kopfdüngung mit einem Volldünger durchführen, diese wiederholen, wenn im Sommer nicht mehr gestochen wird.

Zur Ernte schneidet man die Stangen mit 15–20 cm Länge durch einen schrägen Schnitt etwa 5 cm unterhalb der Erdoberfläche ab. Bei kräftigen Hybriden können im ersten Jahr nach dem Pflanzen ein oder zwei Stangen geerntet werden, bei anderen Sorten sollte man noch ein Jahr warten. Im folgenden Jahr kann man über einen Zeitraum von sechs Wochen mehr ernten, nach einem weiteren Jahr bringen die Pflanzen dann den vollen Ertrag. Man erntet acht Wochen bis zur Sonnenwende, danach läßt man die Pflanzen wachsen. Das Laub nicht für Blumensträuße schneiden, da dies die Pflanzen schwächt und den Ertrag im folgenden Jahr vermindert.

Kulturdetails *Höhe:* 1,2–1,5 m. *Pflanzabstand:* 40–45 cm in Einzelreihen oder 90 cm in Doppelreihen; Abstand zwischen Doppelreihen 30 cm. *Erntezeit:* Spätfrühjahr bis Sonnenwende. *Durchschnittlicher Ertrag:* 10–20 Stangen oder mehr pro Pflanze.
Empfehlenswerte Sorten alte Typen: ›Martha Washington‹, ›Schneewittchen‹, ›Spaganiva‹; F1-Hybriden: ›Cito‹, ›Franklim‹, ›Geijnlim‹, ›Lukullus‹.
Schädlinge und Krankheiten Spargelhähnchen, Schnecken; Wurzelfäule (siehe Seite 76 f.).

RECHTS Seit jeher werden zum Treiben von Rhabarber Tontöpfe verwendet. Wenn die Stiele das Ende des Topfes erreichen, nimmt man, wie hier, den Deckel ab, damit sie weiterwachsen können. Nach Ernte der gebleichten Stiele entfernt man den Topf und läßt die Pflanzen für die restliche Wachstumsperiode ruhen.

Rhabarber

Mitunter vegetiert Rhabarber in einer vernachlässigten Ecke des Gartens dahin, doch er verdient eine bessere Behandlung. Obwohl es sich bei ihm eigentlich um ein Stengelgemüse handelt, wird er im Garten gewöhnlich als erste Obstpflanze der Saison gezogen, und seine zarten rosa oder roten Blattstiele können bei Freilandpflanzen Anfang des Frühjahrs geerntet werden, bei im Freien getriebenen Pflanzen einige Wochen früher und bei Pflanzen, die im Warmen unter Glas getrieben wurden, noch zeitiger. Im Hochsommer enthalten die Blattstiele sehr viel Oxalsäure und sollten nicht mehr geerntet werden.

Seine farbigen Stiele und imposanten Blätter machen den Rhabarber ungewöhnlich dekorativ. Ältere Pflanzen können einen Durchmesser von 1,8 m erreichen. Manche Gärtner verwenden Rhabarber wie eine Zierpflanze und setzen ihn neben Teiche, in denen sich sein hübsches Laub und seine stattlichen, 2,5 m hohen cremeweißen Blütenstände, die sich im Sommer entwickeln, spiegeln. Sofern die Blüten abgeschnitten werden, bevor sich Samen entwickeln, scheinen die Pflanzen nicht zu leiden, doch meinen einige Fachleute, durch die Blüte entstünde in nassen Jahren ein erhöhtes Risiko, daß die hohlen Stengelbasen faulen.

Moderne Sorten, die speziell für die kommerzielle Treiberei gezüchtet wurden, sind auch für eine frühe Ernte im Garten verwendbar. Zudem gibt es zahlreiche alte Sorten mit hervorragenden Eigenschaften. Gegen ihre Verwendung spricht nur, daß manche schwer unter Viruserkrankungen leiden. Deshalb sollte man stets nur Pflanzen kaufen, deren Virusfreiheit garantiert wird.

Standort

Rhabarber wächst auf den meisten Böden, sofern sie durchlässig sind und vor dem Pflanzen reichliche Mengen Kompost oder Mist untergegraben wurden. Der Platz muß offen und im Frühjahr warm sein, damit die Pflanzen früh treiben, im Sommer jedoch kühl, da sie hohe Temperaturen nicht mögen.

Kultur

Rhabarber kann aus Samen gezogen und im Frühjahr 2,5 cm tief in ein Saatbeet gesät werden. Sämlinge auf 15 cm Abstand verziehen und im Herbst oder im folgenden Frühjahr mit dem endgültigen Abstand auspflanzen. Sämlinge haben eine sehr unterschiedliche Qualität, und es sollten daher nur die

kräftigsten für die Ernte und eventuelle Vermehrung erhalten bleiben.

Statt durch Aussaat wird Rhabarber besser durch Teilung vermehrt. Dazu gräbt man kräftige Pflanzen während der Ruheperiode im Herbst oder Frühjahr aus und sticht dann mit einem Spaten vom Wurzelstock senkrecht einige äußere Stücke ab, von denen jedes ein oder zwei große Knospen aufweisen sollte. Die Mutterpflanze kann wieder eingepflanzt werden. Falls nach einigen Jahren die Kraft des alten Wurzelstocks nachläßt und die Blattstiele dünn werden, kann die Pflanze erneut geteilt werden.

Sämlinge, abgeteilte Wurzelstöcke oder gekaufte Pflanzen während der Ruhezeit pflanzen, auf leichten Böden im Herbst, sonst im Frühjahr. Die Knospen müssen in Bodenhöhe und direkt darüber sitzen. Bei Trockenheit großzügig gießen und die Pflanzen jeden Herbst mit verrottetem Mist mulchen.

Freilandkulturen ernten, sobald die Stiele lang genug sind, in den ersten beiden Jahren nach dem Pflanzen nur wenige, dann nach Belieben, bis sie im Sommer zu sauer werden. Frühe Kulturen können getrieben werden, indem man kräftige Pflanzen im Winter mit Holzkisten oder Treibtöpfen abdeckt, um die man eine Schicht Stroh, Heu oder Mist packt. Ab Frühjahrsbeginn prüfen, ob die Kulturen geerntet werden können.

Kulturdetails *Höhe:* 60–75 cm. *Pflanzabstand:* 75 × 90 cm. *Erntezeit:* Frühjahrsbeginn bis Sommer (getrieben zwei Wochen früher). *Durchschnittlicher Ertrag:* 2–2,5 kg pro Pflanze, getrieben erheblich weniger.
Empfehlenswerte Sorten ›Holsteiner Blut‹, ›Vierländer‹, ›The Sutton‹; zum Treiben: ›Reed's Early Superb‹, ›Timberley Early‹.
Schädlinge und Krankheiten Wurzelhalsfäule, Hallimasch, Viruserkrankungen (siehe Seite 77).

Rhabarber

RECHTS Seit jeher werden zum Treiben von Rhabarber Tontöpfe verwendet. Wenn die Stiele das Ende des Topfes erreichen, nimmt man, wie hier, den Deckel ab, damit sie weiterwachsen können. Nach Ernte der gebleichten Stiele entfernt man den Topf und läßt die Pflanzen für die restliche Wachstumsperiode ruhen.

Mitunter vegetiert Rhabarber in einer vernachlässigten Ecke des Gartens dahin, doch er verdient eine bessere Behandlung. Obwohl es sich bei ihm eigentlich um ein Stengelgemüse handelt, wird er im Garten gewöhnlich als erste Obstpflanze der Saison gezogen, und seine zarten rosa oder roten Blattstiele können bei Freilandpflanzen Anfang des Frühjahrs geerntet werden, bei im Freien getriebenen Pflanzen einige Wochen früher und bei Pflanzen, die im Warmen unter Glas getrieben wurden, noch zeitiger. Im Hochsommer enthalten die Blattstiele sehr viel Oxalsäure und sollten nicht mehr geerntet werden.

Seine farbigen Stiele und imposanten Blätter machen den Rhabarber ungewöhnlich dekorativ. Ältere Pflanzen können einen Durchmesser von 1,8 m erreichen. Manche Gärtner verwenden Rhabarber wie eine Zierpflanze und setzen ihn neben Teiche, in denen sich sein hübsches Laub und seine stattlichen, 2,5 m hohen cremeweißen Blütenstände, die sich im Sommer entwickeln, spiegeln. Sofern die Blüten abgeschnitten werden, bevor sich Samen entwickeln, scheinen die Pflanzen nicht zu leiden, doch meinen einige Fachleute, durch die Blüte entstünde in nassen Jahren ein erhöhtes Risiko, daß die hohlen Stengelbasen faulen.

Moderne Sorten, die speziell für die kommerzielle Treiberei gezüchtet wurden, sind auch für eine frühe Ernte im Garten verwendbar. Zudem gibt es zahlreiche alte Sorten mit hervorragenden Eigenschaften. Gegen ihre Verwendung spricht nur, daß manche schwer unter Viruserkrankungen leiden. Deshalb sollte man stets nur Pflanzen kaufen, deren Virusfreiheit garantiert wird.

Standort

Rhabarber wächst auf den meisten Böden, sofern sie durchlässig sind und vor dem Pflanzen reichliche Mengen Kompost oder Mist untergegraben wurden. Der Platz muß offen und im Frühjahr warm sein, damit die Pflanzen früh treiben, im Sommer jedoch kühl, da sie hohe Temperaturen nicht mögen.

Kultur

Rhabarber kann aus Samen gezogen und im Frühjahr 2,5 cm tief in ein Saatbeet gesät werden. Sämlinge auf 15 cm Abstand verziehen und im Herbst oder im folgenden Frühjahr mit dem endgültigen Abstand auspflanzen. Sämlinge haben eine sehr unterschiedliche Qualität, und es sollten daher nur die kräftigsten für die Ernte und eventuelle Vermehrung erhalten bleiben.

Statt durch Aussaat wird Rhabarber besser durch Teilung vermehrt. Dazu gräbt man kräftige Pflanzen während der Ruheperiode im Herbst oder Frühjahr aus und sticht dann mit einem Spaten vom Wurzelstock senkrecht einige äußere Stücke ab, von denen jedes ein oder zwei große Knospen aufweisen sollte. Die Mutterpflanze kann wieder eingepflanzt werden. Falls nach einigen Jahren die Kraft des alten Wurzelstocks nachläßt und die Blattstiele dünn werden, kann die Pflanze erneut geteilt werden.

Sämlinge, abgeteilte Wurzelstöcke oder gekaufte Pflanzen während der Ruhezeit pflanzen, auf leichten Böden im Herbst, sonst im Frühjahr. Die Knospen müssen in Bodenhöhe und direkt darüber sitzen. Bei Trockenheit großzügig gießen und die Pflanzen jeden Herbst mit verrottetem Mist mulchen.

Freilandkulturen ernten, sobald die Stiele lang genug sind, in den ersten beiden Jahren nach dem Pflanzen nur wenige, dann nach Belieben, bis sie im Sommer zu sauer werden. Frühe Kulturen können getrieben werden, indem man kräftige Pflanzen im Winter mit Holzkisten oder Treibtöpfen abdeckt, um die man eine Schicht Stroh, Heu oder Mist packt. Ab Frühjahrsbeginn prüfen, ob die Kulturen geerntet werden können.

Kulturdetails *Höhe:* 60–75 cm. *Pflanzabstand:* 75 × 90 cm. *Erntezeit:* Frühjahrsbeginn bis Sommer (getrieben zwei Wochen früher). *Durchschnittlicher Ertrag:* 2–2,5 kg pro Pflanze, getrieben erheblich weniger.
Empfehlenswerte Sorten ›Holsteiner Blut‹, ›Vierländer‹, ›The Sutton‹; zum Treiben: ›Reed's Early Superb‹, ›Timberley Early‹.
Schädlinge und Krankheiten Wurzelhalsfäule, Hallimasch, Viruserkrankungen (siehe Seite 77).

Schädlinge und Symptome	Häufig befallene Gemüse	Vorbeugung	Bekämpfung
Blattläuse Kolonien kleiner Insekten, grün oder rosa, geflügelt oder flügellos; erzeugen an Blättern und Trieben Deformationen, übertragen Viruserkrankungen	Die meisten Gemüse, Anfälligkeit unterschiedlich	Frühzeitig mit Wasser abspritzen; wenn möglich, Kulturen unter Vlies ziehen, Förderung natürlicher Feinde, z. B. durch Blumen, die Schweb- und Florfliegen anlocken	Bei starkem Befall mit Derris, Kaliseifen oder Pyrethrum spritzen
Bohnenblattlaus Kolonien kleiner, schwarzer Insekten, im Sommer an Trieben, Blättern und Hülsen sitzend	Dicke Bohnen, Gartenbohnen, Feuerbohnen	Siehe Blattläuse, bei Dicken Bohnen nach Fruchtansatz Triebspitzen ausknipsen	Siehe Blattläuse
Bohnenfliege Winzige, weiße Larven an Samen oder schwachen Sämlingen, vor allem in nassen, kalten Böden	Garten- und Feuerbohnen	Zur raschen Keimung in warmen Boden säen, Saat bis zum Keimen abdecken oder unter Glas säen	Bei Beachtung der Kulturhinweise nicht erforderlich
Drahtwürmer Gelbglänzende Larven; fressen Pflanzen in Bodennähe ab, bohren Gänge in unterirdische Pflanzenteile	Kartoffeln, andere Wurzelgemüse, Salat	Anfällige Kulturen für 2–3 Jahre nicht auf Böden mit frisch untergearbeiteter Grasnarbe anbauen	Bei Beachtung der Kulturhinweise nicht erforderlich
Erbsenwickler Kleine, weiße Raupen, die im Hochsommer in den Hülsen sitzen	Erbsen	Früher oder später Aussaattermin außerhalb der Flugzeit der Falter im Mai/Juni	Bei Vorbeugung nicht erforderlich
Erdflöhe Winzige, gelbe oder schwarze Käfer; fressen kleine Löcher in Sämlinge	Alle Kohlarten	Zu Frühjahrsbeginn oder im Sommer säen, gut wässern und hacken; Vliesabdeckung	Bei sehr starkem Befall mit Pyrethrumpräparaten spritzen
Erdraupen Große, dicke, graugrüne Raupen im Boden; fressen Pflanzen in Bodenhöhe ab, bohren Gänge in Knollen	Die meisten Gemüsearten	Wenn möglich, zur Flugzeit der Falter im April/Mai Kulturen mit Netzen abdecken, stark riechende Kräuter wie Salbei pflanzen	Bei starkem Befall mit *Bacillus thuringiensis* spritzen
Fritfliege Winzige, weiße Larven an Sämlingen	Mais	In Töpfen oder unter feinmaschigen Netzen ziehen, bis Pflanzen 4–6 Blätter haben	Keine
Kartoffelkäfer Schwarz-gelb gestreifte Käfer; Käfer und Larven fressen an Blättern	Kartoffeln, selten an Tomaten	Pflanzen mit Schutznetzen bedecken, Feinde (Kröten, Laufkäfer) nicht dezimieren	Befallene Pflanzen absammeln
Kohlblattlaus Mehlig-wachsartige, graue Läuse; im Sommer an Laub und Trieben, Blätter rollen sich, werden gelb	Alle Kohlarten	Befallene Blätter entfernen, alte Kohlstrünke ausgraben und beseitigen, Nützlinge fördern	Siehe Blattläuse
Kohlfliege Kleine, weiße Larven an Wurzeln von Sämlingen und Jungpflanzen	Alle Kohlarten	Beim Pflanzen Flugzeit der Fliegen (Ende April/Anfang Mai) meiden, Kulturen mit Schutznetzen abdecken	Keine
Kohlmotte	Alle Kohlarten	Siehe Erdraupen	
Mäuse	Erbsen-, Bohnen-, Maissaaten	Manche Gärtner decken die Saatbeete mit Stechpalmenblättern ab, andere pflanzen Knoblauch	Vor Kindern, Haustieren und Vögeln sichere Fallen stellen
Möhrenfliege Schlanke, weiße Larven an und in den Wurzeln	Möhren, Pastinak	Möhren mit weitem Stand ziehen; zu Beginn des Frühjahrs oder im Sommer säen; Mischkultur mit Zwiebeln; Schutznetze	Keine
Nematoden (Älchen) Winzige, bleiche Würmer, in Zwiebelpflanzen oder in runden, gelbweißen Zysten an Kartoffelwurzeln; deformierte, faulende Zwiebeln und Porree, absterbende Kartoffeln und Tomaten	Eine Art befällt Zwiebeln, eine andere Kartoffeln und Tomaten	Fruchtwechsel durchführen, beim Auftreten 4–6 Jahre keine anfälligen Kulturen auf dem verseuchten Boden anlegen	Befallene Pflanzen beseitigen, Bekämpfung nicht möglich
Raupen Larven verschiedener Falter an Blättern	Vor allem Kohl	Pflanzen auf Befall untersuchen, Eier und Raupen absammeln	Bei sehr starkem Befall mit *Bacillus thuringiensis* spritzen
Schnakenlarven Große, harte, graubraune Larven im Boden; fressen Triebe in Bodenhöhe ab	Vor allem junger Salat	Siehe Drahtwürmer	
Schnecken Weichtiere mit oder ohne Schale, die Schleimspuren hinterlassen; fressen an allen Pflanzenteilen	Alle Gemüse, vor allem Jungpflanzen	Schneckenzäune um Kulturen legen, die von den Tieren nicht überklettert werden können; Branntkalk streuen; mit Lockpflanzen (Salbei, Tagetes) von Gemüse fernhalten	Handelsübliche ›Bierfallen‹ aufstellen, täglich neu mit Bier befüllen; gefangene Tiere mit kochendem Wasser überbrühen oder weit genug entfernt aussetzen
Selleriefliege Kleine, weiße Larven, die Gänge in Blätter bohren	Sellerie, Pastinak	Befallene Blätter entfernen, deformierte Pflanzen wegwerfen	Nicht erforderlich
Spargelhähnchen Kleine, graue Larven an Blättern, später gelb-schwarz-rote Käfer	Spargel	Keine	Käfer, Larven und Eipakete absammeln
Spinnmilben Winzige Milben, die feinste Gespinste spinnen; befallene Blätter verfärben sich gelb, häufig bei Trockenheit	Vor allem Bohnen, Gurken und Kürbisse	Ausreichende Wasserversorgung, Laub bei Trockenheit mit Wasser bespritzen	Mehrmaliges Spritzen mit Pyrethrum im Abstand von wenigen Tagen, Resistenz gegen Insektizide jedoch häufig
Thripse Schwarze oder gelbe, winzige Insekten, im Sommer an Blättern und Früchten	Mit Vorliebe Erbsen, Bohnen, Gurken, Tomaten, Zwiebeln, Kohl	Förderung natürlicher Feinde, z. B. durch Blumen, die Schweb- und Florfliegen anlocken, Fruchtwechsel einhalten	Bei starkem Befall mit Kaliseife oder Pyrethrum spritzen
Vögel Mehrere Arten fressen an Samen und wachsenden Pflanzen	Erbsen, Bohnen, Rote Bete, Kohl, Salat, Mais, Tomaten	Pflanzen mit Netzen, Maschendraht oder schwarzem Baumwollzwirn schützen	Keine
Weiße Fliege Kleine, weiße, schlanke, geflügelte Insekten auf Blattunterseiten; gelbliche kleine Flecken im Blatt	Blattkohlarten, Tomaten	Befallene Pflanzen oder -teile entfernen; unter Glas: gelbe Leimtafeln aufhängen	Bei starkem Befall mit Kaliseife oder Pyrethrumpräparaten spritzen
Zwiebelfliege Kleine, weiße Larven an Wurzeln und Zwiebelbasis	Speisezwiebeln, Porree, Schalotten	Befallene Pflanzen vernichten; Boden nach Verziehen andrücken; Aussaat mit Vlies abdecken; Mischkultur mit Möhren	Keine

Krankheiten und Symptome	Häufig befallene Gemüse	Vorbeugung	Bekämpfung
Braunfleckenkrankheit Braune, oft eingesunkene Flecken auf Blättern, Trieben und Früchten	Erbsen, Rote Bete, Staudensellerie	Gebeiztes Saatgut verwenden, nicht zu dicht pflanzen; Fruchtwechsel vornehmen	Befallene Pflanzenteile entfernen
Brennfleckenkrankheit In kühlen, nassen Sommern braune Flecken an Trieben und Hülsen	Garten- und Feuerbohnen	Keine Samen mit verfärbten Stellen verwenden; widerstandsfähige Sorten pflanzen; bei Befall 3 Jahre keine Bohnen anbauen	Befallene Pflanzen entfernen
Echter Mehltau Weißer, pulveriger Belag, meist auf der Blattoberseite; Blätter vertrocknen und fallen ab	Gurken, Erbsen, Kürbisse	Luftiger Stand; resistente Sorten wählen; zu starke Düngung mit Stickstoff vermeiden	Befallene Pflanzenteile entfernen; bei sehr starkem Befall mit Schwefel, Lecithin oder einem für die jeweilige Kultur geeigneten Fungizid spritzen
Falscher Mehltau In nassen Jahren blaßgelbe Flecken auf Blättern, meist weißer Belag auf der Unterseite	Kohl, Salat, Zwiebeln, Erbsen, Spinat	Nicht zu dicht pflanzen; resistente Sorten wählen; Fruchtwechsel einhalten	Befallene Pflanzenteile entfernen
Fettfleckenkrankheit Junge Blätter mit Flecken, umgeben von hellen Höfen, später dunkel werdend und absterbend	Garten- und Feuerbohnen	Keine Samen von befallenen Kulturen zum Anbau verwenden	Befallene Pflanzen vernichten
Fusarium-Welke Schwarze Flecken auf Blättern und Trieben, mitunter mit rosa-weißem Belag, schwarze, absterbende Wurzeln	Bohnen, Salat, Erbsen	Resistente Sorten verwenden; Fruchtwechsel einhalten	Befallene Pflanzen vernichten
Fuß- und Wurzelfäule Pilzinfektionen, die Verfärbungen der Stengelbasis und schwarze, faulende Wurzeln verursachen	Spargel, Bohnen, Erbsen, Gurken, Tomaten	Auf gute Drainage achten; Fruchtwechsel einhalten; auf verseuchten Böden 10 Jahre lang keinen Spargel anbauen	Befallene Pflanzen vernichten
Grauschimmel (Botrytis) Braune Stellen an Blättern und Stengeln, Pflanze knickt in Bodenhöhe um, an befallenen Stellen grauer Schimmel	Vor allem Salate, außer Feldsalat	Nicht zu dicht pflanzen; Wurzelhals beim Pflanzen freilassen, nicht in kalte, nasse Böden pflanzen; Fruchtwechsel vornehmen	Befallene Pflanzen (auf stecknadelkopfgroße, braune Stellen am Wurzelhals achten) vernichten
Hallimasch Braune, abgestorbene Stellen mit weißen Streifen am Wurzelhals; um befallene Pflanzen erscheinen Ringe honiggelber Fruchtkörper des Pilzes	Rhabarber	Nicht in der Nähe verrottender Baumstümpfe oder befallener Bäume pflanzen	Befallene Pflanzen vollständig ausgraben und vernichten
Kartoffelschorf Rauhe Verkrustungen an Knollen	Kartoffeln	Nicht auf frisch gekalkten oder alkalischen Böden anbauen; bei Trockenheit wässern, auf trockenen Böden Sorten ziehen, die Trockenheit vertragen	Keine
Kohlhernie Verdickte, deformierte Wurzeln, verfärbte Blätter, Welke bei großer Wärme	Alle Kohlarten, Radieschen, Rettich	Auf alkalische Bodenreaktion achten, wenn nötig aufkalken; auf gute Drainage achten; Fruchtwechsel einhalten; keinen Senf als Gründünger auf Kohlbeeten verwenden	Befallene Pflanzen vernichten; auf verseuchten Böden 7 Jahre lang keine Kohlsorten anbauen
Kraut- und Knollenfäule Im Spätsommer braune Flecken auf Blättern, die sich ausbreiten, Blätter sterben ab; bei Tomaten auch braun werdende Früchte	Kartoffeln, Tomaten	In Kartoffelanbaugebieten nur frühe Sorten pflanzen; krankes Laub entfernen; keine infizierten Knollen einlagern; Fruchtwechsel einhalten; Tomaten nicht neben Kartoffeln anbauen	Keine
Krebs Risse und verfärbte, faulende Stellen oben an den Wurzeln	Pastinak	Resistente Sorten verwenden; Fruchtwechsel einhalten; Wurzeln beim Hacken nicht verletzen	Keine
Mehlkrankheit Weißer Schimmel an Triebbasis und Wurzeln, gelbe Blätter	Zwiebeln, Porree	Fruchtwechsel vornehmen; in heißen, trockenen Sommern wässern; auf verseuchten Böden 8 Jahre keine Zwiebeln anbauen	Befallene Pflanzen vollständig ausgraben und vernichten
Rostpilze Orangefarbene Flecken auf Blättern	Porree, selten Schnittlauch und andere Zwiebelgewächse	Fruchtwechsel vornehmen; für gute Drainage sorgen, nicht mit Stickstoff überdüngen	Befallene Blätter entfernen, bei schwerem Befall ganze Pflanze ausgraben und beseitigen
Schokoladenfleckenkrankheit Braune Flecken und Streifen auf Blättern und Stengeln, vor allem auf nassen Böden	Dicke Bohnen	Sauren Boden kalken, für gute Drainage sorgen, erkrankte Pflanzen nach der Ernte vernichten	Keine
Stengelgrundfäule Schmutziggelbe, eingesunkene Stellen an der Stengelbasis	Tomaten	Fruchtwechsel vornehmen	Befallene Pflanzen herausziehen und vernichten
Viruserkrankungen Vielfältige Symptome, oft Kümmerwuchs, Mißbildungen, Vergilbungen und gelbe Flecken auf den Blättern, Mindererträge; Übertragung durch Schadinsekten sowie durch infiziertes Vermehrungsmaterial und Gartengerät	Alle Pflanzen	Nur Pflanzen aus virusfreier, zertifizierter Vermehrung kaufen, resistente oder weniger anfällige Sorten pflanzen, nur gesunde Pflanzen selbst vermehren, auf Schadinsekten achten und wenn nötig bekämpfen	Bekämpfung nicht möglich, erkrankte Pflanzen ausgraben und vernichten, alle benutzten Gartengeräte sehr sorgfältig desinfizieren
Wurzelhalsfäule Weiches, braunes Gewebe an Knospen und Wurzelhals, dünne Stiele, unangenehmer Geruch	Rhabarber	Nicht zu tief pflanzen und nicht in Böden, in denen zuvor Pflanzen erkrankt sind	Pflanzen ausgraben und vernichten

Hinweis: Bei unklaren Schadbildern und bevor Sie Pflanzenschutzmittel anwenden, sollten Sie sich von Fachleuten, etwa bei den amtlichen Pflanzenschutzdiensten der Bundesländer, beraten lassen (siehe auch S. 32 f.).

Obst im Küchengarten

Obst sollte in keinem Küchengarten fehlen. Seine relativ unkomplizierte Pflege wird reich belohnt, wenn man den ersten knackigen Apfel erntet, einen Korb voller sonnengereifter Erdbeeren pflückt oder Pfirsiche nascht, so reif, daß dabei der Saft über das Kinn rinnt. Obstgehölze bilden einen dauerhaften Bestandteil des Gartens: Einige feiern den Frühling mit atemberaubender Blütenpracht, doch auch noch mitten im tiefsten Winter, ohne Laub und scheinbar leblos, verheißen sie uns die Gewißheit auf neues Wachstum und Leben.

Wenn man Obstgehölze an Zäunen und Mauern erzieht, kann man dadurch die Anbaufläche im Küchengarten vergrößern. Für diese Art der Kultur sind viele Obstarten geeignet, und sie sehen das ganze Jahr hindurch dekorativ aus. Ein Baum wie diese als Fächer erzogene Schattenmorelle versinkt im Frühjahr unter einem Blütenmeer und trägt im Spätsommer üppig Früchte. Und selbst mitten im Winter schmückt der Baum mit seinen symmetrisch angeordneten Ästen noch gleichermaßen sonnige wie schattige Mauern.

Der richtige Standort

Während man Gemüse, die nicht gedeihen, ohne ernste Verluste noch einmal säen oder an eine andere Stelle setzen kann, brauchen Obstgehölze feste Plätze, die ihren besonderen Bedürfnissen gerecht werden. Möglicherweise vergehen mehrere Jahre, bis schlechte Gesundheit oder niedrige Erträge erkennen lassen, daß der Standort falsch gewählt wurde, und daher ist es wichtig, die verschiedenen, das Wachstum beeinflussenden Faktoren von Beginn an zu berücksichtigen.

Das regionale Klima hat Einfluß darauf, welches Obst im Garten vermutlich gedeiht, aber auch auf die Wahl der Sorten, die oft unterschiedlich gut geeignet sind. So bevorzugen etwa Stachelbeeren kühle, feuchte Lagen und relativ leichte Böden, während Brombeeren nahrhafte schwere Böden mögen und zur Blütezeit Schutz vor Kälte brauchen. Birnen blühen früher als Äpfel und sind daher stärker durch Frühjahrsfröste gefährdet. Einige Apfelsorten gedeihen selbst in kalten, exponierten Gärten mit kurzen Wachstumsperioden, während andere ein mildes Klima oder einen langen warmen Herbst benötigen, damit ihre Früchte reifen.

Frosthärte und Frostschutz

Die Frosthärte ist ein wichtiger Faktor, nicht nur im Hinblick auf die Überlebenschancen der Pflanzen im Winter, denn Obstgewächse müssen auch blühen und Früchte ansetzen können, ohne durch Frost Schaden zu nehmen.

Frostlöcher sind für Obstgewächse generell ungeeignet. Obstgewächse aus warmen Klimaten wie etwa Renekloden, Pfirsiche und viele Birnen brauchen besondere Aufmerksamkeit, wenn sie in kühlen Gärten gedeihen sollen. Sie können an einer warmen geschützten Wand erzogen werden oder in Kübeln und Rabatten unter Glas wachsen, wenngleich es auch die eine oder andere robuste Sorte gibt, die unter nicht ganz idealen Bedingungen noch gut gedeiht. Oft sind dies Sorten, die spät blühen und früh zur Reife kommen, was sie zur besten Wahl für Gärten macht, in denen die frostfreie Wachstumsperiode nur kurz ist.

Ein warmer sonniger Platz ist für Qualität und Aroma sehr förderlich, aber zu viel Wärme kann sich auch nachteilig auswirken, insbesondere bei Äpfeln, Birnen und Pflaumen sowie zahlreichen Beerenfrüchten. Sie benötigen im Winter eine bestimmte Ruhephase, und wenn Frost oder eine längere Kälteperiode fehlen, hat dies in allzu milden Lagen schlechtes Wachstum und geringe Erträge zur Folge, insbesondere dann, wenn noch Trockenheit hinzukommt.

Regen und Wind

Die meisten Obstgewächse brauchen einen gutdrainierten, aber frischen Boden. Die Gesundheit der Pflanzen hängt nämlich davon ab, daß sie zur richtigen Zeit die richtige Menge Wasser erhalten. Eine gute Vorbereitung vor dem Pflanzen (siehe Seite 84 f.) kann Probleme wie unzureichende Drainage oder Humusmangel in trockenen Böden beheben; Bewässerung und Mulchen helfen, die Auswirkungen von Trockenheit zu lindern. Tatsächlich bevorzugen die meisten Obstgewächse ein trockenes Klima, sofern sie in bestimmten entscheidenden Stadien genügend Wasser bekommen. Anhaltende Nässe fördert Krankheiten und Wachstumsstörungen, die schlecht zu verhindern oder zu beseitigen sind. In Gebieten mit viel Regen sollte man deshalb stets Sorten ziehen, die dort bereits mit Erfolg gedeihen, oder weniger anfällige Typen wählen – etwa statt lagerfähiger Tafeläpfel eine Kochapfelsorte.

Obstgewächse sollten vor starkem Wind geschützt werden, da Insekten sie sonst nicht gut bestäuben können und zudem fruchttragende Zweige leicht Schaden nehmen. In exponierten Lagen kann man für einen Windschutz sorgen (siehe Seite 14), dabei muß man aber darauf achten, daß durch Hecken und andere Schutzvorrichtungen kein Kaltluftstau entsteht. Oft bilden robuste Obstgewächse selbst einen wirksamen Windschutz für empfindlichere Kulturen, und so kann eine große Fläche mit Obst etwa durch einen Pflaumenbaum oder eine Brombeerhecke geschützt werden.

Himmelsrichtung

Für einige Obstgewächse ist reichlich Sonne wichtiger als für andere, und dieser Umstand hilft, für jedes den besten Platz zu finden (siehe Seite 15). Pflanzen aus warmen Gegenden und Tafelobst, insbesondere spätreifende und lagerfähige Sorten, brauchen am meisten Sonne und Wärme, frühe Sorten und die Mehrzahl der Beerenfrüchte können dagegen einen Teil des Tages im Schatten stehen. An Plätzen, die sehr schattig sind, vor allem unter überhängenden Bäumen, oder die im Durchschnitt weniger als einen halben Tag volle Sonne erhalten, gedeihen jedoch Obstgehölze kaum.

Obstgehölze, die als einfache Formbäume erzogen werden, können Teile des Gartens begrenzen, betonen oder verschönern, ohne Anbauflächen wegzunehmen. Diese niedrigen Apfelspaliere, die waagrecht an einem einzelnen Spanndraht erzogen wurden und die niedrige Buchshecke harmonisch ergänzen, sind eine rechte Zierde, vor allem während ihrer Blüte im Frühjahr und der Erntezeit im Herbst.

Ausnutzung des Platzes

Obstgehölze wachsen bereitwillig an verschiedenen Plätzen im Garten, sofern man ihren Ansprüchen Rechnung trägt. Wo genügend Platz vorhanden ist, besteht die beste Lösung wohl darin, alle Pflanzen zusammenzusetzen, um sie leichter pflegen und schützen zu können. Höhere Bäume werden so gepflanzt, daß sie möglichst wenig Schatten auf angrenzende Kulturen werfen, und wo es viele Vögel gibt, kann man Beerensträucher eventuell in ein Gehege aus Drahtgeflecht setzen. Überall müssen die empfohlenen Pflanzabstände eingehalten werden, doch kann man die dazwischenliegenden Flächen während der ersten Jahre für die Kultur einiger Gemüse nutzen.

Wo der Platz begrenzt ist, können Obstgewächse zwischen anderen Pflanzen wachsen. Erdbeeren können im Küchengarten im Wechsel mit Gemüsen oder als Einfassung von Beeten und Rabatten gezogen werden. Obstgehölze mit schwachwüchsigen Unterlagen sehen in Blumenbeeten und Strauchrabatten hübsch aus, vor allem, wenn sie in dekorativen Formen erzogen werden, es muß jedoch sichergestellt sein, daß sie gepflegt, geschützt und nötigenfalls auch gespritzt werden können, ohne daß benachbarte Blütenpflanzen Schaden nehmen. Größere Obstbäume können als Solitäre in Rabatten oder Rasen gesetzt oder als Schutz oder Trennelemente zwischen verschiedenen Gartenbereichen verwendet werden. Einfache Apfelspaliere, die mit 40–45 cm Höhe wie ein waagrechter Kordon erzogen werden, eignen sich ideal als Einfassungen für Rabatten und Wege (siehe auch Seite 91).

Stützen und Schutz

Verschiedene Erziehungsmethoden, manchmal in Kombination mit einer geeigneten schwachwüchsigen Unterlage, können bei vielen Obstgehölzen eingesetzt werden, um deren Größe so zu beschränken, daß sie auch auf begrenztem Raum gezogen werden können. An Mauern und Zäunen finden Formbäume und Beerenobst wie Stachelbeeren und Rote Johannisbeeren Halt und Schutz. Abhängig von der Höhe der Mauer kann man Obstgehölze als große dekorative Fächer und Spaliere erziehen oder aber als Kordons, die weit weniger Platz benötigen. Hausmauern können Obstbäumen Halt geben, die um Fenster und Türen erzogen werden.

Wählen Sie Obsttypen, die für die Himmelslage der Mauer geeignet sind. Man kann Pflanzen derselben Obstart so setzen, daß sie nacheinander reifen, je nachdem wieviel Wärme und Sonne sie erhalten. Oder man reserviert die wärmsten Mauern für Pfirsiche und Renekloden und pflanzt Äpfel, Birnen, Pflaumen, Kirschen und Johannisbeeren an kühlere Plätze, wobei man die schattigsten Mauern Stachelbeeren, Brombeeren und Sauerkirschen vorbehält. Vor dem Pflanzen prüft man den Zustand der Mauern und bringt stabile Stützen an: Holzspaliere sind ausreichend, um Beerenfrüchten genügend Halt zu geben, nicht aber den kräftigeren Zweigen größerer Obstbäume. Sie müssen an waagrechte Spalierdrähte gebunden werden, die mit Haken an der Wand befestigt wurden.

Freistehende Konstruktionen wie Bögen und Pergolen eignen sich ideal als Stützen für Formbäume, doch sie müssen stabil genug sein, um auch schwere Äste zu halten. Eine Reihe von Bögen läßt einen fruchtbehangenen Laubengang entstehen, der dekorativ aussieht und gleichzeitig den Obstanbau auf kleiner Fläche ermöglicht. Ein weiterer Vorteil aller Formbäume ist, daß bei ihnen der Schnitt (siehe Obstgehölze schneiden, Seite 88 f., sowie Obstgehölze erziehen, Seite 90 f., und Einzelbeschreibungen) und die anderen erforderlichen Pflegearbeiten leicht durchgeführt werden können.

Obsttypen

OBSTGEHÖLZE IN KÜBELN ZIEHEN

Alle Obstarten in diesem Buch können in großen Töpfen oder Kübeln gezogen werden, wobei man kompakte Sorten oder Bäume auf schwachwüchsigen Unterlagen verwendet. Sie brauchen ein Lehmsubstrat, eine gute Drainage und müssen regelmäßig gewässert und gedüngt werden. Im Herbst jedes Jahres topft man sie um und setzt sie dabei nach und nach in größere Töpfe, bis ein Topfdurchmesser von 40–50 cm erreicht ist. Zu dicht stehende Früchte werden ausgedünnt.

Obstgewächse kann man nach ihrem Wuchs einteilen, und diese Einteilung ist eine nützliche Hilfe, wenn man entscheiden muß, was man zieht und wo.

Von Natur aus als Strauch wächst Beerenobst wie Stachelbeeren und Johannisbeeren. Erdbeeren sind Stauden, die gewöhnlich im Abstand von einigen Jahren ersetzt werden und innerhalb eines Fruchtfolgeplans im Küchengarten ihren Platz wechseln. Zum Rutenobst zählen Himbeeren, Brombeeren und Hybridbeeren, die an Trieben fruchten, welche nach der Ernte herausgeschnitten und durch neue Ruten ersetzt werden. Beerenobstgewächse tragen gewöhnlich 8–10 Jahre und länger.

Zum Baumobst gehören alle Obstarten, die von Natur aus auf einstämmigen Bäumen wachsen, sie bringen weit länger Erträge als Beerenobst. Auf den folgenden Seiten sind Äpfel, Birnen, Pflaumen, Pfirsiche und Kirschen beschrieben, die letzten drei werden auch als Steinobst bezeichnet, da ihre Samen von einem harten Stein umschlossen werden.

Da der Platz im Garten häufig begrenzt ist, werden Obstbäume oft auf schwachwüchsige Unterlagen gepfropft, um ihre Größe zu beschränken; Beerenobst wird dagegen gewöhnlich mit seinen eigenen Wurzeln gepflanzt. Doch sowohl Baum- als auch Beerenobst kann man durch Schnitt und Erziehen formen.

Baumformen

Alle Obstgewächse müssen geschnitten werden, damit sie gesund bleiben und gute Ernten bringen. Der Schnittumfang hängt davon ab, ob man eine natürliche Entwicklung zuläßt oder die Pflanzen erzieht. Beides hat seine Vorteile. So wächst etwa ein Apfelhochstamm zu einem dekorativen, ausladenden Solitär heran, der nur geschnitten werden muß, um totes oder krankes Holz zu entfernen. Wenn der Baum jedoch ausgewachsen ist, entwickeln sich viele der Früchte an den äußeren Zweigen, und zur Ernte wird eine Leiter erforderlich. Ein Formbaum auf einer schwachwüchsigen Unterlage andererseits beginnt viel früher zu tragen und ist leichter zu pflegen und abzuernten, doch ist ein Schnitt im Winter oder Sommer und das Erziehen an einer geeigneten Art von Stütze ratsam.

Baumobst wird als Hochstamm, Halbstamm oder Buschbaum erzogen, abhängig von Stammhöhe und verwendeter Unterlage. All diese Formen können un-

Eine spektakuläre Frühjahrsblüte wie bei diesem Apfelbaum garantiert noch keine gute Ernte. Diese ist auch von anderen Faktoren abhängig, wie etwa der Sorte und der Nähe geeigneter Bestäuber.

LINKS Ein Sommerschnitt läßt die Wärme der Sonne zu den reifenden Früchten gelangen; zudem wird hier das Astgerüst dieser Apfelspaliere der Sorte ›King of the Pippin‹ erkennbar. Dahinter wurden an einer Wand einstämmige Kordons erzogen. Der erforderliche Umfang des Schnitts zur Erhaltung dieser Formen hängt von der Wuchskraft der gewählten Unterlage ab.

gehindert wachsen und benötigen viel Platz, dagegen wird die Größe von Bäumen, die man als Kordons, Fächer, Formspaliere und Spindelbüsche erzieht, durch Schnitt begrenzt, und daher erfordern sie weniger Raum. Wegen der Art und Weise, in der Steinobst fruchtet, kann es nicht als Kordon erzogen werden, dagegen läßt sich Beerenobst wie zum Beispiel Stachelbeeren und Rote Johannisbeeren dekorativ als Kordon, Fächer, Formspalier und selbst als kleiner Hochstamm erziehen.

Wuchskraft und Unterlagen

Würde Baumobst so wie Beerenobst auf seinen eigenen Wurzeln wachsen, wäre ein häufiger und schwieriger Schnitt erforderlich, um die Größe zu begrenzen. Doch indem man eine bestimmte Sorte auf eine spezielle Unterlage pfropft, deren Wuchskraft bekannt ist, kann man das Wachstum des Baumes vorhersagen und den zur Erhaltung seiner Größe erforderlichen Schnitt reduzieren. Weiterer Vorteil ist eine frühere Fruchtentwicklung, die manchmal mit einer besseren Fruchtqualität und Winterhärte oder Krankheitsresistenz einhergeht.

Äpfel, Birnen, Pflaumen, Pfirsiche und Kirschen werden auf einer Reihe von Unterlagen gezogen, und in Katalogen ist meist eine ganze Palette zu finden, aus der man die am besten geeignete Form für seinen Garten auswählen kann. Wo Größe und Ertrag angegeben sind, muß man daran denken, daß es sich um Durchschnittswerte handelt und in der Praxis Bodentyp, Himmelsrichtung, Standort, Baumform und Umfang des Schnitts einen Einfluß haben. Bäume mit sehr schwachwüchsigen Unterlagen brauchen fruchtbaren Boden und eine feste Stütze, oft ein ganzes Leben, und wo Böden flach oder unfruchtbar sind, verspricht eine stärkerwüchsige Unterlage mehr Erfolg, auch wenn man möglicherweise länger warten muß, bis der Vollertrag erreicht ist. Unterlagentypen und ihre Eignung sind bei den Beschreibungen der einzelnen Arten aufgeführt.

Bestäubung

Bei dem in diesem Buch behandelten Beerenobst kommt es auch dann zum Fruchtansatz, wenn nur eine einzige Pflanze gezogen wird. Auch ein Teil des Baumobstes entwickelt allein Früchte, doch bei vielen Pflaumen- und Kirschensorten sowie allen Äpfeln ist dies nicht der Fall, da ihre Blüten nicht durch den eigenen Pollen befruchtet werden können. Solche Sorten bezeichnet man als selbststeril, Sorten, die auch nach Selbstbestäubung Früchte ansetzen, als selbstfertil.

Wenn nur ein Baum gepflanzt werden soll, ist es daher notwendig, eine selbstfertile Sorte zu wählen, um die Ernte sicherzustellen. Ein selbststeriler Baum muß nahe bei einer anderen Sorte stehen, die gleichzeitig blüht und zudem für seine Befruchtung geeignet ist. Nicht alle Sorten befruchten sich gegenseitig gleich gut, denn manche produzieren nur wenig Pollen, obwohl sie möglicherweise selbst leicht durch einen anderen Baum befruchtet werden können. So sind zum Beispiel triploide Apfelsorten pollensteril und sollten zusammen mit zwei geeigneten diploiden Sorten gepflanzt werden, damit eine allseits gute Befruchtung stattfinden kann. Einige Sorten sind als kreuzsteril bekannt, das bedeutet, sie können sich gegenseitig nicht befruchten. Auch Sorten, die nur jedes zweite Jahr gut blühen, sind keine zuverlässigen Bestäuber.

Bei der Auswahl von Obstbäumen empfiehlt es sich daher, den Katalog einer guten Gärtnerei zu Rate zu ziehen, um festzustellen, ob die Bäume selbstfertil sind oder sich gegenseitig befruchten können. Einige Birnensorten setzen auch ohne Bestäubung Früchte an, doch alle fruchten zuverlässiger, wenn sie durch eine andere Sorte befruchtet werden. Pfirsiche und Sauerkirschen sind selbstfertil, die meisten Süßkirschen und Pflaumen selbststeril.

Auswahl und Pflanzung

Bei der Kultur von Baumobst ist es wichtig, vor dem Pflanzen alle Unkräuter zu entfernen und den Platz wenigstens 3–4 Jahre von konkurrierenden Pflanzen freizuhalten, um sicherzustellen, daß die Entwicklung nicht behindert wird. Danach kann man unter großen Bäumen auf kräftigen Unterlagen Gras wachsen lassen, doch um kleinere Bäume auf schwachwüchsigen Unterlagen, wie diese jungen Apfelspaliere und Birnenbuschbäume, säubert man am besten zeitlebens den Boden.

Selbst wenn man bei der Sortenwahl wichtige Faktoren wie Klima, Bodentyp, Baumgröße und Bestäubung berücksichtigt, bleibt immer noch eine große und oft verwirrende Vielfalt an geeigneten Sorten übrig.

Wer Platz für mehrere Pflanzen hat, sollte in seine Wahl früh-, mittelspät- und spätreifende Sorten gleichermaßen einbeziehen, um eine möglichst lange Ernteperiode sicherzustellen. Dabei muß man daran denken, daß frühe Sorten nicht sehr lagerfähig sind und ein oder zwei Bäume den Bedarf an frischen Früchten wahrscheinlich decken. Lagerfähige Sorten hingegen bleiben mehrere Monate in gutem Zustand, mitunter bis zum folgenden Frühjahr, wenn man sie unter idealen Bedingungen lagern kann. Überschüssige Früchte können auch eingefroren, als Marmelade eingemacht oder auf andere Weise konserviert werden.

Im Obsthandel gängige Sorten sind nicht notwendigerweise die besten für den Garten. Häufig steht bei ihnen nicht die Eßqualität, sondern Eigenschaften wie Robustheit und Lagerfähigkeit im Vordergrund. Auf einer begrenzten Fläche ist natürlich Zuverlässigkeit ein entscheidender Aspekt, doch wenn man Platz hat, lohnt es sich, ältere und weniger bekannte Sorten auszuprobieren, die vielleicht ein besonders gutes Aroma oder andere lohnende Eigenschaften haben. Viele sind in einer bestimmten Gegend entstanden, was Hinweise auf die Wachstumsbedingungen geben kann, die sie bevorzugen oder tolerieren: So gedeihen im Weinbauklima die Apfelsorten ›Golden Delicious‹ und ›Jonathan‹ sehr gut, während in rauheren Lagen ›James Grieve‹ und ›Geheimrat Oldenburg‹ gute Ernten erbringen.

Obstgewächse sollten stets von einem zuverlässigen Lieferanten stammen. Am besten bestellt man sie früh im Jahr und geht persönlich in die Gärtnerei, um sich beraten zu lassen und die beste Wahl treffen zu können (siehe Einen gesunden Baum aussuchen, rechts). Machen Sie klar, welchen Unterlagentyp und welche Baumform Sie benötigen: Von Beerenobst wie Stachelbeeren und Johannisbeeren werden gewöhnlich Büsche geliefert, sofern man nicht ausdrücklich Kordons, Hochstämmchen oder eine andere Form verlangt. Obstbäume kann man als einjährige Veredelungen kaufen und selbst erziehen. Es gibt Veredelungen mit unverzweigtem Edelreis und solche, die bereits mehrtriebige Edelreiser haben. Eine zweijährige Pflanze ist bereits in der Gärtnerei zurückgeschnitten worden, mit dem Formen der Krone wurde also schon begonnen, dreijährige Pflanzen haben bereits ein Grundgerüst aus Ästen. Noch ältere Pflanzen wachsen nur schwer an und sollten daher nach Möglichkeit nicht verwendet werden.

Obstgehölze werden ungetopft geliefert – im Freiland gezogen und ausgegraben – oder als Containerpflanze in großen Töpfen. Letztere können jederzeit gepflanzt werden (siehe Einen gesunden Baum aussuchen, rechts), erstere sollte man bald nach der Lieferung pflanzen. Wo dies nicht möglich ist, müssen die Pflanzen eingeschlagen werden, um zu verhindern, daß die Wurzeln austrocknen. Es gibt verschiedene Methoden, um den Gesundheitszustand von Pflanzen zu prüfen, und man sollte stets sicherstellen, daß sie krankheitsfrei sind.

Den Boden vorbereiten

Die Ausführungen über Bodenzustand (siehe Seite 16 f.) und -fruchtbarkeit (siehe Seite 18 f.) gelten für Obst- und Gemüsekulturen gleichermaßen. Die meisten Böden eignen sich für den Obstanbau, sofern sie durchlässig sind, bei schwerem Tonboden kann es daher notwendig sein, die Drainage zu verbessern. Darüber hinaus sollte der Boden tiefgründig genug sein, um den Pflanzenwurzeln guten Halt zu bieten: Erdbeeren gedeihen auch in flachen Böden, Beerenobst braucht aber etwa 45 cm Tiefe, Baumobst mindestens 60 cm Tiefe.

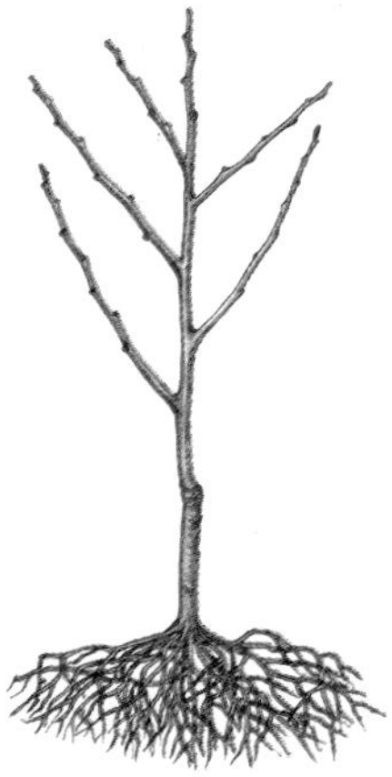

EINEN GESUNDEN BAUM AUSSUCHEN

Achten Sie darauf, daß Obstbäume mit bloßen Wurzeln einen gutentwickelten Wurzelballen ohne Wurzeltriebe haben. Der Stamm sollte gerade sein, mehrere gleichmäßig verteilte Äste aufweisen und gesund aussehen. Bei Containerpflanzen ist es wichtig, daß die Töpfe ganz sind und keine dicken Wurzeln aus dem Topfboden oder der Erdoberfläche wachsen.

Ideal sind gewöhnlich leicht saure Böden mit einem pH-Wert zwischen 6 und 7. Bei einem pH-Wert unter 6 muß man den Boden aufkalken, jedoch nicht zu stark. Ein zu alkalischer Boden bewirkt Mangelerscheinungen wie Chlorose (Blätter werden vorzeitig gelb), ferner eine Ertrags- und Qualitätsminderung. Obstarten wie Birnen oder Himbeeren gedeihen auf sehr kalkigen Böden nicht gut, außer sie bekommen einmal im Jahr einen Spurenelementdünger, der leicht aufgenommen werden kann, und zusätzlich regelmäßige Kopfdüngungen mit Schwefel oder Ammoniumsulfat, um den pH-Wert des Bodens zu senken.

Pflanzstellen müssen mindestens 1–2 Monate vor dem Pflanzen sorgfältig umgegraben werden, wobei man alle ausdauernden Unkräuter entfernt und reichlich Kompost oder verrotteten Mist einarbeitet, vor allem, wenn der Boden sehr sandig oder schwer ist. Für einzelne Bäume oder Sträucher bereitet man eine Pflanzstelle mit 90 cm Durchmesser vor, für dicht in einer Reihe wachsende Pflanzen einen breiten Streifen. Bei Böden, die bereits in gutem Zustand sind, genügt es, sie kurz vor dem Pflanzen spatentief umzugraben oder mit der Grabegabel zu bearbeiten und dadurch zu lockern.

Wie gepflanzt wird

Das Einhalten der richtigen Abstände ist wichtig, um in späteren Jahren Probleme zu vermeiden. Man markiert jede Pflanzstelle mit einem Stab und hebt dann ein Loch mit etwa dem anderthalbfachen Durchmesser des Wurzelballens der Pflanze aus. Für einen Obstbaum schlägt man 8–10 cm von der Mitte entfernt senkrecht einen Pfahl fest in die Grubensohle. Das Stabende sollte sich etwa in halber Höhe des Stamms befinden (siehe Einen Obstbaum pflanzen, unten). Strauchobst muß nicht gestützt werden, Rutenobst, wie Himbeeren und Brombeeren, braucht jedoch eine leichte Stützkonstruktion.

Wenn man Obstpflanzen an Mauern und Zäunen erziehen will, setzt man sie 25–30 cm vom Fuß der Mauer entfernt ein, damit die Wurzeln von guter Erde umgeben sind, und pflanzt so, daß sich der Haupttrieb leicht zu seiner Stütze hinneigt. Veredelungen werden so gesetzt, daß die Veredelungsstelle knapp über der Erde bleibt, wurzelechte Pflanzen werden so tief gepflanzt, wie sie vorher auch standen. Um zu sehen, wie tief die Pflanze steht, legt man als Hilfe einen Stab über das Pflanzloch.

Bloße Wurzeln breitet man gleichmäßig aus, dann füllt man nach und nach das Loch wieder auf, wobei man die Pflanze anfangs vorsichtig schüttelt, damit Erde zwischen die Wurzeln gelangt, und den Boden zwischendurch ein- oder zweimal behutsam festtritt. Schließlich lockert man die Fläche um die Pflanzstelle und glättet sie. Wo Kaninchen ein Problem sind, umgibt man den Stamm, der mit einem Baumbinder an der Stütze befestigt wird, mit Drahtgeflecht oder einem anderen Schutz.

Einen Obstbaum pflanzen

Für eine erfolgreiche Kultur sind eine gründliche Bodenbearbeitung und sorgfältiges Pflanzen wichtig. Es ist einfacher, einen Baum aufrecht und in der richtigen Tiefe zu pflanzen, wenn man sich einen Helfer besorgt. Zudem ist der Zustand des Bodens wichtig: Er darf weder gefroren noch zu naß sein. Vor dem Pflanzen schlägt man eine stabile Stütze in den Boden – üblicherweise einen senkrechten Stab, der bis in halbe Höhe des Stammes reicht; bei größeren Containerpflanzen verhindert man durch das schräge Einsetzen der Stütze eine Schädigung der Wurzeln. Nach dem Pflanzen die Erde mit Mulch oder Vlies abdecken, um Unkraut zu unterdrücken.

Baum probeweise in das Loch setzen; die Veredelungsstelle muß knapp über dem Boden liegen.

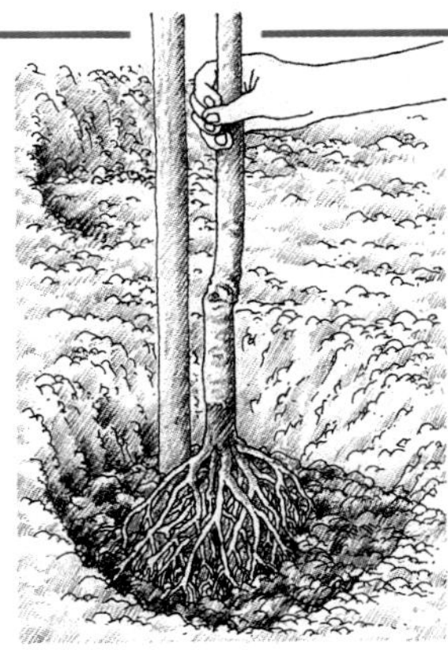

Den Pfahl einschlagen, den Baum aufrecht halten und sorgfältig Erde um die Wurzeln auffüllen.

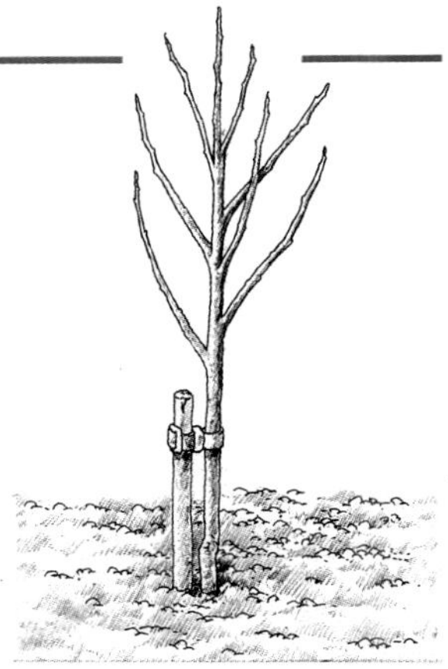

Die Erde andrücken und glätten. Den Baum mit einem oder mehreren Bindern befestigen.

Allgemeine Pflege

Vögel, in manchen Gegenden auch Eichhörnchen, können rasch ganze Ernten vernichten, vor allem bei rotem Beerenobst wie Erdbeeren, Roten Johannisbeeren und Himbeeren. Ein stabiles Gehege kann Pflanzen vor Plünderern schützen und muß nicht nüchtern und zweckmäßig sein, wie dieser dekorative Bau beweist.

Wieviel Pflege Obstgehölze brauchen, ist von Obsttyp und Jahreszeit abhängig. Nähere Informationen finden sich bei den Einzelbeschreibungen, doch es gibt einige Grundregeln, die hier im folgenden kurz dargestellt sind.

Unkrautbekämpfung

Untersuchungen haben gezeigt, daß Bäume besonders gut anwachsen, wenn man sie unkrautfrei hält, da so keine Konkurrenz um Wasser und Nährstoffe entsteht. Wie wichtig es ist, vor dem Pflanzen ausdauernde Unkräuter zu beseitigen, wurde schon gesagt. Manche Gärtner umgeben neue Obstpflanzen mit Vlies, das Unkraut unterdrückt, aber Regen durchläßt. Beerenobststecklinge werden mitunter in schwarze Folie gepflanzt, um Unkraut zu unterdrücken und die Bodenfeuchtigkeit zu bewahren. Um den Boden rundum unkrautfrei zu halten, kann man auch jedes Frühjahr mit Mist oder Kompost mulchen. Zumindest während der ersten 2–3 Jahre nach dem Pflanzen sollte man eine Fläche von 90 cm Durchmesser um den Stamm herum unkrautfrei halten.

Wässern und Düngen

Vor allem während der ersten Jahre ist auch eine ausreichende Wasserversorgung wichtig. Als grobe Regel gilt: Beerenobst muß im ersten Jahr nach dem Pflanzen in Trockenphasen gewässert werden, Baumobst ein bis zwei Jahre, insbesondere auf leichten, trockenen Böden. Welche Wassermengen notwendig sind, ist bei den einzelnen Beschreibungen angegeben, doch sollte man stets gründlich gießen, neu gepflanzte Obstbäume bei Trockenheit alle 7–10 Tage mit bis zu 20 Litern. Angewachsene Bäume können die doppelte Menge benötigen. Wo große Mengen erforderlich sind, ist es oft am besten, einen Schlauch zum Baum zu legen und das Wasser für etwa eine halbe Stunde sanft fließen zu lassen.

Junge Obstbäume und alle Beerenfrüchte profitieren von einer Mulchdecke aus Kompost oder verrottetem Mist im Frühjahr. Ältere Obstgehölze sollten vor allem auf leichten Böden zudem im Spätwinter oder zu Frühjahrsbeginn eine Kopfdüngung aus einem Volldünger erhalten (Bio-Gärtner verwenden Blut-, Fisch- und Knochenmehl). Pro m^2 werden 100–140 g ausgebracht und gleichmäßig über die Fläche verteilt, die von den Ästen beschattet wird, damit der Dünger zu allen Wurzeln gelangt. Auf leichten Böden kann ein Mangel an Mineralstoffen und Spurenelementen auftreten, den man erkennen und korrigieren sollte, entweder durch eine der auf den Seiten 18 und 29 beschriebenen Methoden oder durch eine Kopfdüngung aus Algenmehl (135–200 g pro m^2).

Früchte ausdünnen

In guten Jahren kommt es oft zu einem starken Fruchtansatz, und es besteht die Gefahr, daß Zweige abbrechen oder Früchte nicht ihre volle Größe erreichen können. Durch Ausdünnen reduziert man die Zahl der Früchte auf ein vernünftiges Maß, wobei man alle deformierten Früchte sowie einen Teil derjenigen, die zu dicht stehen, entfernt, bis nur noch die optimale Zahl übrig ist. Nähere Informationen zu den verschiedenen Obstarten finden sich in den jeweiligen Einzelbeschreibungen.

Schutz vor Vögeln

In vielen Gegenden schädigen Vögel Obstpflanzen, indem sie im Spätwinter und zu Frühjahrsbeginn die Knospen fressen und später die reifen Früchte. In einem solchen Fall gibt es keine andere Möglichkeit, als die Pflanzen zu schützen, entweder vorübergehend durch kleinmaschige Kunststoffnetze oder durch ein dauerhaftes Gehege, in dem mehrere Obstgehölze gemeinsam wachsen. Baumobst wie Kirschen sollte man mit kleiner Krone oder als Fächer vor einer Wand ziehen, um sie leichter schützen zu können.

Ernte und Lagerung

Allgemein gilt, daß Früchte sowohl zum Frischverzehr als auch zur Lagerung vollreif geerntet werden. Da jedoch selten eine ganze Ernte gleichzeitig zur Reife kommt, muß man Bäume und Sträucher mehrmals prüfen, um festzustellen, welche Früchte pflückreif sind. Junge Stachelbeeren können im Zuge des Ausdünnens noch unreif geerntet werden, damit die restlichen als Tafelobst ihre volle Größe erreichen, und einige Birnensorten kann man noch hart ernten und einlagern, um sie nachreifen zu lassen.

Es sollte stets vorsichtig geerntet werden, um eine Beschädigung der Früchte zu vermeiden, denn nur unbeschädigte Exemplare sind lagerfähig. Es gibt verschiedene Methoden, überschüssige Früchte zu lagern oder zu konservieren, und wo es sinnvoll erschien, sind sie in den Einzelbeschreibungen genannt. Alle Beeren und auch weiches Steinobst wie Pfirsiche, Pflaumen und Kirschen können eingefroren, eingemacht oder zu Marmelade verarbeitet werden. Äpfel und Birnen kann man trocknen oder einfrieren, lagerfähige Sorten werden aber gewöhnlich in Kisten oder perforierte Folienbeutel gepackt und an einem dunklen, kühlen, luftigen Platz aufbewahrt. Fallobst und überreife Früchte verderben schnell und müssen daher sofort verarbeitet werden.

Schädlinge und Krankheiten

Die auf Seite 32 f. beschriebenen Vorbeugungs- und Bekämpfungsmaßnahmen gelten für alle Obstarten. Die Wahl resistenter Sorten und Wachsamkeit gegenüber frühen Symptomen sind bei Obstkulturen wichtiger als bei Gemüse, da es hier nicht möglich ist, ein einzelnes krankes Exemplar einfach herauszuziehen, und gewöhnlich eine größere Ernte von der Vernichtung bedroht ist. Viele Gärtner führen vorbeugende Spritzungen durch, um die Entwicklung von Pilzerkrankungen zu verhindern, doch sorgsame Hygiene und einfache Vorsichtsmaßnahmen wie auch ein guter Schnitt (siehe Seite 88) fördern die Widerstandsfähigkeit der Pflanzen und sind deshalb die wirksamsten vorbeugenden Maßnahmen (siehe auch Seite 110 f.).

Wenn ein Baum gut trägt, muß mehrmals gepflückt werden, bevor die ganze Ernte eingebracht ist. Bei höheren Bäumen, wie diesem schwer beladenen Birnenhalbstamm, benutzt man stets eine stabile Doppelleiter, um die eigene Sicherheit zu gewährleisten und Baum und Früchte nicht zu schädigen.

Obstgehölze schneiden

Während eine Reihe von Schnittmaßnahmen dazu dient, den Aufbau eines Obstgehölzes in die gewünschte Form zu lenken (siehe Obstgehölze erziehen, Seite 90 f.), ist ein Fruchtholzschnitt die wichtigste Maßnahme, die Fruchtbarkeit zu erhalten, zu verbessern oder wiederherzustellen. Es gibt viele Methoden, die auf einigen wenigen Grundregeln beruhen. Um den Schnitt von Obstbäumen sicher zu beherrschen, ist es ratsam, an einem Obstbaumschnittkurs teilzunehmen, der zum Beispiel von Volkshochschulen, Gartenbauvereinen und Obstbaubehörden angeboten wird. Ein unsachgemäßer Schnitt kann den Aufbau und die Fruchtbarkeit eines Obstgehölzes auf Jahre beeinträchtigen.

Warum geschnitten wird

Von Natur aus stehen Wachstumsrate, Größe und Ernteertrag bei Obstgehölzen in einem ausgewogenen Verhältnis zueinander. Deshalb müssen große ausgewachsene Bäume wie etwa Apfelhochstämme nach den ersten Jahren, in denen man eine Krone mit einer optimalen Zahl aus gleichmäßig verteilten Ästen bildet, nur noch wenig geschnitten werden.

Da in den meisten Gärten Platz jedoch kostbar ist, muß das Wachstum beschränkt werden. Die Wahl der richtigen Unterlage trägt dazu bei, die Größe unter Kontrolle zu halten, doch sogar der schwachwüchsigste Baum wird irgendwann einmal zu groß. Wenn man ihn dann einfach zurückschneidet, um seine Größe zu begrenzen, entfernt man oft Fruchtholz, also jenes Holz, das Früchte trägt, und daher versucht man bei einem Schnitt einen Kompromiß zwischen Reduzierung der Größe und Förderung eines guten Ertrages zu finden. Die besten Früchte entwickeln sich oft an jungen kräftigen Trieben, und da das Schneiden von Trieben und Ästen einen Baum gewöhnlich zu neuem Wachstum anregt, können qualitativ hochwertige Ernten direkte Folge eines guten Schnittes sein.

Zudem ist der Schnitt eine wertvolle Hilfe, eine Pflanze gesund zu halten. Durch Auslichten der Äste kann Luft durch den Baum oder Strauch zirkulieren, und man verhindert feuchte, stehende Bedingungen, die leicht zu Pilzerkrankungen führen. Zudem gelangt mehr Licht in die Krone, was nicht nur das Reifen der Früchte fördert, sondern auch das von jungen Trieben und Knospen, die andernfalls im Winter durch Frost geschädigt werden können. Totes, beschädigtes und erkranktes Holz wird im Zuge des Erhaltungsschnitts herausgenommen, ebenso alle Triebe, die quer wachsen, sich berühren oder aneinander scheuern, was ebenfalls eine Vorsichtsmaßnahme gegen Erkrankungen darstellt.

Obstbäume haben eine hohe Lebenserwartung, daher ist es wichtig, sie in den ersten Jahren sorgfältig zu erziehen und zu schneiden. Ein gutgepflegter Baum wie dieses herrliche Birnenspalier der Sorte ›Doyenne du Comice‹ bildet schließlich einen Blickfang im Garten und bringt viele Jahre lohnende Ernten.

Wann geschnitten wird

Ein Schnitt ist eine Art schöpferische Lenkung des natürlichen Wuchses, und sein Erfolg hängt davon ab, richtig einzuschätzen, wie eine Pflanze auf das Entfernen eines Teils ihrer Triebe reagiert. Das Wachstum wird durch Hormone gesteuert, die sich vor allem in den Triebspitzen, insbesondere senkrecht wachsender Triebe, bilden und die Entwicklung von Knospen an der Triebbasis hemmen.

Schneidet man eine Triebspitze und entfernt die Hauptknospe, werden die verbleibenden Knospen zum Wachstum angeregt, insbesondere jene, die jetzt oben am geschnittenen Trieb sitzen. Dies bedeutet, man kann auf jede beliebige Knospe zurückschneiden und darauf vertrauen, daß diese nun am besten wächst. Handelt es sich dabei um eine schlanke Knospe, wird sich aus ihr ein Trieb entwickeln, der in die Richtung wächst, in die die Knospe weist. Wenn die Knospe dick und prall ist, werden sich aus ihr Blüten entwickeln.

Die Wuchskraft ist ein wichtiger Faktor, denn wenn man einen kräftigen Trieb herausschneidet, geht nicht nur wertvolles Fruchtholz verloren, sondern man regt dadurch auch die Entwicklung zu vieler

SCHNITTBEGRIFFE UND WERKZEUG

Der Hauptstamm oder -ast wird als Leittrieb bezeichnet, der eine Reihe von Seitenästen entwickelt. An diesen wiederum entstehen Tragäste und Fruchtholz. Tragäste und Fruchtholz tragen schlanke, spitze Knospen, die Blattknospen, und dicke runde Blütenknospen. Geschnitten wird meist mit einer scharfen Gartenschere, für dickere Äste nimmt man eine Baumschere oder eine Säge.

neuer Triebe an. Hingegen können schwache Triebe stark zurückgeschnitten werden, ohne daß viel geschieht. Das richtige Maß ist ebenfalls wichtig, zu wenig Schnitt ist ebenso unklug wie zu viel, vor allem bei jungen Pflanzen, die ein kräftiges Kronengerüst bilden sollen, das regelmäßige Ernten erlaubt.

Unzureichender Schnitt in den frühen Stadien kann dazu führen, daß später größere Eingriffe erforderlich werden, die die Entstehung von Krankheiten begünstigen. Jeder Schnitt hinterläßt Wunden, durch die Infektionen eindringen können, und je kleiner sie sind, desto rascher heilen sie. Umfangreiche Schnittmaßnahmen werden im Winter während der Ruheperiode durchgeführt, nur Steinobst wird in der Wachstumsperiode geschnitten, da dann die Wunden besser heilen. Formbäume schneidet man im Sommer und im Winter, um ihren Wuchs genau zu steuern und den Ertrag zu verbessern.

Die verwendeten Werkzeuge – eine Gartenschere für kleinere Schnittmaßnahmen und eine Baumschere oder Säge mit groben Zähnen für größere Äste – müssen stets scharf sein, um saubere Schnitte machen zu können. Man führt den Schnitt oberhalb einer Knospe aus, um zu vermeiden, daß ein Stück des Triebes abstirbt, und räumt Schnittgut stets fort.

Schnittmethoden

Die richtige Methode hängt davon ab, warum der Schnitt durchgeführt wird und wie eine Pflanze fruchtet. Einige Obstgewächse tragen ausschließlich an jungen Trieben, und daher entfernt man bei einem Verjüngungsschnitt alte Triebe, die durch einjährige Triebe ersetzt werden. Beispiele sind hier Himbeeren, Sauerkirschen und Pfirsiche. Schwarze Johannisbeeren tragen am besten an 3–4 Jahre alten Trieben, und man nimmt jedes Jahr etwa ein Drittel der älteren Äste heraus, damit die Sträucher kräftig bleiben. Äpfel, Birnen, Stachelbeeren und Rote Johannisbeeren fruchten dagegen an kurzen, mehrjährigen Seitentrieben, dem Fruchtholz, das sich an älteren Tragästen entwickelt. Bei einem Fruchtholzschnitt muß man dieses System aus Seitentrieben erhalten und alles überflüssige Holz entfernen, sofern es nicht als Ersatz für alte, erschöpfte Äste gebraucht wird. Einige Birnen- und Apfelsorten tragen an langen Seitentrieben, und bei ihnen muß eine Kombination von Fruchtholz- und Verjüngungsschnitt durchgeführt werden (siehe unten).

Der Erhaltungsschnitt ist ein kontinuierlicher Prozeß, der der gesamten Pflanze, nicht nur ihren fruchttragenden Trieben, gilt und den Zweck hat, Form, Gesundheit und Wuchskraft zu erhalten. Dabei wird schlecht wachsendes, erkranktes oder altes Holz entfernt. Er sollte an erster Stelle stehen, bevor man sich einem Ertragsschnitt zuwendet. Alte vernachlässigte Bäume müssen in zwei bis drei aufeinanderfolgenden Jahren ausgelichtet werden, um ihre Form und Kraft wiederherzustellen. Größere Wunden verschließt man zum Schutz vor Krankheitserregern mit Baumwachs.

Fruchtholzschnitt, Entspitzen und Fruchtholzerneuerung

Beim Schnitt ist es wichtig, das Wuchsverhalten der Pflanze zu kennen. So müssen bei Äpfeln, die an kurzem Fruchtholz tragen, Seitentriebe jährlich gekürzt werden, bei Sorten, die an langem Fruchtholz tragen, würde dies aber einen Fruchtansatz verhindern. Erstere tragen immer wieder am gleichen Holz Früchte (1), letztere an Trieben, die sich in der vorangegangenen Saison entwickelt haben (2). Einige Sorten tragen auch an beiden Holzarten, werden aber wie erstere geschnitten. Einen Verjüngungsschnitt führt man bei Pflaumen durch, die an einjährigem Holz fruchten. Ältere Triebe werden hier nach der Ernte herausgeschnitten und durch neue ersetzt.

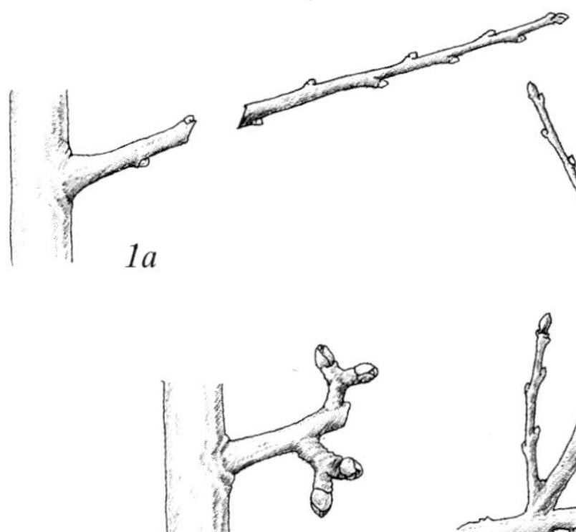

Im Winter junge Seitentriebe auf 2 Knospen einkürzen (1a), damit sich Fruchtholz bildet (1b).

Im Winter Fruchtäste mit mehr als 25 cm Länge auf 4 Knospen zurückschneiden.

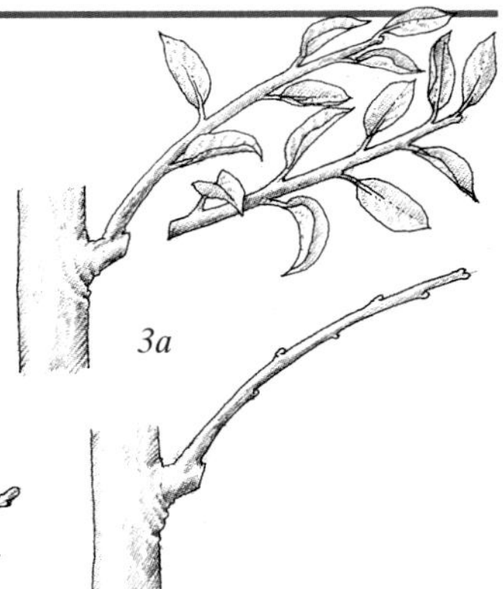

Ältere Fruchttriebe entfernen (3a), so daß 1–2 Triebe als neue Fruchttriebe heranwachsen (3b).

Obstgehölze erziehen

Ob man in seinem Garten Pflanzen aus Steckholz zieht oder sie als Sämlinge oder Veredelungen kauft, in den ersten 3–4 Jahren ist ein Aufbauschnitt wichtig, damit sich Pflanzen entwickeln, die gute Erträge bringen und schön aussehen. Schneidet man die Spitze eines bewurzelten Stecklings oder kürzt eine Veredelung in der gewünschten Stammhöhe, werden sich stets mehrere Seitentriebe entwickeln. Nur diejenigen, die für den Aufbau des Baumes wichtig sind, werden nicht entfernt, sondern erneut eingekürzt, damit sie sich wiederum verzweigen.

Bäume mit natürlichen Kronen

Zu dieser Gruppe gehören Hochstämme von mindestens 5 m Gesamthöhe und 1,5–2,2 m Stammhöhe. Sie bringen letztlich die größten Ernten und können einen Kronendurchmesser von 6 m und mehr haben. Bei Halbstämmen beträgt die Stammhöhe 1–1,5 m; sie werden beinahe ebenso groß wie Hochstämme und brauchen fast ebenso viel Platz. Beide Typen werden auf stark wachsenden Unterlagen gezogen.

Buschbäume haben kurze Stämme bis zu 90 cm Höhe oder 45–75 cm im Fall von Zwergformen; der Kronendurchmesser beträgt 4–4,5 m. Sowohl Buschbäume als auch Hoch- und Halbstämme müssen in den Anfangsstadien sorgsam erzogen werden, damit eine gute Krone mit gleichmäßig verteilten Ästen entsteht, wobei zunächst drei oder vier Triebe nahe der Spitze in einem stumpfen Winkel zum Hauptstamm erzogen werden (siehe einen Buschbaum erziehen, unten). Im zweiten Winter kürzt man diese auf die Hälfte ein, damit jeder zwei Seitentriebe entwickelt, wodurch sich die Zahl der Hauptäste verdoppelt. Dies wiederholt man im folgenden Winter, um die Zahl der Äste noch einmal zu verdoppeln. Danach besteht das Erziehen darin, alle überflüssigen Leittriebe zu entfernen und zu eng stehende Seitentriebe auf etwa vier Knospen einzukürzen. Alle anderen kann man zur Blüte kommen und fruchten lassen.

Spindelbüsche

Eine einfach zu erziehende Form für Gärten ist der Spindelbusch, der für Äpfel und Birnen empfehlenswert ist und sich ideal für die Kultur auf engem Raum eignet, da die Bäume an ihrer breitesten Stelle selten mehr als 1,2 m Durchmesser erreichen. Stärker wachsende Unterlagen, wie sie manchmal für Pflaumen und Kirschen verwendet werden, lassen größere Spindelbüsche entstehen. Spindelbüsche sind dekorativ und haben sich verjüngende Silhouetten mit einem Mittelstamm oder Leittrieb. Dieser wird jedes Jahr eingekürzt, um die Bildung von Seitentrieben zu fördern, bis eine Endhöhe von etwa 2,2 m erreicht ist. Veredelungen auf schwachwüchsigen Unterlagen müssen mehrere Jahre gestützt werden. Wenn möglich, beginnt man mit einer mehrtriebigen Veredelung, die man nach dem Pflanzen auf etwa 50 cm Höhe zurückschneidet (siehe Seite 96).

Einen Buschbaum erziehen

Buschbäume, Hochstämme und Halbstämme werden auf die gleiche Weise erzogen. Man beginnt mit einer ein- oder mehrtriebigen Veredelung und kürzt die Triebe (Leitäste) ein, damit sie sich verzweigen und ein Grundgerüst aus gleichmäßig verteilten Ästen entstehen lassen. Stets auf nach außen gerichtete Knospen zurückschneiden, damit die Mitte der Krone offenbleibt und genügend Luft und Licht hineingelangen kann. Dieser Aufbauschnitt wird gewöhnlich im Winter durchgeführt, wenn die Pflanzen ruhen, aber die Temperaturen über dem Gefrierpunkt liegen. Steinobst sollte nicht vor Frühjahrsbeginn geschnitten werden.

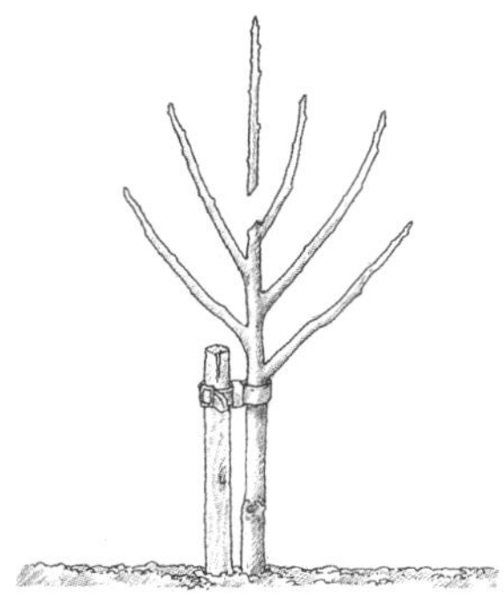

Im ersten Winter Leittrieb in der gewünschten Höhe auf 3–5 kräftige Knospen einkürzen.

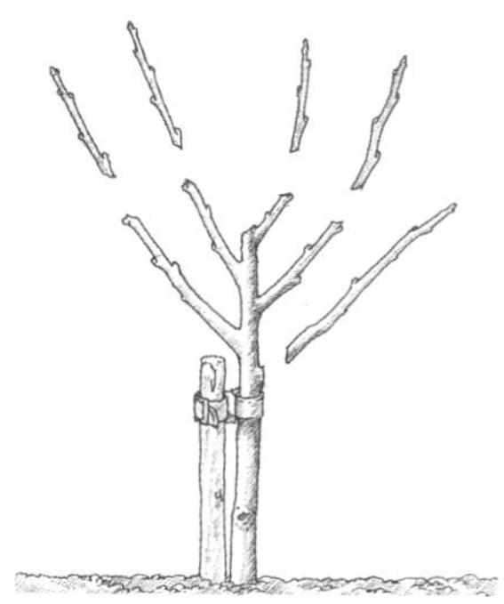

Im zweiten Winter unerwünschte Äste entfernen, die übrigen um die Hälfte einkürzen.

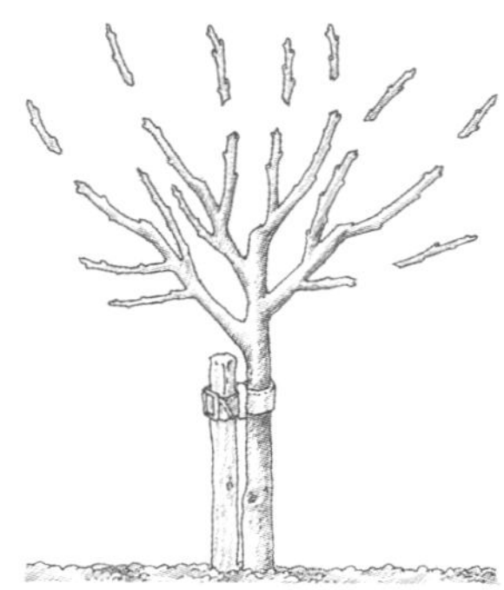

Im dritten Winter neue Leitäste um die Hälfte einkürzen, Seitentriebe aber nicht schneiden.

Obwohl der Fächer am häufigsten für Pflaumen und Äpfel verwendet wird, ist er ein sehr dekorativer und ertragreicher Formbaum für alle Obstbaumarten und einige Beerensträucher. Fächer können vor Mauern und Zäunen wachsen oder an einem Gerüst aus Pfosten und Spanndrähten mitten im Garten, wie dieser blühende Apfelfächer. Seine eindrucksvolle Symmetrie ist das Ergebnis sorgsamer Arbeit, bei der beispielsweise Bambusstäbe beim Erziehen gerader Äste geholfen haben und großzügiges Mulchen ein dauerhaftes Wachstum gesichert hat.

Kordons

Der einfachste Grundtyp ist der einstämmige Kordon mit durchgehendem Stamm bis zu 2 m Höhe, der senkrecht oder schräg gezogen wird und an kurzen Seitentrieben oder Fruchtholz Früchte trägt. Ein-, zwei- oder mehrstämmige Kordons sind ideale Formen für Rote Johannisbeeren und Stachelbeeren sowie Äpfel und Birnen auf sehr schwach wachsenden Unterlagen. Sie können dicht zusammengepflanzt werden, so daß eine große Zahl auf begrenztem Raum Platz findet. Kordons sind einfach zu erziehen (siehe Seite 92) und beginnen gewöhnlich zwei Jahre nach dem Pflanzen zu tragen. Sie brauchen ein dauerhaftes Gerüst, an dem sie angeheftet werden, etwa aus waagrechten Spanndrähten, die mit etwa 45 cm Abstand an einer Mauer oder einem Zaun von 1,8–2,5 m Höhe oder an Pfosten befestigt werden. Beim Kauf sollte man Pflanzen mit zahlreichen Seitentrieben wählen, die als Fruchtäste erzogen werden können.

Fächer

Ein Fächer hat eine Anzahl langer, gerader Äste, die strahlenförmig von einem kurzen Stamm ausgehen, wobei sich der unterste 45–60 cm über der Erde befindet. Man kann zwei- oder dreijährige Exemplare kaufen, bei denen bereits mit der Erziehung begonnen wurde, oder aber eine mehrtriebige Pflanze, die man nach dem Setzen auf 2–3 Knospen oder Seitentriebe im erforderlichen Abstand zum Boden zurückschneidet und später weiter erzieht (siehe Seite 98 und 101).

Formspaliere

In seiner Grundform hat ein Spalier eine Anzahl waagrechter Äste – von denen jeder einem Kordon entspricht –, die in regelmäßigen Abständen von einem senkrechten Hauptstamm abgehen. Normalerweise hat ein Spalier zwei, drei oder vier Astreihen, bei kräftigen Bäumen können es jedoch auch mehr sein, sofern die oberen Äste für Ernte und Schnitt erreichbar bleiben. Manche Bäume haben nur zwei waagrechte Äste oder Arme.

Das Formspalier eignet sich für alle Obstgehölze, die kurzes Fruchtholz entwickeln. Äpfel mit langen Fruchttrieben und auch Obstarten wie Pfirsiche, die jährlich einen Fruchtholzerneuerungsschnitt brauchen, lassen sich schwer auf diese Weise erziehen. Wie der Fächer braucht das Formspalier ein Gerüst, das entweder an einer Mauer mit mindestens 1,8 m Höhe befestigt wird oder freistehend neben Wegen oder im Garten einen Schutzschirm bildet. Auch hier sind Pflanzen erhältlich, bei denen mit der Erziehung bereits begonnen wurde, sowie mehrtriebige, einjährige Veredelungen, die so zurückgeschnitten werden, daß ein etwa 45 cm hoher Stamm mit drei gesunden Knospen bleibt (weitere Erziehung siehe Seite 94).

Schräge Formspaliere, Fächer und Kordons bringen gute Erträge, da bei ihnen Äste heruntergebunden werden. Dies hemmt das Sproßwachstum zugunsten der Entwicklung von Blütenknospen und Früchten. Man darf jedoch keinen Ast zu schnell herunterbinden, da er sonst möglicherweise abbricht. So heftet man etwa beim Erziehen eines Formspaliers die Seitentriebe zunächst im Winkel von 45 Grad an und bindet sie dann im folgenden Winter waagrecht herunter. Wenn sich ein Arm stärker entwickelt als der andere, bindet man den kräftigeren weiter herunter und hebt den schwächeren etwas an, um das Wachstum zu steuern, bis beide die gleiche Länge haben. Oft ist es hilfreich, dort, wo ein Ast erzogen werden soll, einen Bambusstab an den Drähten zu befestigen, bis der Ast von allein an seinem Platz bleibt.

Baumobst

BAUMOBST ANBAUEN

Obstbäume brauchen lange, bis sie gut zu tragen beginnen, Kordons mindestens 4–5 Jahre, große Hochstämme bis zu 10 Jahre; doch wenn sie gut gepflegt werden, bringen sie dann viele Jahre Ernten. Schwachwüchsige Unterlagen habe es möglich gemacht, auch im kleinsten Garten Obstbäume zu ziehen, und ihre unkomplizierte Kultur und Pflege erlaubt es jedem Gärtner, sich an der Blüte eigener Obstbäume zu erfreuen und Sorten zu ziehen, welche denen, die man im Handel findet, weit überlegen sind.

Ich habe in dieses Kapitel nur die beliebtesten Baumobstarten im Küchengarten – Äpfel, Birnen, Pflaumen, Pfirsiche und Kirschen – aufgenommen. Der experimentierfreudige Gärtner kann sich aber natürlich auch an ungewöhnlicheren Obstarten wie Maulbeeren, Feigen, Quitten und Mispeln versuchen.

Äpfel

Unter den Baumobstarten erfreuen sich Äpfel der größten Beliebtheit. Zudem lassen sie sich gewöhnlich am einfachsten anbauen, sieht man einmal von sehr heißen oder nassen Gegenden ab, in denen Schädlinge und Krankheiten ihren Anbau möglicherweise nicht lohnend erscheinen lassen. Wir unterscheiden zwischen Tafeläpfeln, Kochäpfeln, Holzäpfeln und Mostäpfeln, wobei letztere meist an großen Bäumen auf Wiesen wachsen und hier nicht behandelt werden. Es gibt Hunderte Sorten – bei einigen handelt es sich um regionale Besonderheiten, andere sind beachtenswert, weil sie besonders robust sind oder auch schwere, nasse oder arme Böden tolerieren.

Diese Vielfalt macht es ratsam, vor dem Kauf eines Baumes anhand eines Kataloges die Eigenschaften der verschiedenen Sorten herauszufinden: etwa ob sie an langen Fruchtästen tragen (in diesem Fall können sie schlecht als Formbaum erzogen werden), triploid sind (dann sind zwei andere, diploide Sorten für eine allseits gute Bestäubung nötig), krankheitsresistent und für Boden und Klima geeignet. Für die gewünschte Baumform muß auch die richtige Unterlage gewählt werden, wobei man für schlechtere Böden einen stärker wachsenden Typ verwendet. In kalten Lagen pflanzt man spätblühende Exemplare, die im Frühjahr am ehesten von Frostschäden verschont bleiben.

Standort

Ideal ist ein sonniger Platz, der zur Blütezeit vor kaltem Wind und Frost geschützt ist. Kochäpfel vertragen auch leichten Schatten und tolerieren zudem nassere Böden als Tafeläpfel, die während der Reife trockene Bedingungen bevorzugen. Aber keine Sorte gedeiht in staunassen Böden oder sehr warmen Regionen, in denen die Winter so mild sind, daß während der Ruheperiode ausreichende Kälte nicht garantiert ist. Der Boden sollte in allen Fällen tief bearbeitet werden, reichliche Mist- oder Kompostgaben erhalten haben und leicht sauer (pH-Wert 6,5) sein.

Kultur

Pflanzen mit bloßen Wurzeln werden während der Ruheperiode gepflanzt, vorzugsweise im Herbst, wenn der Boden noch warm ist. Containerpflanzen kann man zu jeder Zeit pflanzen, solange sich der Boden bearbeiten läßt. Freistehende Bäume müssen gestützt und Formbäume aufgebunden werden.

Einen Apfelkordon erziehen

Ein Kordon ist einfach ein gerader, einzelner Stamm, der einen starken Schnitt erhält, damit er kurze Seitentriebe, sogenanntes Fruchtholz, entwickelt. Er eignet sich ideal für kleine Gärten und alle Obstarten, die an kurzem Fruchtholz tragen. Apfelsorten, die an langen Fruchtästen tragen, eignen sich nicht. Auch senkrechte Kordons bringen gute Ernten, pflanzt man jedoch schräg, können die Stämme länger werden und brauchen weniger Höhe. Mehrstämmige Kordons mit zwei, drei oder mehr Stämmen entstehen, wenn man den Leittrieb kürzt und die erforderliche Zahl an Seitentrieben parallel an Bambusstäben erzieht. Die Stämme stets sorgfältig anheften.

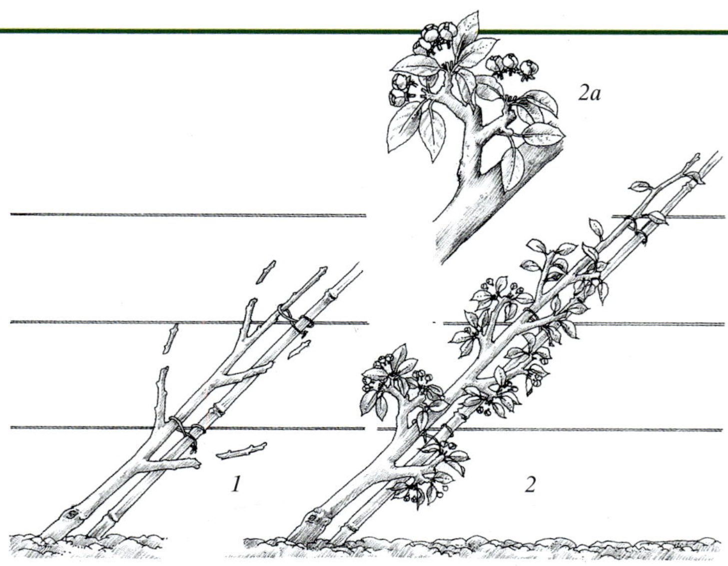

Im ersten Winter (1) den ungeschnittenen Leittrieb an einen Stab binden und alle Seitentriebe auf 4–5 Knospen einkürzen. Im folgenden Winter (2) den Leittrieb weiter anbinden und neue Seitentriebe einkürzen. Im Frühjahr Blüten am unteren Fruchtholz ausknipsen (2a). Danach das Fruchtholz tragen lassen und nur im Sommer schneiden. Den Leittrieb schneiden, wenn er den obersten Draht erreicht hat.

ZIERÄPFEL ANBAUEN

Obwohl Zieräpfel oft nur als frühjahrsblühende Zierbäume gezogen werden, bringen manche hohe Erträge an kleinen, säuerlichen Früchten, die sich zur Herstellung von Wein und Marmelade eignen. Oft werden sie auch zum Bestäuben großfruchtiger Apfelbäume gepflanzt, so etwa ›Aldenhamensis‹ und ›Profusion‹. ›John Downie‹ und ›Dartmouth‹ liefern größere, aromatische Früchte für Marmelade. Die meisten Formen sind selbstfertil und tragen als einzelne Bäume sehr gut. Sie werden auf die gleichen Unterlagen wie große Apfelsorten veredelt und ähnlich erzogen, obwohl sie auch als Solitärbäume wachsen, die nur im Winter einen Grundschnitt erhalten.

Neupflanzungen und junge Bäume werden im Frühjahr gemulcht. Dazu verteilt man auf einer Fläche von 90 cm Durchmesser eine 5 cm dicke Schicht Mist, rund um den Stamm läßt man jedoch etwas Luft. Fruchttragende Bäume können gemulcht werden, sofern man genügend Mist oder Kompost hat, um die Fläche zu bedecken, die von den Ästen beschattet wird. Andernfalls düngt man zu Frühjahrsbeginn Tafeläpfel mit 70 g Volldünger pro m^2, Kochäpfel mit der Hälfte. Auf leichten Böden und vor allem in Gebieten mit hohen Niederschlägen gibt man 135 g Algenmehl pro m^2, um Spurenelemente zu ergänzen.

Junge Bäume werden immer gegossen, wenn die Erde trocken ist, im Abstand von 7–10 Tagen mit 20 l pro m^2. Fruchttragende Bäume brauchen im Hoch- und Spätsommer alle 14 Tage etwa 45 l pro m^2, sofern es nicht viel regnet. Bis die Bäume gut tragen, muß man um sie herum eine Fläche von etwa 90 cm Durchmesser durch Hacken oder Jäten unkrautfrei halten, dann kann man um stark oder mittelstark wachsende Unterlagen Gras einsäen.

Ausdünnen

Bei einem starken Fruchtansatz muß ausgedünnt werden, um eine Ernte großer, qualitativ hochwertiger Äpfel sicherzustellen und eine Mißernte im folgenden Jahr zu verhindern, denn nach einer großen Ernte entwickeln sich im folgenden Jahr oft nur wenig oder gar keine Früchte. Bei jungen Bäumen läßt man von Fruchtbüscheln nur ein oder zwei Exemplare stehen, die übrigen knipst man noch klein ab oder schneidet sie mit einer Schere heraus. Bei älteren Bäumen wartet man, bis sie im Frühsommer selbst Früchte abgeworfen haben, und entfernt dann alle Exemplare, die deformiert sind oder Löcher in der Schale aufweisen (in ihnen sitzen Maden). Gewöhnlich ist ein Apfel in der Mitte des Büschels größer als die anderen. Falls er deformiert ist, wird er entfernt, ansonsten läßt man ihn stehen, da er der beste ist. Tafeläpfel dünnt man auf 10–15 cm Abstand aus, Kochäpfel auf 15–20 cm. Äste mit starkem Fruchtbesatz sollten mit einer Astgabel oder Stangen gestützt werden.

Schnitt

Schnitt während der ersten vier Jahre siehe Seite 90 (Buschbäume, Hochstämme und Halbstämme), unten (Kordons), Seite 94 f. (Spaliere), Seite 96 f. (Spindelbüsche), Seite 98 f. (Fächer).

Bei älteren Hochstämmen, Halbstämmen und Buschbäumen schneidet man im Winter zunächst totes, beschädigtes und erkranktes Holz heraus, ebenso alle Triebe, die quer durch die Mitte oder zu dicht an einem anderen Zweig wachsen. Darüber hinaus ist kein Schnitt erforderlich, außer der Baum beginnt große Mengen kleiner Früchte zu tragen. In diesem Fall kann man bei Sorten, die an kurzem Fruchtholz tragen, einen Teil von Fruchtholz und Seitentrieben

Im Hoch- oder Spätsommer alle neuen Seitentriebe an vorhandenem Fruchtholz auf ein Blatt über der unteren Blattrosette (3a) zurücknehmen. Neue Seitentriebe nahe der Spitze des jungen Kordons auf 4–5 Blätter (3b) einkürzen, um die Entwicklung von Fruchtholz anzuregen. Wenn der Hauptstamm die volle Länge hat, direkt oberhalb seines neuen Holzes abschneiden.

Reife ist bei der Ernte von Äpfeln, die gelagert werden sollen, wie diese ›Gala‹, unverzichtbar. Ein Anzeichen für Reife ist eine satte, gleichmäßige Färbung, ein leichtes Lösen vom Zweig ein weiteres. Da frühe Äpfel jedoch nur relativ kurze Zeit eine gute Qualität haben, beginnt man sie oft schon zu ernten, bevor sie vollkommen ausgereift sind.

herausnehmen. Bei Äpfeln, die an langen Fruchtästen tragen, müssen einige ältere Triebe ganz herausgeschnitten werden, damit ein offenes Gerüst aus jungen Seitentrieben mit zahlreichen Fruchtknospen an den Spitzen entsteht.

Bei Kordons schneidet man nach dem vierten Jahr im Winter alle Leittriebe um ein Drittel zurück. Im Sommer nimmt man dann neue Seitenäste auf 8 cm und Fruchtholz auf 2,5 cm zurück. Wenn der Leittrieb seine Endhöhe erreicht hat, schneidet man nur noch im Sommer und kürzt sowohl Seitentriebe als auch den neuen Trieb am Hauptstamm auf etwa 2,5 cm ein. Fächer und Spaliere werden auf die gleiche Weise geschnitten, wobei man jeden Arm oder Zweig wie einen Kordon behandelt. Bei älteren Kordons, Fächern und Formspalieren kann man zu dicht stehendes oder schwieriges Fruchtholz auslichten, wobei man einen Teil ganz herausschneidet und einen Teil auf 2–3 Fruchtknospen zurücknimmt.

Bei Spindelbüschen fährt man mit dem Schnitt fort, indem man das neugebildete Holz des Leittriebs auf etwa 25 cm einkürzt; sehr kräftige neue Triebe werden entfernt und Seitenzweige auf nach unten zeigende Knospen gekürzt, um eine waagrechte Entwicklung zu fördern. Im Spätsommer kürzt man die Leittriebe von Seitenästen auf etwa 25 cm Länge ein, schneidet Seitentriebe auf 8 cm zurück und Fruchtäste auf 2,5 cm. Wenn ein Baum mit 2,2–2,5 m seine Endgröße erreicht hat, schneidet man am Ende jedes Frühjahrs das neue Holz am Leittrieb ganz zurück und kürzt im Sommer alle anderen kräftigen Triebe auf 8 cm ein. Im Winter lichtet man zu dicht stehendes kurzes Fruchtholz aus und schneidet schlecht wachsende Triebe auf 2–3 Blütenknospen zurück.

Ernte und Lagerung

Bei der Ernte von Äpfeln prüft man die Reife der einzelnen Früchte, indem man sie behutsam mit der Hand emporhebt – der Stiel sollte sich ohne Drehen oder Ziehen vom Zweig lösen. Alle Früchte, die Anzeichen von Fäule aufweisen, werden entfernt. Frühreife Sorten sind nicht lange haltbar, und man kann mit der Ernte bereits beginnen, solange sie noch leicht unreif sind. Späte Sorten läßt man vollständig reifen, bevor man sie trocken einlagert. Beschädigte Exemplare sowie Früchte ohne Stiel oder von jungen Bäumen werden zum Frischverzehr verwendet, da sie sich nicht lange halten.

Äpfel werden an einem kühlen, frostfreien Platz aufbewahrt, der relativ trocken ist, aber nicht so trocken, daß die Früchte schrumpeln. Ideal sind eine Temperatur von 3–4 °C und ein Schuppen, in dem der Boden befeuchtet werden kann, damit die Luft nicht zu trocken wird. Die Äpfel können hier in Regalen oder Kisten lagern. Möglich ist auch eine Lagerung bei 5–10 °C in Gefrierbeuteln aus Polyethylen.

Kulturdetails *Saison:* Hochsommer bis Spätsommer (eingelagert bis Frühjahrsmitte). *Unterlagen:* M27 (sehr schwachwüchsig), M26 (auf ärmeren Boden, schwachwüchsig), M9 (schwachwüchsig), MM106 (mittelstark wachsend), MM111 (starkwüchsig). *Formen:* Hochstamm, Halbstamm, Buschbaum, Spindelbusch, Fächer, Spalier, Kordon. *Pflanzabstand:* Hochstamm, Halbstamm 6–9 m; Busch 1,8–5,5 m; Spindelbusch 1,5–2,2 m; Fächer, Spalier 3–5,5 m; einstämmiger Kordon 75 cm mit ungefähr 1,8 m

Ein Apfelspalier erziehen

Im Winter eine unverzweigte Veredelung pflanzen und auf Höhe des ersten Drahtes (40–60 cm) zurückschneiden. Im folgenden Sommer den obersten Trieb senkrecht erziehen, die beiden darunterliegenden schräg an Bambusstäbe binden. Im zweiten Winter die unteren Triebe waagrecht herunterbinden und andere Seitentriebe auf 2–3 Knospen kürzen, damit sich Fruchtholz bildet. Den senkrechten Leittrieb in Höhe des zweiten Drahtes zurückschneiden. So fortfahren, bis die Erziehung des Spaliers abgeschlossen ist. Danach im Frühsommer neue Triebe an den Enden der Äste entfernen.

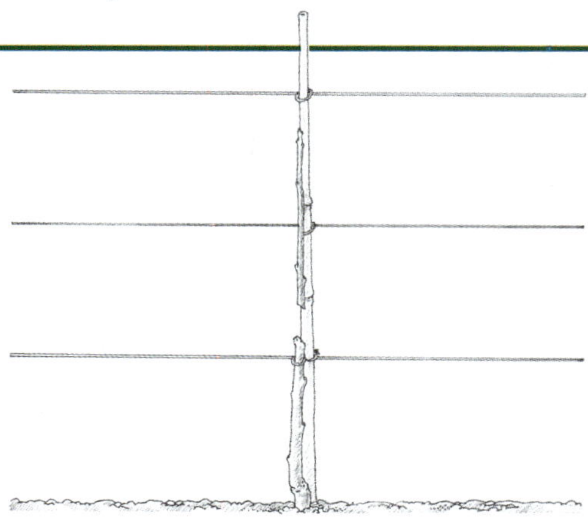

Nach dem Pflanzen in der Ruheperiode den unteren Teil fest an einen aufrechten Stab binden. Dann auf den ersten Draht zurückschneiden.

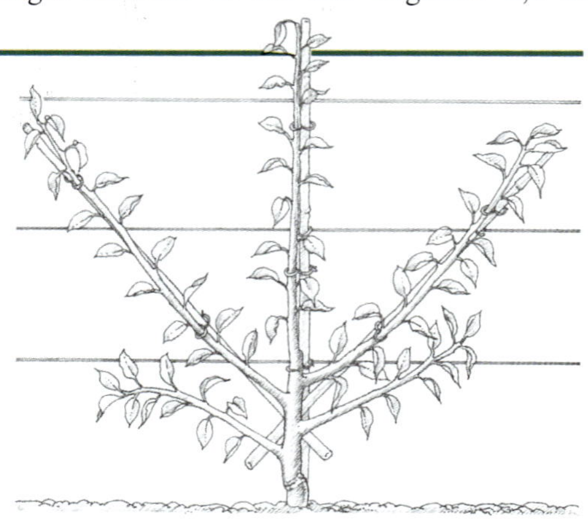

Im folgenden Sommer den senkrechten Leittrieb festbinden, während er wächst, untere Triebe im Winkel von 45 Grad an Stäbe heften, die an den Drähten befestigt sind.

Während sich für kleine Gärten Formbäume mit schwachwüchsigen Unterlagen am besten eignen, können in größeren Gärten Hochstämme und Halbstämme mit kräftiger wachsenden Unterlagen gezogen werden. Ihre Krone sollte offengehalten werden, damit sie nicht zu viel Schatten auf Nachbarpflanzen werfen.

Reihenabstand. *Durchschnittlicher Ertrag:* Hochstamm 90–180 kg; Halbstamm 45–90 kg; Busch 27–55 kg; Spindelbusch 4–7 kg; Fächer, Spalier 9–14 kg; Kordon 2–3,5 kg.

Empfehlenswerte Sorten Alle tragen nur, wenn sie von einer anderen Sorte bestäubt werden, erste Zahlenangabe in Klammern: Monat der Erntezeit, zweite Zahlenangabe: Monat des Endes der Genußreife, K: als Kübelpflanze geeignet, ++: sehr guter, +: guter, –: schlechter Pollenspender, tr: triploid; ›Klarapfel‹ (sehr winterhart, 7/8, nur für Sofortverzehr, nicht lagerfähig, K, +), ›Helios‹ (8, 9, +), ›Gravensteiner‹ (8/9, 11, – tr), ›Alkmene‹ (spätfrostempfindlich, 9, 11, +), ›Carola‹ (9, 12, +), ›Geheimrat Oldenburg‹ (9, 12, +), ›Dülmener Rosenapfel‹ (9, 11, +), ›Havelgold‹ (9, 3), ›Remo‹ (Mostapfel, resistent gegen Feuerbrand, Mehltau und Schorf, frosthart, 9, 10, ++), ›Gala‹ (9/10, 4, +), ›Albrechtsapfel‹ (9/10, 12/1, +), ›James Grieve‹ (9/10, 11, K, ++), ›Goldparmäne‹ (9/10, 2, ++), ›Cox Orange‹ (10, 2, K, +), ›Auralia‹ (10, 2, +), ›Finkenwerder Herbstprinz‹ (10, 1), ›Florina‹ (10, 3, +), ›Freiherr von Berlepsch‹ (10/11, 3, K, +), ›Boskoop‹ (10/11, 4, – tr), ›Golden Delicious‹ (10/11, 4, +), ›Pilot‹ (10, 6, +), ›Ontario‹ (10, 4, K, +), ›Schöner aus Nordhausen‹ (10, 3), ›Holsteiner Cox‹ (11, 1, –), ›Ingrid Marie‹ (11, 1, K, +), ›Jakob Level‹ (11, 1, – tr), ›Jonathan‹ (11, 5, +), ›Krügers Dickstiel‹ (11, 1, +), ›Laxton's Superb‹ (11, 3), ›Grahams Jubiläumsapfel‹ (11, 3, +), ›Winterglockenapfel‹ (10, 4, ++).

Häufige Schädlinge und Krankheiten Blattläuse, Blutläuse, Vögel, Apfelwickler, Wespen, Frostspanner; Schorf, Stippigkeit, Moniliafäule, Obstbaumkrebs, Echter Mehltau, Feuerbrand (siehe Seite 110 f.)

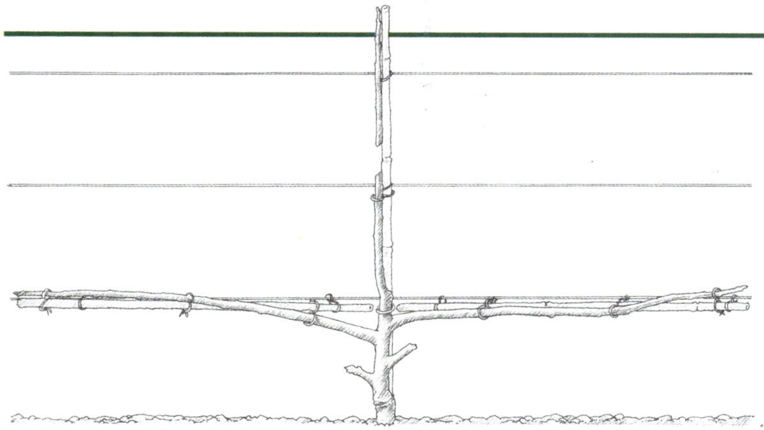

Im zweiten Winter die schrägen Triebe am untersten Draht festbinden. Den senkrechten Leittrieb auf den zweiten Draht zurückschneiden und Schritt 2 noch einmal wiederholen. Andere Seitentriebe am Leittrieb auf 2 oder 3 Knospen einkürzen.

Im Sommer Entwicklung von Fruchtholz anregen, indem junge Seitentriebe auf 4–5 Blätter zurückgenommen werden. Erziehung fortführen, bis das Astgerüst gebildet und an den Drähten befestigt ist. Danach jeden Ast wie einen Kordon schneiden.

Die spätreifenden Früchte von ›Vereinsdechant‹ beginnen sich, von der Sonne gewärmt, zu verfärben.

Birnen

Frankreich gilt allgemein als Heimat der klassischen Birne, da Birnen im Sommer eine lange Periode warmen, sonnigen Wetters brauchen, um zur Vollkommenheit zu reifen. Ein Anbau in Gegenden mit viel Regen oder kühlen Sommern ist meist ein Glücksspiel. Birnen blühen früher als Äpfel, und in kälteren Gärten werden sie an Mauern erzogen, um ihre herrliche weiße Blütenpracht vor Spätfrösten zu schützen.

Im Garten werden meist Tafelbirnen gezogen. Es gibt auch einige Kochbirnen, doch ihre harten Früchte haben wenig Aroma, sofern sie nicht gedünstet werden. Anders als bei Äpfeln stehen hier keine extrem schwachwüchsigen Unterlagen zur Verfügung. Gewöhnlich hat man die Wahl zwischen Quitte A, auf der Bäume 3–6 m hoch werden, und der etwas schwächer wachsenden Unterlage Quitte C, die kleinere Bäume entstehen läßt, aber fruchtbareren Boden braucht.

Standort

So wie Äpfel brauchen auch Birnen im Winter Kälte, aber da sie 2–4 Wochen früher blühen, ist bei ihnen für gute Ernten ein Schutz vor Spätfrösten und kaltem Wind noch wichtiger – meiden Sie daher frostgefährdete Plätze, und pflanzen Sie Birnen in exponierten Gärten im Schutz eines Zaunes oder einer Hecke, oder erziehen Sie sie an einer warmen Mauer. In Gebieten mit viel Regen sind Birnen auch anfälliger für Krankheiten wie Schorf, sie vertragen Trockenheit schlechter als Äpfel und brauchen viel Humus im Boden, insbesondere auf leichten, sandigen Böden. Aus diesem Grund muß man vor dem Pflanzen reichlich Kompost oder verrotteten Mist einarbeiten und gegebenenfalls den Boden aufkalken, wenn der pH-Wert unter dem bevorzugten Bereich von 6–6,5 liegt.

Kultur

Birnen auf die gleiche Weise pflanzen, mulchen und wässern wie Äpfel (siehe Seite 92). Da sie im Frühjahr viel Stickstoff benötigen, Bäumen 100 g Volldünger pro m^2 geben, bevor eine Mulchdecke aus Mist oder Kompost verteilt wird.

Ausdünnen

Bei starkem Fruchtansatz dünnt man auf die gleiche Weise aus wie bei Äpfeln, aber gewöhnlich weniger rigoros. Man beginnt nach dem Junifall, wenn sich die kleinen Früchte nach unten geneigt haben, und läßt von jedem Büschel zwei Früchte stehen, bei jüngeren und dünner belaubten Bäumen eine. Vorzeitig abfallende Früchte aufsammeln und beseitigen, da sich möglicherweise Larven der Birnengallmücke in ihnen befinden.

Schnitt

Erziehungsschnitt während der ersten vier Jahre siehe Seite 90 (Buschbäume, Hochstämme und Halbstämme), Seite 92 f. (Kordons), Seite 94 f. (Spaliere), unten (Spindelbüsche), Seite 98 f. (Fächer).

Einen Birnenspindelbusch erziehen

Ziel ist ein sich verjüngender Baum mit einer offenen Krone aus nahezu waagrechten Zweigen. Anfangs Seitentriebe auf 60 cm, den Leittrieb auf 120 cm einkürzen. Dann jeden Winter so schneiden – auf eine Knospe, die der im letzten Jahr getriebenen gegenüberliegt –, daß 25 cm neues Holz stehenbleiben. Neutriebe an Hauptästen im Sommer auf 25 cm zurücknehmen; kürzere Äste nicht schneiden und ihre Seitentriebe auf etwa 8 cm kürzen, damit sich Fruchtholz entwickelt. Seitenäste des Leittriebs im zeitigen Frühjahr um die Hälfte zurückschneiden, im Sommer neue Triebe auf 6–8 Blätter zurücknehmen.

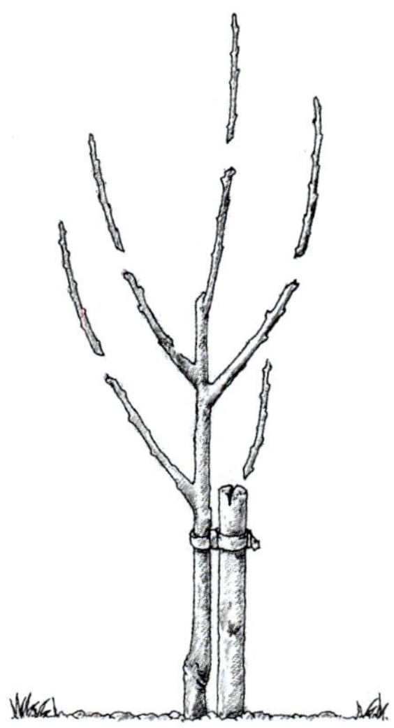

Im zweiten Winter neuen Leittrieb auf 25 cm zurücknehmen, die Seitenäste in gleicher Höhe auf eine nach unten gerichtete Knospe (siehe links) zurückschneiden. Im folgenden Sommer Seitenäste auf 25 cm zurücknehmen, dünnere Seitentriebe auf 8 cm einkürzen. Leittrieb nicht schneiden (siehe rechts).

Die Früchte der Birnensorte ›Seckel‹ haben ihren charakteristischen Rostton angenommen.

Wenn man Sorten mit einer aufrechten Wuchsform schneidet, nimmt man Triebe stets auf eine nach außen gerichtete Knospe zurück, damit die Krone offenbleibt. Dies kann dadurch noch unterstützt werden, daß man junge, aufrecht wachsende Triebe behutsam herunterbindet. Sorten mit hängendem Wuchs schneidet man auf nach oben gerichtete Knospen zurück.

Der jährliche Erhaltungsschnitt nach Ausbildung der Krone erfolgt wie bei Äpfeln (siehe Seite 93 f.). Ein Birnbaum muß weniger geschnitten werden als ein Apfelbaum, verträgt nötigenfalls aber einen härteren Rückschnitt. Der Sommerschnitt kann 1–2 Wochen früher als bei Apfelbäumen durchgeführt werden.

Ernte und Lagerung

Birnen müssen zum richtigen Zeitpunkt geerntet werden, vor allem frühe Sorten, da die Qualität der Früchte sehr bald nachläßt, wenn sie zu lange am Baum bleiben.

Sobald sich im Spätsommer oder Frühherbst die Schale früherer Birnensorten heller färbt, prüft man ihre Reife, indem man eine Frucht mit der Hand emporhebt und den Stiel vorsichtig dreht, der sich recht leicht vom Zweig lösen sollte. Da nicht alle Früchte auf einmal reif werden, muß mehrmals geerntet werden. Birnen können auf einem Regal in einem kühlen Schuppen gelagert werden, wo sie 2–3 Wochen halten. Bringt man sie dann ins Warme, reifen sie binnen ein oder zwei Tagen nach.

Spätreifende Sorten läßt man am Baum, bis sie fast reif sind und sich leicht vom Zweig lösen. Wo es nötig ist, schützt man die Früchte mit Netzen vor Vogelfraß. Gelagert werden die Birnen in Regalen oder Lattenkisten in einem Schuppen oder Schrank bei 3–7 °C. Auch hier werden nicht alle gleichzeitig reif, die Reifung kann Tage oder mehrere Wochen dauern. Die Früchte sollten regelmäßig geprüft werden, und wenn sich die Schale zu färben beginnt oder das Fleisch am Stengel leichtem Druck nachgibt, bringt man sie ins Haus, wo man sie vor dem Verzehr noch einige Tage liegen und ausreifen läßt.

Danach den senkrechten Leittrieb in jedem Winter auf 25 cm des neuen Holzes zurücknehmen. Im Sommer dann die oberen Seitenäste wie in Schritt 2 beschrieben schneiden. Die unteren Seitenäste auf 5–6 Blätter zurücknehmen, um ihr Wachstum zu begrenzen und die Entwicklung von Fruchtästen und Fruchtholz anzuregen.

Kulturdetails *Saison:* Früh- bis Spätherbst (eingelagert bis Wintermitte). *Unterlagen:* Quitte C (recht schwach wachsend), Quitte A (mittelstark wachsend), Birnsämling (stark wachsend, nur für große Bäume). *Formen:* Hochstamm, Halbstamm, Buschbaum, Spindelbusch, Fächer, Spalier, Kordon. *Pflanzabstand:* Hochstamm, Halbstamm 6–9 m; Buschbaum 3,5–4,5 m; Spindelbusch 1,5–2,2 m; Fächer, Spalier 4,5–5,5 m; einstämmiger Kordon 75 cm, mit 1,8 m Reihenabstand. *Durchschnittlicher Ertrag:* Hochstamm 45–90 kg; Halbstamm 22–55 kg; Buschbaum 22–45 kg; Spindelbusch 3–6 kg; Fächer, Spalier 7–14 kg; Kordon 2–3 kg.

Empfehlenswerte Sorten Manche wie ›Conférence‹ und ›Gute Luise‹ setzen auch ohne Bestäubung in geringem Umfang Früchte an, generell ist aber Fremdbestäubung durch eine geeignete Sorte für guten Fruchtansatz notwendig, erste Zahlenangabe in Klammern: Monat der Erntezeit, zweite Zahlenangabe: Monat des Endes der Genußreife, K: als Kübelpflanze geeignet; +: guter, –: schlechter Pollenspender, tr: triploid; ›Bunte Juli‹ (7, 8, +), ›Harvest Queen‹ (wenig anfällig für Feuerbrand, 8, zum baldigen Verbrauch, da kaum lagerfähig), ›Große Petersbirne‹ (8, zum Sofortverzehr, +), ›Frühe von Trévoux‹ (8, 10, K), ›Williams Christ‹ (8, 10, +, K), ›Robert de Neufville‹ (8, 9, – tr), ›Gute Luise‹ (9, 10), ›Clapps Liebling‹ (8/9, 10, +), ›Triumph von Vienne‹ (9, zum Sofortverzehr, K), ›Holländische Zuckerbirne‹ (9, zum Sofortverzehr), ›Gellert‹ (9, 10), ›Conférence‹ (9/10, 12, +), ›Alexander Lucas‹ (9/10, 12, – tr, K), ›Concorde‹ (9/10, 2), ›Boscs Flaschenbirne‹ oder ›Kaiserkrone‹ (10, 11, +), ›Elsa‹ (10, 11, +), ›Vereinsdechant‹ (10, 11), ›Jeanne d'Arc‹ (10, 1), ›Uta‹ (10, 1), ›Köstliche von Charneu‹ oder ›Legipont‹ (10, 11, +), ›Pastorenbirne‹ (10, 1, – tr), ›Madame Verté‹ (10, 2), ›Präsident Drouard‹ (10, 1), ›Josephine von Mecheln‹ (11, 2, +, K).

Häufige Schädlinge und Krankheiten Blattläuse, Vögel, Birnengallmücke, Wespen, Frostspanner; Moniliafäule, Obstbaumkrebs, Gitterrost, Schorf, Feuerbrand (Seite 110 f.).

Jede der verschiedenfarbigen Sorten hat ihre Freunde, gelbe Pflaumen wurden früher jedoch gern zum Einmachen verwendet.

Pflaumen, Zwetschen, Mirabellen und Renekloden

Die Kultur dieser beliebten Pflanzen ist einfach, doch haben die vielen verschiedenen Sippen so unterschiedliche Kulturansprüche, daß es schwierig wäre, eine jede davon in einem Garten zu ziehen. Man unterscheidet vier Hauptgruppen: die nur selten kultivierten Haferpflaumen mit kleinen, rundlichen Früchten, die Renekloden mit kugeligen, grünlichen Früchten, die gelbfrüchtigen Mirabellen und schließlich die Gruppe der Pflaumen und Zwetschen mit meist blauvioletten, aber auch gelben Früchten, deren Fleisch sich leicht vom Stein lösen läßt.

Als Steinobst benötigen Pflaumen, Zwetschen, Mirabellen und Renekloden einen anderen Schnitt als Kernobst wie Äpfel und Birnen, unter anderem wegen der Anfälligkeit für Krankheiten und der Neigung, Wunden mit einer klebrigen Substanz zu verschließen, von der nur während des Wachstums genügend gebildet wird. Die erhältlichen Unterlagen sind wüchsiger als bei Äpfeln, daher können Pflaumen nicht als Kordons und Spaliere gezogen werden.

Standort

Pflaumen brauchen tiefgründigen Boden, der die Feuchtigkeit hält, und gedeihen gut auf Tonböden oder leicht alkalischen Böden. Sie bevorzugen einen pH-Wert zwischen 6,5 und 7,2. Da sie zu Frühjahrsbeginn blühen, benötigen sie einen Platz, der zur Blütezeit sonnig und frostgeschützt ist, und sollten nicht an exponierte oder tiefliegende Plätze gepflanzt werden. Renekloden brauchen die meiste Sonne und werden in kühleren Gärten am besten als Fächer vor warmen Mauern erzogen, Zwetschen sind dagegen sehr robust und können in Grenzhecken oder als Windschutz für empfindlichere Obstpflanzen gezogen werden. Man muß darauf achten, daß der ausgewählte Platz unkrautfrei ist, denn spätere tiefe Bodenbearbeitung kann die Ausbildung von Wurzeltrieben anregen. Bei leichten Böden muß reichlich Kompost oder Mist eingearbeitet werden.

Kultur

Pflaumen auf die gleiche Weise pflanzen, wässern und mulchen wie Äpfel (siehe Seite 92 f.) und zu Frühjahrsbeginn zusätzlich einen Stickstoffdünger geben (siehe unter Birnen, Seite 96). Bäume mit bloßen Wurzeln sollten möglichst früh in der Ruheperiode gepflanzt werden, damit sie sich eingewöhnen können, bevor ihre frühe Blüte beginnt. Die Bäume mit Baumbindern an den Stützen befestigen, um Verletzungen zu vermeiden, die zu Erkrankungen führen können.

Ausdünnen

Früchte müssen frühzeitig ausgedünnt werden, damit sich große Früchte entwickeln und die Zweige nicht abbrechen. Nach dem Junifall werden mit einer Schere alle überflüssigen Früchte herausgeschnitten, so daß die verbleibenden 5–8 cm Abstand voneinander haben, für sehr große Früchte noch etwas mehr.

Einen Pflaumenfächer erziehen

Waagrechte, etwa 30 cm auseinanderliegende Spanndrähte befestigen. Den Leittrieb einer verzweigten Pflaume herausnehmen, so daß zwei kräftige Triebe stehenbleiben. Diese im Winkel von 30 Grad an Stäbe binden und zu Frühjahrsbeginn auf 40 cm kürzen. Sich im Sommer entwickelnde nach oben wachsende Seitentriebe gleichmäßig verteilt anheften, alle den Aufbau störenden Triebe entfernen. Im zeitigen Frühjahr Äste dann um ein Drittel einkürzen, damit sie sich verzweigen, und so jedes Jahr fortfahren, bis der Fächer fertig ist. Seitentriebe auf 15 cm auslichten und die übrigen als Fruchtäste festbinden.

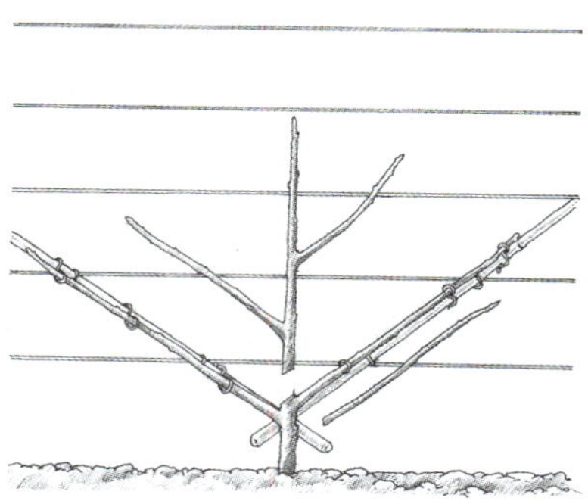

Zum Frühjahr auf zwei Äste zurückschneiden (Äpfel und Birnen nach dem Pflanzen), diese anheften.

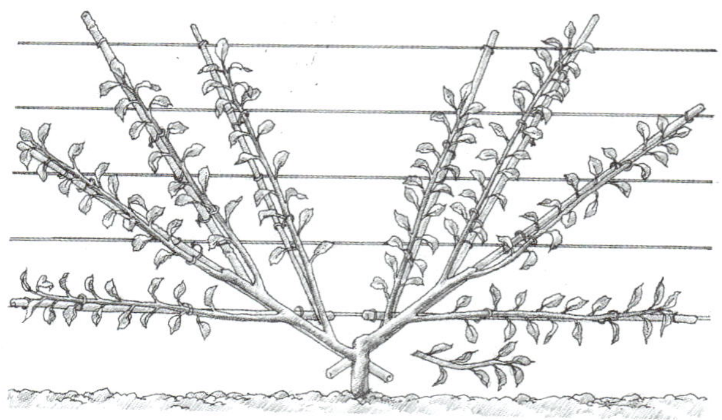

Im Sommer bilden die beiden ursprünglichen Äste, die im Frühjahr auf etwa 40 cm eingekürzt wurden, kräftige Seitentriebe, die ebenfalls erzogen werden.

Wenn in einem Jahr Pflaumen üppig blühen und Früchte entwickeln, müssen sie rigoros ausgedünnt werden, damit die übrigen sich gut entwickeln können.

Schnitt

Während der ersten vier Jahre erfolgen Erziehungs- und Erhaltungsschnitt wie auf Seite 90 (Buschbäume, Hochstämme, Halbstämme), Seite 96 f. (Spindelbüsche) und unten (Fächer) beschrieben, der Winterschnitt wird jedoch auf den Frühjahrsbeginn verschoben, damit die Wunden schneller heilen. Größere Schnitte sollten zur Sicherheit mit Wundwachs verschlossen werden.

Ältere Buschbäume, Hochstämme und Halbstämme schneidet man möglichst wenig. Man entfernt hier im Sommer zuerst alles tote, erkrankte oder abgebrochene Holz, dann nimmt man zu dicht stehende Zweige heraus. Spindelbüsche werden dann wie Apfelbäume (Seite 94) und Fächer wie auf Seite 101 beschrieben geschnitten. Erscheinen Wurzeltriebe, entfernt man die Erde und reißt sie unmittelbar an der Basis ab – nicht abschneiden, weil sie sonst um so kräftiger nachwachsen.

Zu starker Fruchtbehang und starker Wind können dazu führen, daß Zweige abbrechen. Die Gefahr wird reduziert, wenn man für Windschutz sorgt, Früchte ausdünnt und Äste mit vielen Früchten stützt. Falls es dennoch passiert, sägt man den abgebrochenen Ast an der Basis oder einer starken Astgabel ab und verschließt den Schnitt mit Wundwachs.

Ernte

Früchte zum Kochen, Einfrieren und Einmachen können bei beginnender Reife geerntet werden. Früchte zum Frischverzehr läßt man am Baum, bis sie ausgereift und weich sind. Sie lösen sich dann leicht vom Zweig, Renekloden und Zwetschen mit Stiel, die meisten Pflaumen ohne. Man erntet mehrmals, da nicht alle Früchte gleichzeitig reifen, sollte aber starker Regen angesagt sein, pflückt man alle Früchte, die fast reif sind, da sie bei Regen sehr leicht platzen. Die Früchte werden sofort verwendet oder einige Tage an einem dunklen, kühlen Platz gelagert.

Kulturdetails *Saison:* Spätsommer bis Herbstmitte. *Unterlagen:* Brompton (starkwüchsig), Myrobalan B (starkwüchsig), St Julien A (mittelstark wachsend), Pixy (schwachwüchsig). *Formen:* Hochstamm, Halbstamm, Buschbaum, Spindelbusch, Fächer. *Pflanzabstand:* Hochstamm, Halbstamm, Fächer 4,5–6 m; Buschbaum, Spindelbusch 3–4 m. Bäume mit starkwüchsigen Unterlagen werden höher. *Durchschnittlicher Ertrag:* Hochstamm 22–45 kg; Halbstamm 13–27 kg; Buschbaum, Spindelbusch 13–23 kg; Fächer 9–14 kg.

Empfehlenswerte Sorten Zahlenangabe in Klammern: Monat der Erntezeit, sb: selbstbefruchtend, F: Fremdbestäubung notwendig; +: guter Pollenspender; ›Bühler Frühzwetsche‹ (8, sb, +), ›Zimmers Frühzwetsche‹ (zum Sofortverzehr), ›Graf Althanns Reneklode‹ (8/9, F, +), ›Große grüne Reneklode‹ (9, F, +), ›Hauszwetsche‹ (9/10, sb), ›Katinka‹ (7, sb), ›Mirabelle von Nancy‹ (8, sb, +), ›Ontario-Pflaume‹ (8, sb), ›Oullins Reneklode‹ (8, sb, +), ›Hermann‹ (8, sb), ›Wangenheims Frühzwetsche‹ (8/9, sb), ›Geisenheimer Spätzwetsche TOP‹ (10, sb).

Häufige Schädlinge und Krankheiten Blattläuse, Vögel, Wespen, Frostspanner; Bakterienbrand, Moniliafäule, Bleiglanz (siehe Seite 110 f.).

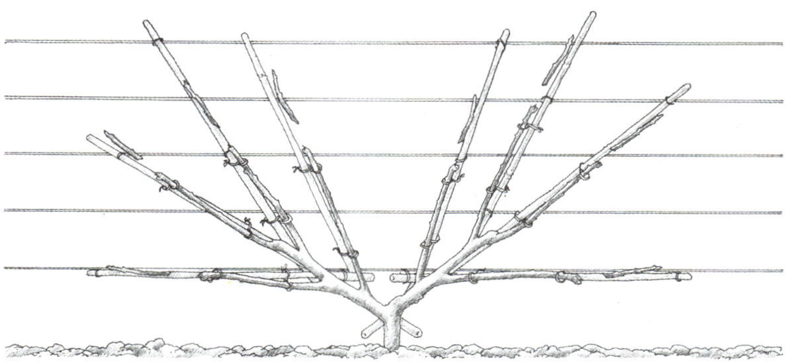

Im Frühjahr des folgenden Jahres junge Äste wie zuvor einkürzen, ältere um etwa ein Drittel auf eine nach unten gerichtete Knospe zurücknehmen, damit der Baum sich weiter verzweigt und das Astgerüst vollendet wird.

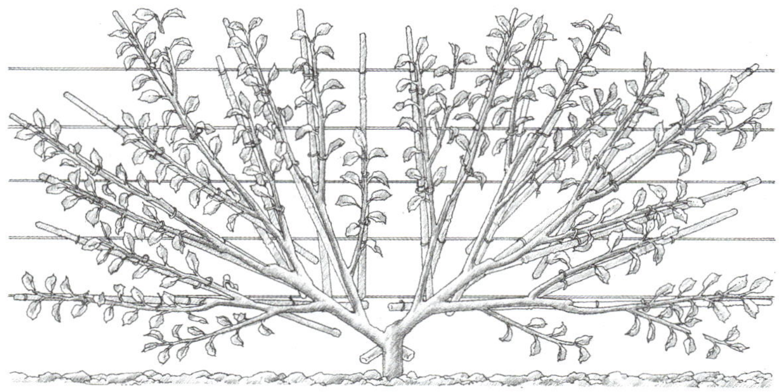

Zu Ende desselben Sommers neue Verlängerungstriebe und alle anderen Fruchtäste an geschnittenen Ästen auf 45 cm einkürzen. Fruchtholz bei Apfel- und Birnenfächern schneiden, als handele es sich bei jedem Ast um einen Kordon.

Pfirsiche

Diese herrliche Frucht gedeiht am besten im Weinbauklima. In kühlen Gegenden kann man Pfirsiche im Schutze einer warmen Wand als Fächer erziehen oder in Töpfen unter Glas halten. Auf die gleiche Weise wird die Nektarine, eine noch wesentlich anspruchsvollere Unterart mit kleineren, glattschaligen Früchten, kultiviert.

Standort

Da Pfirsiche sehr früh blühen, brauchen sie zu Frühjahrsbeginn Schutz vor Frost und werden in kühlen Gärten gewöhnlich vor warmen Mauern gezogen, die Schutz vor kalten Winden bieten. Sie gedeihen auf den meisten durchlässigen Böden, sofern diese leicht sauer sind (pH-Wert 6,7–7). In sandige Böden arbeitet man vor dem Pflanzen reichlich Mist oder Kompost ein, ansonsten gräbt man gründlich um und bringt etwa eine Woche vor dem Pflanzen pro m^2 100 g Volldünger und 50 g Knochenmehl aus.

Kultur

Pfirsiche wie Äpfel pflanzen, wässern, mulchen und düngen (siehe Seite 92 f.). Regelmäßig wässern, bevor die Erde austrocknen kann – dies gilt vor allem für Pflanzen, die vor Mauern wachsen –, und während der Fruchtentwicklung in Abständen von 2 Wochen einen kaliumreichen Flüssigdünger geben. An Mauern erzogene Bäume während Winter und Frühjahrsbeginn mit Folie abdecken, um sie vor der Kräuselkrankheit und Frostschäden zu schützen. Bei kalter Witterung zur Blütezeit von Hand bestäuben, dann die Zweige behutsam schütteln oder die Blüten zwischen Öffnen und Abfallen der Blütenblätter alle 2–3 Tage mit einem dünnen, weichen Pinsel oder Wattebausch betupfen.

Ausdünnen

Damit sich große Pfirsiche entwickeln, müssen die Früchte rigoros ausgedünnt werden, schon bei Haselnußgröße auf eine Frucht pro Büschel, später dann bei Walnußgröße auf 15–20 cm Abstand. In warmen Gegenden den kleineren Abstand wählen.

Schnitt

Während der ersten vier Jahre Erziehungs- und Erhaltungsschnitt bei Buschbäumen siehe Seite 90, bei Fächern siehe Seite 98 f. Im Winter keinen Schnitt durchführen (siehe Pflaumen, Seite 98 f.).

Pfirsiche tragen an jungen Trieben aus dem vorangegangenen Jahr. Bei älteren Bäumen entfernt man jedes Jahr am tragenden Holz alle neuen Seitentriebe, sobald sie 4–6 Blätter haben, nur ein Trieb nahe der Basis bleibt als späterer Ersatz stehen. Gleich nach der Ernte schneidet man den abgetragenen Fruchtast heraus und läßt an seiner Stelle den Ersatztrieb wachsen.

Die Pfirsichsorte ›Pelegrine‹ entwickelt große Früchte, sofern rigoros ausgedünnt wird.

Ernte

Wenn die Früchte sich am Stiel weich anfühlen, hebt man sie behutsam mit der Hand empor. Reife Früchte lösen sich dabei leicht ab. Darauf achten, daß der Flaum nicht beschädigt oder zerstört wird. In einem kühlen Schuppen halten sich die Früchte etwa eine Woche, Überschüsse können eingefroren oder auch eingemacht werden.

Kulturdetails *Saison:* Hochsommer bis Frühherbst. *Unterlagen:* Brompton (starkwüchsig), St Julien A (mittelstark wachsend); zudem sind für die Topfkultur kleine Bäume erhältlich, die auf eigenen Wurzeln wachsen. *Formen:* Buschbaum, Fächer. *Pflanzabstand:* Buschbaum 4,5–6 m; Fächer 3,5–5,5 m, auf Brompton-Unterlagen höher. *Durchschnittlicher Ertrag:* Buschbäume 18–23 kg, Fächer 9–14 kg.
Empfehlenswerte Sorten Alle sind selbstfertil, in kalten oder nassen Jahren sollte, beim Anbau unter Glas muß aber eine künstliche Bestäubung von Hand erfolgen; Zahlenangabe in Klammern: Monat der Erntezeit; ›Benedict‹ (8), ›Bero‹ (8), ›Red Haven‹ (8), ›Pilot‹ (8/9), ›Roter Ellerstädter‹ – auch ›Kernechter vom Vorgebirge‹ genannt – (9), eine kernechte Sorte, kann daher im Unterschied zu den meisten Obstsorten aus Samen gezogen werden; Nektarinen: ›Nectared 4‹ (8).
Häufige Schädlinge und Krankheiten Blattläuse, Vögel, Spinnmilben; Bakterienbrand, Grauschimmel, Kräuselkrankheit (siehe Seite 110 f.).

Kirschen

Durch moderne schwachwüchsige Unterlagen können Kirschen auf etwa 3 m Höhe begrenzt werden und sind so leichter vor Vögeln zu schützen als große Bäume. Sauerkirschen sind für Vögel weniger reizvoll als Süßkirschen und können zudem auch an schattigen Mauern gezogen werden.

Da Kirschen bei Vögeln sehr beliebt sind, sollte man die heranreifenden Früchte mit Netzen schützen – seit es Unterlagen gibt, auf denen die Sorten nur schwach wachsen, ist das kein Problem mehr.

Standort

Ideal sind tiefgründige, durchlässige Böden mit einem pH-Wert von 6,7–7,5. Sandige Böden sollten beim Umgraben gut mit Kompost oder verrottetem Mist angereichert werden. Süßkirschen an einen sonnigen Platz, Sauerkirschen in Sonne oder leichten Schatten setzen, zur Blütezeit brauchen Kirschen Schutz vor Frost und kaltem Wind.

Kultur

Kirschen auf die gleiche Weise pflanzen, wässern und mulchen wie Äpfel (siehe Seite 92 f.); mit dem Wässern nicht warten, bis der Boden trocken ist, weil sonst die Früchte platzen können. Ausdünnen ist bei Kirschen nicht erforderlich.

Schnitt

Wie Pfirsiche und Pflaumen können Kirschen nicht als Kordon oder Formspalier erzogen werden, und nur Süßkirschen eignen sich für Spindelbüsche. Während der ersten vier Jahre führt man Erziehungs- und Erhaltungsschnitt wie auf Seite 90 (Buschbäume, Hochstämme und Halbstämme), Seite 96 f. (Spindelbüsche) oder Seite 98 f. (Fächer) beschrieben durch; im Winter nicht schneiden (siehe Pflaumen, Seite 98 f.).

Ältere Süßkirschen werden auf die gleiche Weise geschnitten wie Pflaumen (siehe Seite 98 f. und Einen fertigen Fächer schneiden, unten), während Sauerkirschen einen Fruchtholzerneuerungsschnitt wie Pfirsiche brauchen (siehe links).

Ernte

Früchte mit Stielen pflücken oder abschneiden, sobald sie reif sind, aber bevor sie platzen. Sofort verwenden oder einfrieren oder einmachen.

Kulturdetails *Saison:* Hoch- bis Spätsommer. *Unterlagen:* Malling F12/1 (starkwüchsig), Colt (mittelstark wachsend), Inmil (schwachwüchsig), Camil (schwachwüchsig). *Formen:* Hochstamm, Halbstamm, Buschbaum, Spindelbusch, Fächer. *Pflanzabstand für F12/1:* Hochstamm, Halbstamm, Buschbaum 7,5–9 m, Fächer 6 m; *Pflanzabstand für Colt:* Buschbaum 4,5 m, Spindelbusch 3,5 m; Fächer 4,5 m. *Durchschnittliche Erträge:* Hochstamm, Halbstamm 27–45 kg; Buschbaum 13–23 kg; Spindelbusch, Fächer 9–14 kg. *Höchste Erträge:* Süßkirschen auf F12/1, *niedrigste Erträge:* Sauerkirschen auf Colt.

Empfehlenswerte Sorten Nur wenige sind selbstfertil, bei den meisten sind die Befruchtungsverhältnisse kompliziert, daher Sorten aus einem Katalog oder nach Beratung auswählen, die als Pollenspender geeignet sind; **Süßkirschen** in der Reihenfolge der Reife, H: Herzkirschen mit weichem, saftigem Fruchtfleisch, K: Knorpelkirschen mit festerem Fruchtfleich; ›Kassins Frühe‹ H, ›Primavera‹ H, ›Schneiders späte Knorpelkirsche‹ K, ›Fromms Herzkirsche‹ H, ›Große Prinzessinkirsche‹ H, ›Hedelfinger Riesen‹ K, ›Büttners rote Knorpelkirsche‹ K; **Sauerkirschen:** ›Schattenmorelle‹, ›Morellenfeuer‹, ›Korund‹, ›Morina‹.

Häufige Schädlinge und Krankheiten Blattläuse, Vögel, Frostspanner; Bakterienbrand, Moniliafäule, Bleiglanz (siehe Seite 110 f.).

Einen fertigen Fächer schneiden

Bei Äpfeln und Birnen schneidet man das Fruchtholz und behandelt jeden Ast wie einen einstämmigen Kordon. Pflaumen und Süßkirschen fruchten an altem und neuem Holz: Im Frühjahr neue Triebe herausschneiden, die von der Mauer weg oder zu ihr hin wachsen, alle anderen neuen Triebe im Hochsommer auf 5–6 Blätter zurücknehmen und im Frühherbst noch einmal auf 3 Blätter kürzen. Bei Pfirsichen und Sauerkirschen muß jährlich das Fruchtholz erneuert werden: Unerwünschte Triebe im Frühjahr bis auf ein oder zwei herausschneiden, welche die abgetragenen Triebe ersetzen, die nach der Ernte entfernt werden.

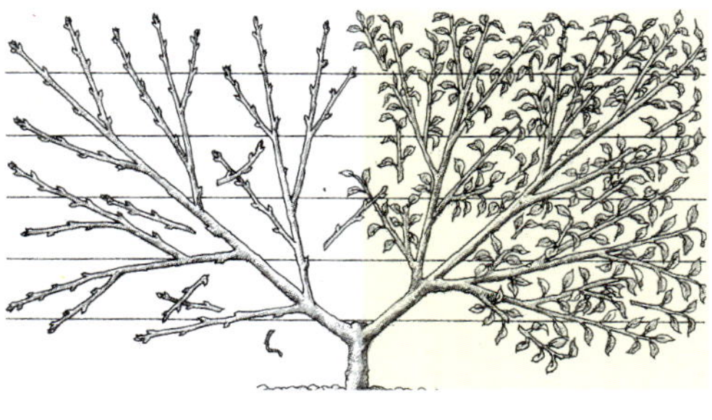

Früher Schnitt — Später Schnitt

Pflaumen und Süßkirschen beim Aufgehen der Knospen (links) schneiden, dabei totes oder krankes Holz und schlechtwachsende Triebe entfernen. Im Hochsommer (rechts) neue Seitentriebe nach 5–6 Blättern entspitzen, nach der Ernte auf 3 Blätter einkürzen.

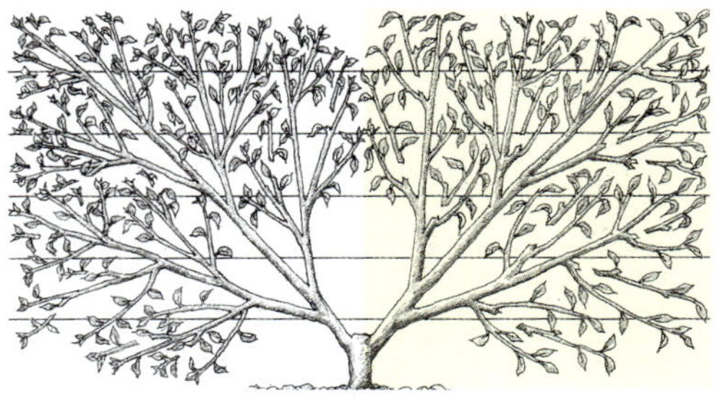

Früher Schnitt — Später Schnitt

Nach der Blüte (links) Pfirsiche und Sauerkirschen wie Pflaumen schneiden. Neue Seitentriebe bis auf 1–2 Ersatzäste auslichten. Letztere festbinden, während sie wachsen. Schlechtwachsende Triebe nach der Ernte entfernen (rechts). Abgetragene Äste herausschneiden und Ersatzäste anheften.

Beerenobst

BEERENOBST ANBAUEN

Die Pflege von Beerenobst ist nicht schwierig, und anders als Baumobst erfordert es keinen komplizierten Schnitt. Das meiste trägt bereits früh und behält eine handhabbare Größe, wodurch es leicht mit Netzen oder Maschendrahtgehegen geschützt werden kann, um Vögel und Eichhörnchen fernzuhalten.

Zwar bringt Beerenobst nicht so lange Erträge wie Baumobst, doch da es auf seinen eigenen Wurzeln wächst, kann es leicht im Garten vermehrt werden, sofern die Pflanzen gesund und vor allem virusfrei sind. Selbst einzelne Exemplare tragen Früchte, da das meiste Beerenobst selbstfertil ist, auch die hier im folgenden beschriebenen Arten – Erdbeeren, Brombeeren und Hybridbeeren, Himbeeren, Schwarze, Rote und Weiße Johannisbeeren und Stachelbeeren.

Erdbeeren

Erdbeeren sind kurzlebige Pflanzen, die im Küchengarten meist im Wechsel mit Gemüsen gezogen werden. Die großfrüchtigen eigentlichen Gartenerdbeeren tragen ein Jahr nach dem Pflanzen am besten, bringen aber 2–3 weitere Jahre Ernten. Die kleinen Früchte des letzten Jahres eignen sich ausgezeichnet für Marmelade. Zur Vermehrung bewurzelt man gewöhnlich Jungpflanzen, welche sich an Ranken entwickeln, einige Sorten werden aus Samen gezogen, die man auf die gleiche Weise sät wie Walderdbeeren.

Monatserdbeeren bringen vom Hochsommer an immer wieder kleine Erträge. Walderdbeeren tragen kleine, aromatische Früchte und bilden ordentliche, kompakte Pflanzen. Großfrüchtige Typen können für eine um 2–3 Wochen vorgezogene Ernte im Frühjahr in Töpfen unter Glas gezogen oder mit Tunneln abgedeckt werden (siehe Erdbeeren treiben, rechts). Tagneutrale Sorten tragen unabhängig von der Tageslänge 12 Wochen nach dem Pflanzen, sofern die Temperatur über 10 °C liegt.

Standort

Ein warmer, sonniger Standort garantiert das beste Aroma und gesunde Pflanzen. Bei mittleren und späten Sorten ist auch etwas Schatten möglich; in einem kalten, nassen Jahr kann jedoch Grauschimmel oder Mehltau zum Problem werden. Frühe Kulturen vor Frost und kaltem Wind schützen. Erdbeeren gedeihen in den meisten durchlässigen Böden, ausgenommen in sehr kalkigen Böden (ideal ist ein pH-Wert von 6–6,5). Vor dem Pflanzen gräbt man reichlich Kompost oder verrotteten Mist unter – pro m^2 etwa einen großen Eimer (6,5 kg) – und arbeitet ihn tief ein. Auf mageren Böden kann man zudem kurz vor dem Pflanzen 100 g Volldünger pro m^2 ausbringen.

Pflanzen

Gartenerdbeeren müssen im Hoch- oder Spätsommer (spätestens bis Ende August) gepflanzt werden, damit sie anwachsen und im folgenden Jahr eine gute Ernte bringen. Bei späteren Pflanzungen schrumpft der Ertrag um die Hälfte oder auf Null, hier sollte man im ersten Frühjahr die Blüten entfernen, um die Kraft der Pflanzen zu erhalten.

Man verwendet Setzlinge, die virusfrei sind, und

Erdbeeren vermehren

Das eigene Vermehren von Erdbeeren ist einfach, lohnt sich aber nur bei vollkommen gesunden Pflanzen. Einige Gärtner haben ein Beet mit Mutterpflanzen. Die ersten Pflanzen an den Ranken werden am kräftigsten und entweder direkt im Boden bewurzelt oder, wie hier, in einem kleinen Topf mit guter Erde, den man in den Boden einläßt. Gutbewurzelte Jungpflanzen im Spätsommer in neue Beete setzen oder in größere Töpfe, um sie im Spätwinter unter Glas zu treiben.

Ranken mit Schlaufen aus kräftigem Draht feststecken, wenn sich der erste Ableger entwickelt.

Sofern nicht mehr Pflanzen gebraucht werden, Ranken nach dem ersten Pflänzchen abknipsen.

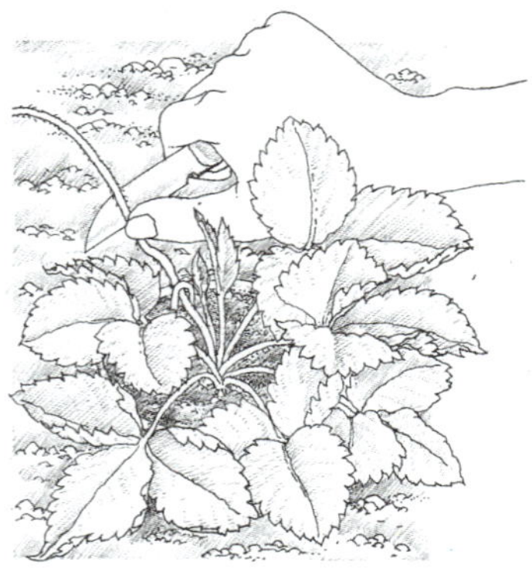

Nach einigen Wochen die nun kräftig entwickelten neuen Pflanzen von ihren Ranken abtrennen.

Erdbeeren treiben

In Töpfen gezogene Erdbeeren tragen im Glashaus zu Frühjahrsbeginn Früchte (Mindesttemperatur 7 °C) oder ohne künstliche Wärme im Spätfrühjahr. Im Spätsommer bewurzelt man kräftige Jungpflanzen (siehe Erdbeeren vermehren, unten links) in 8 cm großen Töpfen. Später setzt man sie in 15-cm-Töpfe um und stellt sie nach draußen an einen sonnigen Platz, wo man sie bis zum Frühherbst regelmäßig wässert und wöchentlich düngt. Vom Frühwinter an bringt man Töpfe in Gruppen ins Glashaus. Kühl halten und Wege befeuchten, um eine hohe Luftfeuchtigkeit zu gewährleisten, und wöchentlich einen kaliumreichen Dünger geben, bis sich die Blüten öffnen. Die Luft während der Blüte trocken halten und die Blüten bestäuben, indem man mit einem kleinen weichen Pinsel über ihre Mitten streicht. Für eine sehr frühe Ernte können die Temperaturen jetzt auf 15 °C angehoben werden. Weiter wässern und düngen und Wege befeuchten, sobald die Früchte erscheinen. Für gutes Licht sorgen und Fruchtbüschel mit kleinen Stöcken stützen. Auf Spinnmilben achten und gut lüften, um Schimmel vorzubeugen. Nach der Ernte ins Freie pflanzen.

pflanzt in Beete, in denen in den letzten 3–4 Jahren keine Erdbeeren gestanden haben. Der Wurzelhals, die Verbindungsstelle zwischen Wurzeln und Blättern, muß über der Erde sitzen, und die Pflanzen sollten guten Bodenschluß haben. Anschließend wird sofort gewässert. Erdbeeren können auch in schwarzer Folie wachsen, die Unkräuter unterdrückt und die Feuchtigkeit konserviert. Dazu schneidet man in den erforderlichen Abständen Schlitze in die Folie und legt nach dem Pflanzen die Folienränder um die Wurzelhälse.

Man muß regelmäßig wässern, darf aber die Früchte nicht mehr naß machen, wenn sie sich zu färben beginnen. Pflanzen, die in Folie wachsen, müssen nur bei sehr großer Trockenheit gewässert werden. Wenn die ersten Früchte erscheinen, verteilt man Stroh um die Pflanzen, damit die Früchte nicht auf dem Boden liegen. Gemulcht wird aber erst, wenn sich die Erde erwärmt hat. Alle Ranken entfernen, wenn nicht Jungpflanzen zur Vermehrung gebraucht werden, und reifende Früchte mit Netzen schützen.

Ernte

Wenn die Früchte vollkommen rot sind, werden sie mit Stielen gepflückt und sofort verwendet. Beschädigte Früchte entfernen und vernichten, da sie Pilzerkrankungen Vorschub leisten können. Die Reihen alle 1–2 Tage inspizieren, da Erdbeeren sehr rasch reifen, vor allem bei sehr warmem Wetter. Überschüsse können eingemacht, zu Marmelade verarbeitet oder püriert und eingefroren werden.

Sobald eine Kultur abgeerntet ist, das Laub etwa 5 cm über den Wurzelhälsen abschneiden. Es sollte zusammen mit Unkraut, Ausläufern und Stroh kompostiert werden, aber nur dann, wenn keine Krankheitssymptome sichtbar sind. Dann die Pflanzen mit einem Volldünger (100 g pro m^2) düngen, bei trockenem Wetter gießen.

Vermehrung

Man kann extra einige Pflanzen zur Vermehrung ziehen, die Ableger für zukünftige Kulturen liefern, oder man nimmt kräftige Jungpflanzen von gesunden tragenden Pflanzen (siehe Erdbeeren vermehren, links). In Zweifelsfällen kauft man für Neupflanzungen jedoch Setzlinge, deren Gesundheit zertifiziert ist (»Hochzuchten«). Eigene Pflanzen sollte man nur ein- oder zweimal vermehren, danach ersetzt man seinen Bestand.

Um Erdbeeren zu vermehren, läßt man Jungpflanzen sich einfach auf natürliche Weise im Boden bewurzeln, oder man steckt sie zur Bewurzelung auf kleinen Töpfen mit Erde fest – dies ist die beste Methode, um Pflanzen zum Treiben im Gewächshaus zu ziehen. Man kann alle gesunden Jungpflanzen verwenden, die kräftigsten Pflanzen entwickeln sich jedoch aus den ersten Ablegern an jeder Ranke. Sobald sie gut bewurzelt sind, setzt man sie in ein frisches Beet, das möglichst weit von anderen Erdbeerkulturen entfernt liegt.

Monats- und Walderdbeeren

Monatserdbeeren werden im Herbst, Winter oder Frühjahr gepflanzt. Die ersten Blüten werden entfernt, alle weiteren läßt man Früchte entwickeln. In kalten Gegenden die letzten Früchte mit Tunneln schützen. Monatserdbeeren alle zwei Jahre durch eigene Jungpflanzen oder gekaufte Pflanzen ersetzen. Walderdbeeren werden am besten im Herbst oder zu Frühjahrsbeginn bei 18–21 °C ausgesät, gesunde Pflanzen kann man aber auch teilen, und einige Sorten entwickeln Ausläufer. Bei Trockenheit reichlich wässern, und sobald Blüten erscheinen, Pflanzen alle zwei Wochen einen kaliumreichen Flüssigdünger geben.

Kulturdetails *Saison:* Gartenerdbeeren Spätfrühjahr bis Hochsommer, Monats- und Walderdbeeren Hochsommer bis Herbstmitte. *Pflanzabstand:* Garten- und Monatserdbeeren 45 cm, mit 75 cm Reihenabstand, Walderdbeeren 30 cm, mit 75 cm Reihenabstand oder rundum 45 cm. *Durchschnittlicher Ertrag:* 250–700 g pro Pflanze. *Ertragsdauer:* Gartenerdbeeren 3–4 Jahre; Wald- und Monatserdbeeren 2 Jahre. *Vermehrung:* durch bewurzelte Jungpflanzen (Garten-, Wald- und Monatserdbeeren), Teilung (Walderdbeeren), Aussaat (Walderdbeeren, einige Gartenerdbeeren).

Empfehlenswerte Sorten Gartenerdbeeren; früh: ›Zefyr‹, ›Precosana‹, ›Regina‹, ›Macherauchs Frühernte‹, ›Pemica‹, ›Gorella‹; mittelfrüh bis mittelspät: ›Gourmella‹, ›Senga sengana‹, ›Splendida‹, ›Litessa‹, ›Mieze Schindler‹ (nur weibliche Pflanzen, daher Befruchtersorte notwendig), ›Famosa‹, ›Tago‹, ›Ferma‹, ›Asieta‹; spät: ›Fructarina‹, ›Dulcita‹, ›Elista‹, ›Münchener Kindl‹; mehrmals bis sehr spät ins Jahr tragend: ›Ostara‹, ›Macherauchs Dauerernte‹; **Monatserdbeeren:** ›Rügen‹, ›Sperlings Bowlenzauber‹.

Häufige Schädlinge und Krankheiten Schnecken, Blattläuse, Spinnmilben, Vögel; Grauschimmel, Echter Mehltau, Viruserkrankungen (siehe Seite 110 f.).

Die meisten Brombeeren reifen über mehrere Wochen und müssen daher regelmäßig geerntet werden. Diese Brombeeren sind mitten in der Erntesaison – einige können gepflückt werden, andere müssen noch reifen.

Brombeeren

Brombeeren und Hybridbeeren sind wertvoll, weil sie bis spät im Jahr reiche Ernten bringen. Ältere Typen brauchen viel Platz für ihre langen, ausladenden Ruten, die oft sehr stachelig sind, aber heute gibt es auch kompakte Sorten, die wie Himbeeren erzogen werden können. Stachellose Brombeeren kann man an Säulen oder Bögen erziehen, andere brauchen ein Stützgerüst aus Pfosten und Spanndrähten (siehe Brombeeren erziehen, unten). Stark wachsende Sorten eignen sich ausgezeichnet für undurchdringliche Hecken und als Windschutz.

Standort

Die Pflanzen vertragen keine starke Winterkälte. Hybridbeeren brauchen mehr Wärme als Brombeeren, doch beide gedeihen sowohl in voller Sonne als auch in leichtem Schatten. Sie wachsen in den meisten Böden mit einem pH-Wert von 6–6,5, sofern diese tief umgegraben wurden und reichlich Kompost oder Mistgaben erhalten haben.

Kultur

Im Winter oder zu Frühjahrsbeginn in der gleichen Tiefe einsetzen, in der die Pflanzen zuvor standen, und auf Bodenschluß achten. Dann die Ruten auf 20–25 cm Höhe zurückschneiden. Um jede Pflanze 75 g Volldünger oder Knochenmehl verteilen und einharken. In den folgenden Jahren jede Pflanze im Spätwinter mit Kompost oder verrottetem Mist mulchen oder zur Pflanzzeit düngen. Bei sehr trockenem Wetter wässern. Die heranwachsenden Ruten sorgfältig aufbinden. Sie entwickeln sich in einem Jahr und tragen im folgenden Früchte. Danach werden sie auf die gleiche Weise wie Himbeeren in Bodenhöhe herausgeschnitten, um neuen Ruten Platz zu machen (siehe unten rechts).

Ernte

Reife Früchte regelmäßig ernten, dabei vorsichtig abdrehen. Überschüsse können eingefroren, eingemacht oder zu Marmelade verarbeitet werden.

Vermehrung

Im Sommer Spitzen gesunder Ruten so weit absenken, daß das Ende im Boden eingegraben werden kann. Befestigen, bis es sich bewurzelt hat.

Kulturdetails *Saison:* Hybridbeeren Hoch- und Spätsommer; Brombeeren Spätsommer bis zu den ersten Frösten. *Pflanzabstand:* 1–4 m. *Durchschnittlicher Ertrag:* 4–14 kg. *Ertragsdauer:* bis zu 20 Jahre.
Empfehlenswerte Sorten Brombeeren: ›Theodor Reimers‹ (rankend), ›Wilsons Frühe‹ (kompakt, aufrecht wachsend), ›Japanische Weinbeere‹ (rankend); **Hybridbeeren:** ›Thornless Evergreen‹ (stark rankend, stachellos), ›Loganbeere‹ (starkwüchsig, stachellos), ›Sunberry‹ (rankend), ›Tayberry‹ (halbaufrecht wachsend), ›Tummelberry‹ (stark rankend).
Häufige Schädlinge und Krankheiten Blattläuse, Vögel, Himbeerkäfer; Grauschimmel, Viruserkrankungen (siehe Seite 110 f.).

Brombeeren erziehen

Brombeeren und Hybridbeeren tragen an letztjährigen Ruten. Gleichzeitig entwickeln sie neue Ruten, die im folgenden Jahr tragen werden. Da dies bequemer ist, trennt man beim Aufbinden diese beiden Rutensorten, bis die Früchte geerntet sind. Es gibt mehrere Methoden, für die immer ein Gerüst aus stabilen Pfosten und Spanndrähten notwendig ist, doch manche benötigen mehr Platz als andere. Für kleinere Gärten eignet sich die hier gezeigte Methode am besten, bei der die jungen Ruten zusammen in der Mitte stehen, getrennt von den fruchttragenden Ruten, die fächerförmig aufgebunden wurden.

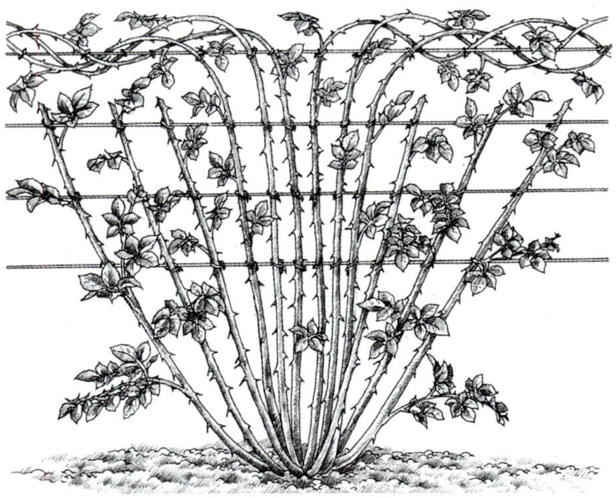

Im ersten Herbst die Ruten fächerförmig aufbinden und zwischen den beiden oberen Drähten entspitzen. Im folgenden Sommer neue Ruten in der Mitte empor und am obersten Draht entlang erziehen. Ältere, abgetragene Ruten herausschneiden und durch junge Ruten ersetzen, die fächerförmig neu aufgebunden werden.

Himbeeren

Es gibt sommertragende Sorten, die im Hochsommer eine große Ernte liefern, und herbsttragende mit einer längeren Erntesaison vom Spätsommer bis zu den ersten Frösten. Zudem sind gelbe, schwarze und purpurne Sorten mit typischem Aroma erhältlich. Für alle Sorten ist ein Gerüst nützlich (siehe Himbeeren erziehen, unten).

Standort

Himbeeren waren ursprünglich Waldpflanzen und lieben daher lichten Schatten. Der Boden sollte leicht sauer (pH-Wert 6–7) und durchlässig, aber humusreich sein, daher vor dem Pflanzen reichlich Kompost oder verrotteten Mist einarbeiten. An ungeeigneten Standorten leiden Himbeeren unter Krankheiten, vor allem der Himbeerrutenkrankheit.

Kultur

Im Herbst oder Frühwinter ruhende Ruten pflanzen, diese kaufen oder Ausläufer von vorhandenen Reihen verwenden. Etwas tiefer als zuvor setzen, gut andrücken, auf 25 cm Höhe zurückschneiden und diesen Stumpf auf Bodenhöhe zurücknehmen, sobald kräftige neue Triebe erscheinen. Jedes Frühjahr mit verrottetem Mist mulchen oder 100 g Volldünger pro m^2 ausbringen, Pflanzen unkrautfrei halten und überzählige Ruten mit mehr als 20 cm Abstand von den Reihen herausziehen. Bei Trockenheit reichlich wässern, aber nicht während der Fruchtreife.

Ruten während des Wachstums mit etwa 10 cm Abstand an die Drähte binden. Ruten von sommertragenden Sorten wachsen in einem Jahr und fruchten im folgenden, danach die abgetragenen Ruten in Bodenhöhe herausschneiden und durch neue Ruten ersetzen. Ruten von Herbstsorten erscheinen im Frühjahr und tragen noch im gleichen Jahr – hier alte Fruchtruten im Spätwinter zurückschneiden, kurz bevor die neuen Triebe erscheinen.

Ernte

Früchte täglich wie Brombeeren ernten.

Vermehrung

Ausläufer, die in einiger Entfernung von den Reihen wachsen, ausgraben und neu pflanzen. Nur gesunde Ruten verwenden.

Kulturdetails *Saison:* Hochsommer bis zu den ersten Frösten. *Pflanzabstand:* 45 cm, mit 1,8 m Reihenabstand. *Durchschnittlicher Ertrag:* 1 kg pro 30 cm fortlaufender Reihe. *Ertragsdauer:* 10 Jahre.
Empfehlenswerte Sorten a: anfällig, w: widerstandsfähig gegen Himbeerrutenkrankheit, ›Andenken an Paul Camenzind‹ (w), ›Preußen‹ (a), ›Deutschland‹ (a), ›Schönemann‹, ›Zewa 2‹, ›Malling Promise‹ (w), ›Malling Admiral‹, ›Glen Clova‹, ›Sirius‹; ›Nordmark‹, ›Korbfüller‹, ›Herbsternte‹, diese drei Sorten tragen bis in den Oktober hinein.
Häufige Schädlinge und Krankheiten Blattläuse, Vögel, Himbeerkäfer; Grauschimmel, Himbeerrutenkrankheit, Viruserkrankungen (siehe Seite 110 f.).

Reifende Himbeeren muß man bei warmem Wetter täglich inspizieren, da sie nicht lange in optimalem Zustand bleiben.

Himbeeren erziehen

Wie Brombeeren entwickeln Himbeeren neue Ruten, während die letztjährigen Früchte tragen. Diese sind schlecht zugänglich, falls man die Ruten an einer einzelnen Reihe aus Pfosten und Spanndrähten erzieht; eine Doppelreihe erlaubt es hingegen, die verschiedenen Generationen von Ruten voneinander zu trennen. Die Pflanzen werden in die Mitte zwischen die Reihen gesetzt. Fruchtruten fächerförmig an einer Reihe aus Spanndrähten aufbinden, neue Ruten an der anderen. Auf diese Weise stehen die Ruten nicht zu dicht.

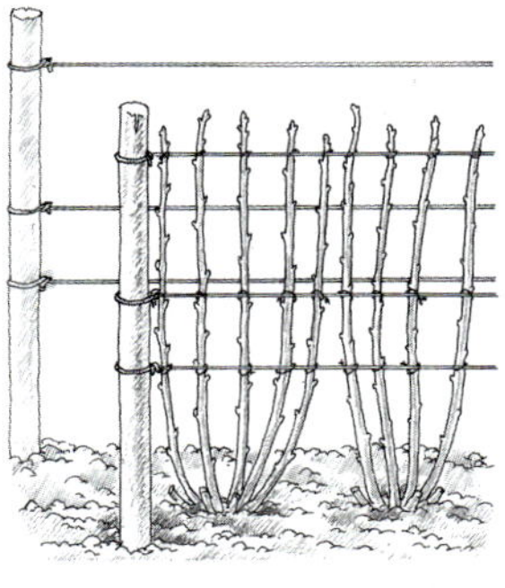

Abgetragene Ruten im Herbst entfernen und nur eine Reihe junger, fächerförmig aufgebundener Ruten stehenlassen.

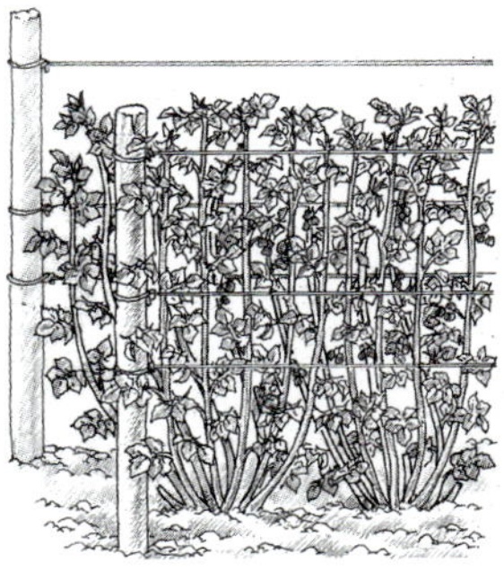

Auf der freien Seite des Gerüstes die kräftigsten neuen Ruten aufbinden. Überzählige in Bodenhöhe abschneiden.

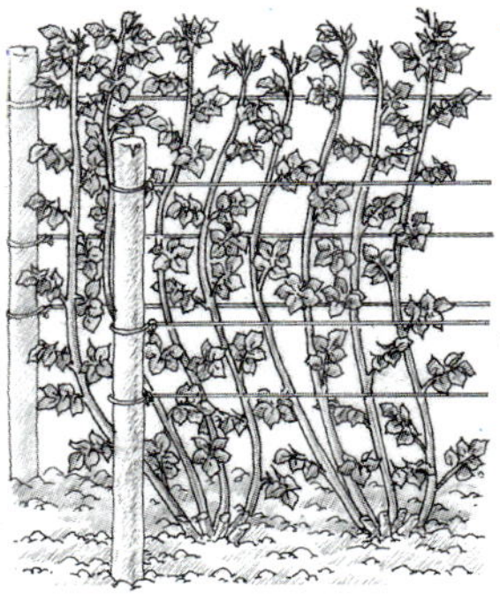

Nach der Ernte abgetragene Ruten in Bodenhöhe herausschneiden. Neue Ruten weiter an Drähten aufbinden.

Schwarze Johannisbeeren haben von allen Obstarten den intensivsten Geschmack.

Schwarze Johannisbeeren

Schwarze Johannisbeeren bevorzugen kühles Klima, einige Sorten blühen jedoch bereits sehr früh und können durch Frost Schaden nehmen, wenn sie zur Blütezeit nicht durch einen Windschutz oder feinmaschige Netze geschützt werden. Sie bilden kräftige, robuste Büsche und sind starke Zehrer, aber gute Bedingungen belohnen sie mit großen Ernten. Sie leiden häufig unter dem Johannisbeer-Brennesselvirus, das durch die Johannisbeergallmilbe übertragen wird. Der beste Schutz dagegen ist, alle 8–10 Jahre neue Sträucher aus einwandfreier Herkunft zu pflanzen (siehe Seite 110 Vorbeugung und Bekämpfung).

Standort

Am besten eignet sich ein sonniger, vor Frost und kaltem Wind geschützter Platz. Auch Schatten ist möglich, doch tragen die Pflanzen dann schlechter. Sie gedeihen in den meisten Böden, sofern diese tief umgegraben wurden, reichlich Kompost oder Mist erhalten haben und leicht sauer (pH-Wert 6,5) sind. Der Boden muß unkrautfrei sein, da bei den vielstämmigen Sträuchern Jäten schwierig ist.

Kultur

Zweijährige gesunde Sträucher mit mindestens drei kräftigen Trieben auswählen. 5 cm tiefer als zuvor pflanzen und gut andrücken, dabei auf die unteren Knospen achten. Anschließend die Triebe auf 5 cm Länge zurückschneiden. Um jeden Strauch zu Frühjahrsbeginn 100 g Volldünger pro m² als Kopfdüngung ausbringen und mit einer etwa 8 cm dicken Schicht aus Kompost oder verrottetem Mist mulchen. Bei Trockenheit jedem Strauch alle 10 Tage 25 l Wasser geben, nicht jedoch während der Fruchtreife.

Schnitt

Die besten Früchte entwickeln sich an Trieben des vergangenen Jahres (siehe Schwarze Johannisbeeren schneiden, unten). Durch einen Rückschnitt nach dem Pflanzen entwickeln sich mehrere kräftige Triebe, die im folgenden Jahr Früchte tragen. Im zweiten Winter nach dem Pflanzen schneidet man alle schwachen Triebe heraus, vom dritten Winter an ein Viertel bis ein Drittel der älteren (dunkleren), abgetragenen Stämme. Dies bewirkt, zusammen mit einer jährlichen kräftigen Düngung, eine kontinuierliche Entwicklung junger Triebe, was die Sträucher kräftig bleiben läßt. Im Idealfall sollte kein Stamm älter als vier Jahre sein.

Ernte

Ganze Trauben oder einzelne Früchte, die reif sind, ernten – etwa eine Woche, nachdem sich die Beeren schwarz gefärbt haben. Bei einigen Sorten halten sich Früchte länger als bei anderen, die meisten frühen Sorten müssen jedoch rasch geerntet werden. Überschüsse einfrieren, einmachen, trocknen oder zu Saft und Marmelade verarbeiten.

Vermehrung

Im Herbst Steckholz schneiden (siehe Steckholz nehmen, Seite 109), dabei alle Knospen erhalten, damit sie im Boden neu austreiben.

Schwarze Johannisbeeren schneiden

Die Sträucher tragen sowohl an alten als auch an jungen Trieben, bei letzteren ist die Qualität der Früchte jedoch besser. Ziel des Schnitts ist es, die Sträucher zu verjüngen, indem man einen Teil des alten Holzes durch kräftige junge Triebe ersetzt. Einen vielstämmigen Strauch kaufen und diesen nach dem Pflanzen zurückschneiden, um die Entwicklung neuer Triebe an der Basis zu fördern. Jedes Frühjahr großzügig düngen. In späteren Jahren nach der Ernte etwa ein Drittel des dunkleren, älteren Holzes entweder in Bodenhöhe herausschneiden oder auf einen tiefsitzenden jungen Seitentrieb zurücknehmen.

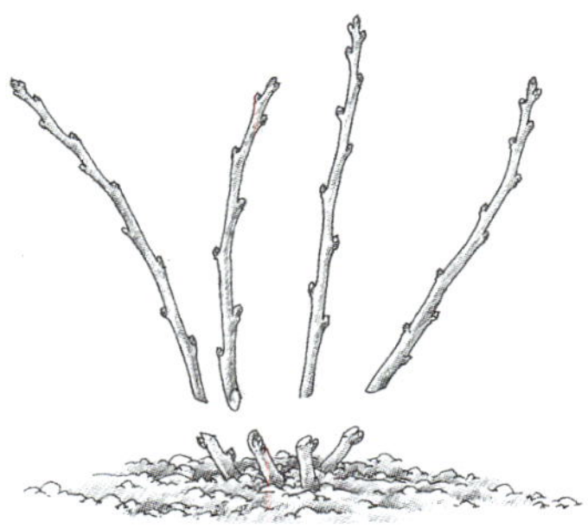

Neue Sträucher etwas tiefer als zuvor setzen, auf 2,5 cm über dem Boden zurückschneiden und alle schwachen Triebe entfernen, damit sich kräftige Jungtriebe entwickeln.

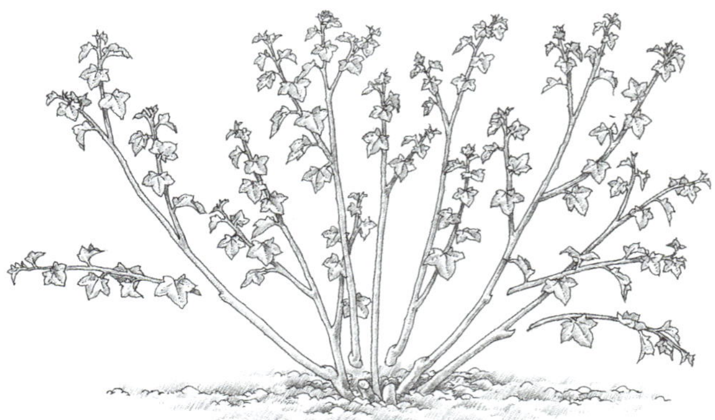

Ältere Büsche nach der Ernte schneiden, dabei schwache, dünne oder beschädigte Triebe zusammen mit einem Viertel bis einem Drittel älterer Triebe herausnehmen.

Weiße Johannisbeeren wie ›Weiße Versailler‹ sind Farbvarianten von Roten Johannisbeeren und werden auf die gleiche Weise behandelt, haben aber einen eigenen, ausgeprägten Geschmack.

Kulturdetails *Saison:* Hoch- und Spätsommer. *Pflanzabstand:* rundum 1,2–1,8 m, je nach Wuchskraft. *Durchschnittlicher Ertrag:* 4,5–7 kg. *Ertragsdauer:* 10 Jahre.
Empfehlenswerte Sorten Fremdbestäubung durch andere Sorten verbessert den Ertrag, ›Rosenthals Langtraubige‹, ›Silvergierters Schwarze‹, ›Goliath‹, ›Daniels September‹, ›Jostabeere‹ (Kreuzung mit Stachelbeere, sehr wüchsig, resistent gegen Schädlinge und Krankheiten).
Häufige Schädlinge und Krankheiten Blattläuse, Johannisbeergallmilbe, Vögel, Frostspanner; Grauschimmel, Echter Mehltau, Viruserkrankungen (siehe Seite 110 f.).

Rote und Weiße Johannisbeeren

Rote und Weiße Johannisbeeren sind unkomplizierte, zuverlässige Beerenfrüchte, und im Gegensatz zu den engverwandten Schwarzen Johannisbeeren, deren Triebe ständig erneuert werden müssen, entwickeln sie ein dauerhaftes Astgerüst. Sie können daher dekorativ als Kordons, Hochstämmchen und Fächer, aber auch als offene Büsche erzogen werden.

Standort

Geeignet ist ein warmer Platz in voller Sonne oder leichtem Schatten, der vor starkem Wind geschützt liegt, da die spröden Zweige leicht brechen. Frostanfällige Plätze werden am besten gemieden, wenngleich die Sträucher sehr robust sind und auch vor kühlen, schattigen Mauern wachsen können. Sie gedeihen in jedem fruchtbaren, durchlässigen Boden gut, leichter, sandiger Boden sollte jedoch mit reichlich Kompost oder Mist angereichert und zudem mit 125 g Kalidünger pro m² gedüngt werden. Nach Möglichkeit sollte der Boden leicht sauer sein und einen pH-Wert von 6,7–7 haben.

Kultur

Pflanzen mit einem gut sichtbaren einzelnen Stamm oder »Fuß« von etwa 10–15 cm Höhe und 3–5 gleichmäßig verteilten Trieben wählen. Hochstämmchen sollten einen glatten Stamm von 90–110 cm Höhe haben. Stets alle Wurzeltriebe entfernen. Im Herbst oder Frühwinter pflanzen, dabei auf guten Bodenschluß achten. Hochstämmchen stützen, Spaliere an Drähten aufbinden. Pro Strauch im Spätwinter 50 g Kaliumsulfat geben und im Frühjahr mit Kompost oder Mist mulchen. Bei Trockenheit gut gießen.

Schnitt

In den ersten Jahren Erziehungs- und Erhaltungsschnitt wie auf Seite 90 (Büsche und Hochstämme), Seite 98 f. (Fächer) und Seite 108 (Kordons) beschrieben durchführen. Ältere Büsche und Hochstämmchen wie unten gezeigt schneiden, Kordons und Fächer wie auf Seite 109. Die Früchte entwickeln sich an kurzem Fruchtholz, das sich durch Zurückschneiden von Seitentrieben entwickelt. Im Sommer auf etwa 4–5 Blätter, im Winter noch einmal auf 1–2 Knospen kürzen.

Ernte

Bis zur Reife mit Netzen vor Vögeln schützen. Ganze Trauben, die reif sind, ernten. Einige Sorten behalten

Rote und Weiße Johannisbeeren schneiden

Als Büsche wachsende Rote und Weiße Johannisbeeren werden so erzogen und geschnitten, daß ein offenes Astgerüst mit gleichmäßig verteilten Ästen entsteht. Im Winter schneiden, in Gegenden mit vielen Vögeln jedoch bis kurz vor Aufbrechen der Knospen warten, um ungeschädigte von angefressenen unterscheiden zu können. Niedrige Seitentriebe, die sich 10–15 cm über dem Boden entwickeln, stets vollkommen entfernen, damit der Stamm glatt bleibt, andere Zweige auf eine nach außen gerichtete Knospe zurücknehmen, um die Mitte offenzuhalten.

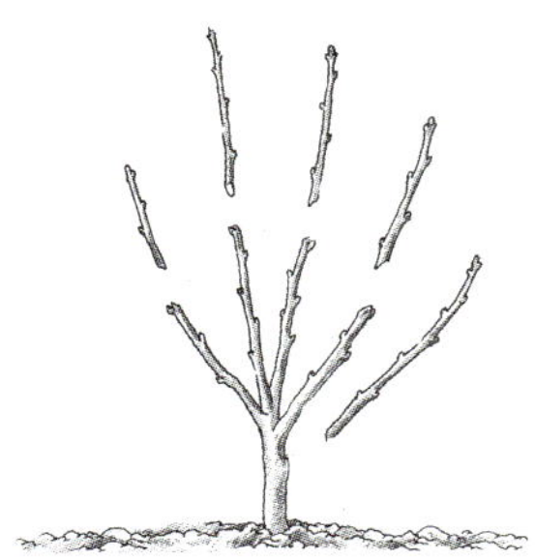

Sofort nach dem Pflanzen eines Strauches alle Äste ungefähr um die Hälfte einkürzen.

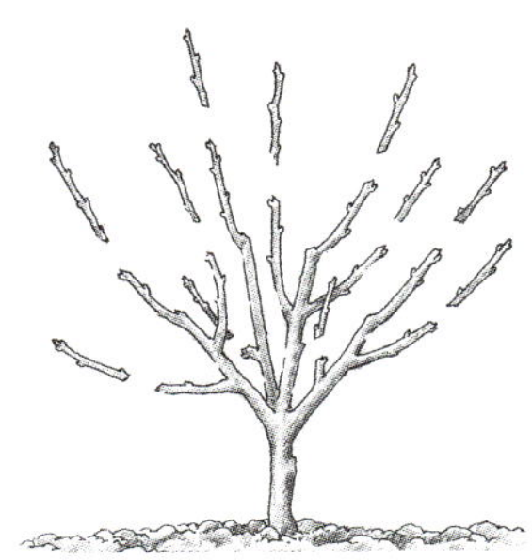

Im Winter Hauptäste auf die Hälfte des neuen Holzes zurücknehmen, kürzere Seitentriebe auf eine Knospe.

Bei älteren Sträuchern jeden Haupttast um 5–8 cm einkürzen, Seitentriebe auf eine Knospe zurückschneiden.

Kräuter im Küchengarten

Kräuter bereichern unser Leben in mannigfaltiger Weise. Ihre Blätter, Blüten und Wurzeln verwenden wir für Aromen, Düfte und Heilmittel, und die Palette der Kräuterarten ist so gewaltig, daß man ihrer Kultur oft ganze Gärten widmet, in denen sie als Zier- wie auch als Nutzpflanzen gezogen werden. Küchenkräuter werden seit Jahrhunderten zum Würzen, Konservieren und Garnieren von Nahrungsmitteln kultiviert, und viele verdienen einen Platz im Küchengarten, wo sie als dekorative, duftende Einfassung oder zwischen Gemüsen wachsen können.

Vor allem blühende Kräuter sind attraktive, gestaltende Elemente im Garten, ob sie nun auf einem eigenen Beet oder gemeinsam mit anderen Pflanzen gezogen werden. Hier lenkt blühender Lavendel als Wegeinfassung den Blick auf Hochstämme duftender Rosen, und um ein Olivenbäumchen in einem Topf aus Terrakotta bilden niedrige Sorten von Majoran und Thymian dichte Teppiche aus Laub und Blüten.

Küchenkräuter anbauen

Köche sind sich darüber einig, daß Küchenkräuter wie Basilikum, Salbei und Thymian frisch geerntet das beste Aroma haben, und daher sollten sie im Küchengarten nicht fehlen. Zum Glück sind die meisten Küchenkräuter dekorative Gartenpflanzen. Da sie überdies nicht anspruchsvoll sind, erfordert ein Grundstock an Kräutern, der sowohl für ästhetischen Reiz sorgt als auch wichtige Zutaten für die Küche liefert, nur einfache Pflegearbeiten.

Obwohl Kräuter häufig zusammengepflanzt werden, zieht man jedes am besten an einem Ort, der seinem natürlichen Lebensraum nahekommt. Es gibt ein-, zwei- und mehrjährige Kräuter. Manche sind duftende kleine Sträucher, die heiße Sonne und leichten, durchlässigen Boden lieben, andere sind rasch wachsende, großblättrige Pflanzen, die reichlich Wasser und Nährstoffe haben wollen und oft auch etwas Schatten vertragen. Aber nur wenige vertragen Staunässe oder Schatten.

Man kann Kräuter in dekorative Töpfe pflanzen, zusammen in ein Beet bei der Küchentür setzen oder in Blumenrabatten einbeziehen. Im Küchengarten teilt man ausdauernden Kräutern am besten eine eigene Rabatte zu, die von einem kompakten Kraut wie Thymian gesäumt wird. Einjährige Arten können auf die gleiche Weise gesät werden wie Gemüse.

Vorbereitung des Bodens

Die vorgesehene Fläche muß frei von ausdauerndem Unkraut sein, da dieses sich nach dem Pflanzen der Kräuter nur noch schwer jäten läßt. Man entfernt mit der Grabegabel alle Unkräuter, gräbt um und arbeitet reichlich Kompost ein (keinen Mist, denn er ist zu nahrhaft). Da für die meisten Kräuter eine gute Drainage lebenswichtig ist, führt man in diesem Stadium alle notwendigen Verbesserungen durch (siehe Seite 16). Auf schweren Tonböden könnte ein Hochbeet angelegt werden. Düngen ist nicht nötig, doch sollte vor dem Pflanzen eine feine, ebene Krume hergestellt werden.

Säen und Pflanzen

Obwohl bei den meisten Kräutern Aussaat möglich ist, kauft man ausdauernde Arten gewöhnlich als Containerpflanzen. Sie können jederzeit gepflanzt werden, die beste Zeit ist jedoch das Frühjahr. Man verteilt die Pflanzen zunächst noch im Topf auf der Erde, um ausreichende Abstände sicherzustellen und die Gesamtwirkung zu überprüfen. Dann gießt man die Pflanzen in ihren Töpfen gründlich und läßt überschüssiges Wasser ablaufen. Nach dem Auspflanzen wässert man nochmals, damit sich die Erde setzt.

Eine Aussaat im Freien kann in Reihen erfolgen. Kleine Mengen Kräuter sät man in ein eigenes Saatbeet, größere Mengen vielverwendeter Arten wie Petersilie zwischen die Gemüse. Wenn man früh einige Jungpflanzen oder ausdauernde Kräuter braucht oder wärmebedürftige Pflanzen wie Basilikum kultivieren will, zieht man die Kräuter unter Glas an.

Kräuter vermehren

Viele mehrjährige Kräuter lassen sich durch kurze Kopfstecklinge vermehren. Dazu schneidet man eine Triebspitze direkt unterhalb eines Blattknotens und entfernt die unteren Blätter. Dann setzt man sie in einen Topf mit feuchter Stecklingserde und stellt den Topf in einem Folienbeutel, der eine hohe Luftfeuchtigkeit gewährleistet, an einen warmen Platz. Holzige Arten können durch Anhäufeln vermehrt werden. Im Frühjahr zieht man feuchte, feinkrümelige Erde um den Wurzelhals der Pflanze zusammen, so daß nur noch die Triebenden sichtbar sind. Bis zum Herbst haben sich die Stengel bewurzelt und können abgetrennt und eingetopft oder verpflanzt werden.

Kräftige, gesunde Triebspitzen schneiden und sofort in Erde setzen.

Um verholzte mehrjährige Arten im Frühjahr feuchte Erde anhäufeln.

Im Herbst die Erde entfernen, bewurzelte Stengel abtrennen und umpflanzen.

Auf dem Höhepunkt der Wachstumsperiode warten in einem gutgepflegten Kräutergarten überall Pflanzen auf die Ernte, so wie hier prächtiger Salbei, Majoran und Thymian und andere Küchenkräuter. Regelmäßige Vermehrung durch Stecklinge, Teilung oder Aussaat ist wichtig, damit Kräuter gesund und kräftig bleiben.

Die beste Aussaatzeit ist das Frühjahr, nachdem sich die Erde ausreichend erwärmt hat. Einige rasch wachsende Kräuter – etwa Kerbel, Koriander und Dill – werden alle 3–4 Wochen neu gesät, bei anderen Kräutern wie Petersilie liefert eine zweite Aussaat im Sommer junge Pflanzen für die Winterernte. Zweijährige und ausdauernde Arten werden im Frühsommer in ein Saatbeet gesät und im Herbst verpflanzt (ausgenommen Sorten, die durch Absenker oder Stecklinge vermehrt werden müssen, siehe Kräuter vermehren, links). Verholzende Arten wie Rosmarin lassen sich durch Anhäufeln vermehren (siehe links).

Allgemeine Pflegearbeiten

Kräuter müssen unkrautfrei gehalten werden, sei es durch Hacken, Jäten oder Mulchen. Für feuchtigkeitsliebende Arten oder auf sehr leichten Böden ist ein organischer Mulch wie Kompost oder Rinde ideal. Vor allem graublättrige und mediterrane Kräuter sind nässeempfindlich und erhalten, besonders auf schweren Böden, besser eine »Mulchdecke« aus Kies, um die Drainage zu unterstützen.

Duftende verholzte Arten und samentragende Kräuter wie Dill braucht man normalerweise nicht zu gießen und zu düngen. Anders ist dies bei Stauden mit viel Blattmasse wie Liebstöckel oder Engelwurz und Arten, die ständig geerntet werden, etwa Petersilie, Basilikum und Schnittlauch. Sie sollte man regelmäßig wässern und ab und zu düngen, für Kräuter in Töpfen ist dies eine Notwendigkeit.

Eine wichtige Routinearbeit ist der Schnitt. Bei ausdauernden Arten knipst man nach dem Pflanzen die Spitzen aus, um ein buschiges Wachstum anzuregen, ebenso jedes Jahr nach der Blüte. Kräuter, die ständig geerntet werden, brauchen während der Wachstumsperiode ein oder zweimal einen kräftigen Rückschnitt, um die Entwicklung junger Blätter anzuregen, und bei allen werden welke Blüten entfernt, sofern man nicht Samen benötigt.

Kräuter leiden selten unter Schädlingen und Krankheiten. Gelegentlich tritt leichter Befall mit Blattläusen, Spinnmilben und Schildläusen auf; Minze kann allerdings durch Rost schweren Schaden nehmen. Im Herbst schneidet man alle abgestorbenen Teile der Kräuter heraus. Nicht winterharte Arten räumt man ins Haus oder schützt sie an Ort und Stelle – die Härte hängt oft von einer guten Drainage und Schutz vor kalten Winden ab.

Kräuter ernten

Blätter und Triebe werden gepflückt, wenn man sie braucht. Um sie zu trocknen, einzufrieren oder auf andere Weise zu konservieren, etwa in Essig und Öl, erntet man viele Küchenkräuter jedoch kurz vor oder während der Blüte, da sie dann ihr optimales Aroma erreichen. Man erntet an einem trockenen Morgen und nutzt die Gelegenheit, die Pflanzen in Ordnung zu bringen. Man pflückt äußere Blätter oder lange, dünne Triebe, so daß die Pflanzen eine ordentliche, schöne Form behalten. Bei der Ernte und Verarbeitung trennt man die unterschiedlichen Arten und Sorten voneinander, um deren typische Aromen zu bewahren, und trocknet Blätter und Triebe keinesfalls in der Sonne, da hierbei die empfindlichen Aromastoffe zerstört würden.

Das Gartenjahr

Pflanzenwachstum wird von einer Reihe von Faktoren beeinflußt wie etwa Temperatur und Tageslänge. Und nur wenn diese äußeren Bedingungen stimmen, werden Samen keimen, Obstbäume blühen und Gemüse reifen. Wann diese Bedingungen gegeben sind, hängt aber nicht nur vom Kalender ab, sondern auch von lokalen Gegebenheiten wie Klima, Höhe, Himmelsrichtung, Schutz oder dem Auftreten von Frost. Dieses Kapitel stellt daher keinen Terminkalender dar, sondern bietet eine Übersicht über die wichtigsten Arbeiten während der verschiedenen Jahreszeiten, die Sie Ihrer eigenen Gartensituation anpassen müssen.

Vorausschauende Planung sichert eine ununterbrochene Versorgung aus dem Küchengarten, vor allem mit Kulturen wie Kohl, Porree und anderen Wintergemüsen, die eine lange Entwicklungszeit haben. Sie werden im Frühjahr unter Glas oder in ein Saatbeet im Freien gesät und im Frühsommer an ihren endgültigen Standort verpflanzt. Wie hier müssen sie dann rasch wachsen, bevor die kalten Herbsttage sie abhärten und auf den Winter vorbereiten.

Frühjahr

In dieser arbeitsreichen Jahreszeit kehrt das Leben in den Garten zurück, und es gibt so viel zu tun, daß man leicht in Versuchung gerät, sehr früh zu beginnen. Die Erde muß sich jedoch erst genügend erwärmen, damit die Keimung rasch erfolgt, und durch ein oder zwei sonnige Tage steigen die Temperaturen noch nicht weit genug an. Säen Sie nicht zu früh, es sei denn, Sie können Beete mit Tunneln oder einem ähnlichen Schutz abdecken. Viele Kulturen lassen sich auch im Gewächshaus oder Frühbeet vorziehen. Der Boden kann jederzeit bearbeitet werden, solange er nicht gefroren oder so naß ist, daß er an den Stiefeln klebenbleibt.

Frühjahrsbeginn

- Abgeerntete Pflanzen und Unkräuter entfernen, anschließend leichten Boden umgraben oder vom Frost aufgebrochenen Tonboden mit der Grabegabel bearbeiten.
- In kalten Jahren Flächen mit Tunneln, Folie oder Vlies abdecken, um den Boden für die Aussaat zu erwärmen.
- Überwinterte Gemüse wie Kopfkohl oder Brokkoli düngen.
- Die ersten Frühkartoffeln und Steckzwiebeln in ein warmes Beet stecken, außerdem mehrjährige Gemüse und Kräuter pflanzen. Frühkulturen, die unter Glas vorgezogen wurden und vollständig abgehärtet sind, können ausgepflanzt werden, nötigenfalls unter Tunneln.
- Minzebeete anlegen und mit dem Teilen ausdauernder Kräuter beginnen.
- Zwiebeln, Spinat, Dicke Bohnen, Rote Beten, frühe Erbsen, Möhren und andere Frühkulturen säen. In kühlen Lagen jedoch besser noch 3–4 Wochen warten.
- In regelmäßigen Abständen Radieschen, Weiße Rüben, Frühlingszwiebeln und Kopfsalat in Kästen säen oder, sofern es warm genug ist, auch ins Freie, ebenso Sommerblumenkohl, Brokkoli, frühen Rosenkohl und Porree, die später verpflanzt werden.
- Staudensellerie, Kräuter und Freilandtomaten im Gewächshaus säen.
- Beerenobst düngen und vor Vögeln schützen.
- Früh blühende Obstgehölze, wie an Mauern erzogene Pfirsichbäume, beim Aufblühen schützen.
- Den Winterschnitt abschließen, Obstgehölze möglichst rasch pflanzen, und mit dem Schnitt von Kirschen- und Pflaumenfächern beginnen.
- Ableger von Erdbeeren pflanzen, sofern dies nicht schon im vorangegangenen Sommer geschehen ist.

Tulpen und Obstblüten künden vom Frühjahr, Folie erwärmt den Boden für die Aussaat.

Frühjahrsmitte

In kalten Jahren können sich viele Arbeiten verzögern, doch nun sollte es möglich sein, die Arbeiten zu beenden.

- Bis Mitte des Sommers im Abstand von 3–4 Wochen im Freiland Salatkulturen säen.
- Ein letztes Mal Dicke Bohnen säen (bei späterer Aussaat würde sich die Kultur mit der von Buschbohnen und Stangenbohnen überschneiden); übriggebliebene Bohnen können gesät und später als Gründünger untergegraben werden.
- Möhren, Rote Beten, frühe Erbsen, Pastinak, einjährige Kräuter, Spinat sowie Herbst- und Winterkohlsorten säen.
- Kürbisse, Zucchini, Freilandgurken, Busch- und Stangenbohnen in Töpfen unter Glas vorziehen.
- Zuckermais in Töpfe säen, in wärmeren Lagen auch unter Tunneln im Freien.
- Erste Frühkartoffeln anhäufeln, spätere Sorten pflanzen.
- Spargel und Artischocken pflanzen.
- Im Gewächshaus gesäte Frühkulturen in einem Frühbeet zum Auspflanzen abhärten.
- Einen Graben für Staudensellerie ausheben, auf den Erddämmen Kopfsalat säen.
- Ein Saatbeet für die Haupternte der Wurzelgemüse herstellen und 2 Wochen warten, bis Unkraut gekeimt ist. Dann hacken und Wurzelgemüse säen.
- Ältere, mehrjährige Kräuter durch Anhäufeln vermehren (siehe Seite 114).
- Mit dem Ausdünnen der Pfirsiche beginnen.
- Mehltau an Stachelbeeren, Gallmilben an Brombeeren sowie Schorf an Äpfeln und Birnen bekämpfen, wenn nötig.

Spätfrühjahr

Wenn sich das Wachstum beschleunigt, wird das Hacken und Jäten von Unkraut besonders wichtig. Auf leichten Böden muß eventuell auch gewässert werden. Achten Sie auf erste Anzeichen von Schädlingen und Krankheiten, und ergreifen Sie vorbeugende Maßnahmen.

- Jetzt ist die beste Zeit zur Aussaat: Die meisten Kulturen können nun im Freien gesät werden, etwa Mais, Busch- und Stangenbohnen, Chicorée, Spinat und einjährige Kräuter. Erbsen für die Haupternte zweimal säen, das erste Mal zu Beginn dieser Periode, das zweite Mal 3 Wochen später.
- Sämlinge früherer Freilandsaaten ausdünnen, mit dem Verpflanzen unter Glas gezogener Kulturen ins Frühbeet beginnen, um sie abzuhärten. Die ersten Kulturen wie Zwiebeln und Porree können, nötigenfalls unter Tunneln, ausgepflanzt werden, in wärmeren Lagen auch Freilandtomaten.
- Winterharte junge Kräuter pflanzen.
- Kartoffeln weiterhin anhäufeln, vor allem bei Gefahr von Spätfrösten.
- Kohl an seinen endgültigen Standort setzen.
- Gerüste für kletternde Bohnen aufstellen.
- Im Obstgarten Leimgürtel von den Bäumen nehmen und verbrennen; junge Himbeerruten auslichten, dabei die kräftigsten stehenlassen; Stroh um die Erdbeeren verteilen, sobald die

Früchte beginnen überzuhängen. Junge Stachelbeersträucher auslichten, auf Mehltau achten.
• Alle Obstpflanzen mulchen.

Sommer

Nun sollten Sie bald mit den ersten Früchten Ihrer Arbeit belohnt werden, und Ihr Tisch wird reich mit frischem Gemüse gedeckt sein. Es muß nun zunehmend geerntet und gewässert, aber auch noch gesät und gepflanzt werden. Man gerät in Versuchung, etwas nachlässig zu werden, sobald die Haupternte eingebracht ist, doch wenn nicht weitergesät wird, kommt es später zu Einbußen. Der längste Tag rückt nahe und mit ihm der letzte Aussaattermin für einige Gemüse. Möglicherweise sieht es jetzt so aus, als ob Schädlinge und Krankheiten zu ernsten Problemen werden, dennoch sollte man mit Spritzen sehr zurückhaltend sein, da sich nun auch die natürlichen Feinde vermehren. Während sich der Garten füllt, können Mängel im Anbauplan offenbar werden, und oft ist dies die Zeit für den klugen Einsatz von Zwischenkulturen.

Frühsommer

• Weiterhin hacken und mulchen, um die Entwicklung von Unkraut zu verhindern.
• Unter Glas vorgezogene Tomaten, Kürbisse und Stangenbohnen auspflanzen, sobald sie abgehärtet wurden. Staudensellerie kann ausgepflanzt, Winterkohl und Porree aus den Anzuchtbeeten umgesetzt werden.
• Stützen überprüfen; Gurken, Stangenbohnen und Brombeeren ziehen.
• In regelmäßigen Abständen Gemüse und Salatkulturen säen, in heißen Jahren in leichtem Schatten. Kopfsalat an Ort und Stelle säen oder in Töpfe, damit beim Verpflanzen keine Verzögerung eintritt.
• Zu Beginn und Ende dieser Periode frühe Sorten von Möhren und Erbsen säen.
• Ein letztes Mal Buschbohnen säen, die im Frühherbst mit Tunneln geschützt werden.
• Chinakohl säen und ein zweites Mal Petersilie.
• Kartoffeln für die Haupternte anhäufeln und prüfen, ob die ersten Frühkartoffeln erntereif sind.
• Die Spargelernte beenden.

Während Spalierobst in der Sommersonne reift, beginnen Artischocken zu blühen.

• Mit dem Ernten überwinterter Zwiebeln für den direkten Gebrauch beginnen.
• Himbeeren mit Netzen vor Vögeln schützen und auf Befall mit Larven des Himbeerkäfers prüfen, ebenso Stachelbeeren auf Befall mit Larven der Stachelbeerblattwespe.
• Bei Äpfeln und Birnen die kleinen Früchte ausdünnen.
• Bei erzogenen Stachelbeer- und Johannisbeersträuchern den Sommerschnitt durchführen, Schnittgut nicht kompostieren.
• Ausläufer von Erdbeerpflanzen entfernen, sofern nicht Ableger zur Vermehrung gebraucht werden.

Hochsommer

Jetzt kann es zum ernsten Problem werden, wenn das Unkraut nicht unter Kontrolle gehalten wurde, deshalb sollte nach dem Gießen regelmäßig gehackt und gemulcht werden. Gezielt die bedürftigsten Pflanzen wässern.
• Weiterhin in Abständen frühe Sorten säen, vor allem dort, wo die ersten Kulturen bereits abgeräumt wurden.
• Zu Beginn dieser Periode zum letztenmal frühe Möhren säen, zudem Winterrettiche und Frühjahrskopfkohl in ein Saatbeet säen.
• Das Umsetzen der Winterkulturen jetzt abschließen.
• Mit dem Bleichen von Porree beginnen und die Kartoffeln ein letztes Mal anhäufeln – ihr Laub auf Krautfäule prüfen.
• Freilandtomaten aufbinden und Triebspitzen ausgeizen, sobald sie 3–4 Fruchtstände entwickelt haben.
• Schalotten, Knoblauch und überwinterte Zwiebeln ernten; vor dem Einlagern abtrocknen lassen.
• Viele Kräuter können nun zum Konservieren geerntet werden. Teile der Minze zurückschneiden, um die Entwicklung neuer Blätter anzuregen.
• Beim Obst weiterhin Früchte ausdünnen und Äste mit starkem Fruchtbesatz, insbesondere bei Pflaumenbäumen, abstützen.
• Bei Strauchobst den Sommerschnitt durchführen, anschließend bei Birnenspalieren, dann bei Apfelspalieren.
• Reife Brombeeren ernten; Sträucher jetzt schneiden.
• Nach der Ernte ältere Erdbeerpflanzen entfernen; bei den anderen das Laub abschneiden und Ausläufer feststecken, damit sich Jungpflanzen entwickeln.

Spätsommer

• Noch ist Zeit, im Freien Radieschen zu säen, ebenso Weiße Rüben, Kopfsalat und andere Salatpflanzen, die in kalten Gegenden später mit Tunneln geschützt oder ins Frühbeet umgesetzt werden können.
• Eine frühe Möhrensorte ins Frühbeet säen.
• Im Freien ein zweites Mal Frühjahrskopfkohl, Mangold oder Winterspinat, Zwiebeln und eine harte Sorte Frühlingszwiebeln, die überwintert werden, säen.
• Stangenbohnen wässern und mulchen.
• Zweite Kultur Frühkartoffeln und große Rote Beten zum Einlagern aus dem Boden nehmen; mit der Haupternte der Zwiebeln beginnen und sie abtrocknen lassen.
• Frühen Staudensellerie anhäufeln und bei Trockenheit großzügig wässern.
• Weiterhin Kräuter ernten.
• Beerenfrüchte ernten, vor allem Himbeeren, deren Fruchtruten anschließend geschnitten werden können.

• Bei Pflaumen- und Kirschfächern mit dem Sommerschnitt beginnen.
• Neue Erdbeerbeete anlegen und einige Jungpflanzen eintopfen, die dann im Spätwinter im Haus getrieben werden.
• Die ersten frühen Apfel- und Birnensorten ernten.
• Weiter auf Schädlinge und Krankheiten achten, bei reifenden Früchten vor allem auf Wespen.
• Obstpflanzen bestellen, damit sie im Herbst geliefert werden.

Herbst

Nun können bald erste Fröste auftreten. Zudem werden die Tage kürzer und die Nächte kühl und feucht, deshalb ist es wichtig, alle frostempfindlichen Kulturen zu ernten und einzulagern und für diejenigen, die im Freien bleiben, Tunnel bereitzuhalten. Mit dem Sinken der Temperaturen steigt die Gefahr von Pilzerkrankungen, und um sie zu verringern, muß man alle abgestorbenen oder verrottenden Pflanzenteile forträumen. Auf schweren Tonböden kann man mit der Winterbearbeitung beginnen, und nach Bedarf gibt man Kalk, Mist oder Kompost hinzu. Standorte neuer Obstpflanzen sollten rechtzeitig vor der Lieferung vorbereitet werden. Manche Gärtner ziehen es vor, leichten Boden erst im Spätwinter umzugraben und nun statt dessen eine Gründüngerpflanze (siehe Seite 17) wie die Puffbohne zu säen.

Frühherbst

• Freilandtomaten und -gurken abräumen.
• Damit beginnen, Wurzelgemüse, etwa die Haupternte an Möhren und Kartoffeln, zum Einlagern aus dem Boden zu nehmen. Kürbisse und Zucchini sollte man ebenfalls vor dem Lagern abtrocknen lassen.
• Staudensellerie und Porree auch weiterhin anhäufeln.
• Bei Kohlpflanzen auf Raupen achten.
• Den letzten Frühjahrskopfkohl umpflanzen, einige Pflanzen jedoch zurückbehalten, falls Verluste auftreten.
• Späte Gemüsekulturen verziehen und herausgenommene Pflanzen in ein Frühbeet setzen.
• Steckzwiebeln pflanzen.
• Wintersorten von Kopfsalat ins Freie oder in einen Kasten säen, ebenso unter Schutz andere Salatpflanzen.

Der Herbst ist Erntezeit. Hier wurden die Zwiebeln bereits zum Abtrocknen ausgelegt.

• Sommer-Blumenkohl für eine frühe Ernte im kommenden Jahr säen und in einem Kasten überwintern.
• Den Sommerschnitt zu Ende bringen; Brombeeren nach der Ernte schneiden.
• Bei Pfirsichen und Sauerkirschen altes Fruchtholz herausschneiden und neue Triebe aufbinden.
• Leimgürtel um Obstbäume und deren Stützen legen.
• Von Beerensträuchern Steckholz nehmen und an einem geschützten Platz im Freien bewurzeln.

Herbstmitte

• Vor Einsetzen der Herbststürme alle Stützen und Binder an Bäumen überprüfen; Kletterhilfen säubern und an einem trockenen Platz einlagern.
• Mit einem Bodenprobetest feststellen, wo Kalk und wichtige Nährstoffe fehlen.
• Weiterhin abgeerntete Kulturen abräumen, vor allem Kohlstrünke; Wurzeln von Erbsen und Bohnen jedoch im Boden verrotten lassen.
• Noch einmal Staudensellerie und Porree anhäufeln, dabei die Dämme abschrägen, damit Regen abläuft.
• Winterkohl anhäufeln oder stützen. Späten Blumenkohl durch Zusammenbinden der Blätter schützen.
• Artischocken abschneiden. Spargelkraut abräumen und Wurzelkronen mit verrottetem Mist schützen.
• Chicoréewurzeln ausgraben und einlagern, einen Teil unter Schutz treiben.
• Knoblauch stecken, im Freiland oder in kalten Gegenden in Töpfen in einem Kasten.
• Spinat und winterharte Dicke Bohnen säen.
• Unter Schutz eine frühe Möhrensorte, Gewächshaus-Kopfsalat und Radieschen sowie andere Salatpflanzen, die jung geerntet werden, säen. Freilandkulturen schützen, sobald das Wetter schlechter wird.
• Von der Minze Rhizome ausgraben, in Kästen setzen und unter Schutz treiben, andere Kräuter wie Schnittlauch und Petersilie eintopfen. Im Freien Petersilie und Kerbel mit Tunneln schützen. Nicht vollkommen winterharte Kräuter mulchen oder ins Haus bringen.
• Sämtliches Obst ernten und einlagern.
• Den Schnitt der Brombeeren abschließen. Gleich nach dem Laubfall mit dem Winterschnitt des Strauchobstes beginnen. Es ist immer noch Zeit, Steckholz zu nehmen.

Spätherbst

• Schläuche und Sprinkleranlagen entleeren und verwahren.
• Schweren Boden, sofern er nicht naß ist, umgraben.
• Die letzten Wurzelgemüse einlagern. Eingelagerte Früchte nun regelmäßig überprüfen.
• Artischocken und im Freien verbliebene Wurzelgemüse mit Stroh oder Blättern abdecken, über die Wurzelkronen des Rhabarbers eine Mulchdecke aus verrottetem Mist breiten.
• Dem Wind ausgesetzten Rosenkohl stützen und alle Kohlpflanzen mit Netzen vor Vögeln schützen.
• Winterharte Erbsen und Dicke Bohnen im Freien an einem warmen geschützten Platz oder unter Tunneln säen.
• Kulturen in Kästen behutsam belüften, da sie nicht nur Schutz vor Kälte, sondern auch reichlich Luft brauchen.

• Auf leichten Böden ausdauernde Kräuter teilen und neu pflanzen.
• Mit dem Pflanzen von Obstgehölzen beginnen, wenn das Wetter jedoch schlecht ist, Pflanzen einschlagen oder unter einem Schutz lagern.
• Mit dem Winterschnitt des Strauchobstes fortfahren, anschließend Obstbäume schneiden (außer Steinobst).
• Falls Vögel ein Problem sind, Beerenfrüchte mit Netzen schützen – kleinmaschige Schutzvorrichtungen entfernen, wenn starker Schneefall angesagt ist.

Winter

Nun sollte alles weggepackt, eingelagert oder vor der Witterung geschützt sein, und man kann die Ergebnisse seiner Arbeit bewerten und Pläne für das kommende Jahr machen. Samen müssen ausgesucht und bestellt werden. Die wichtigsten Aufgaben im Winter sind Bodenbearbeitung und Obstbaumschnitt, zudem werden Wege angelegt oder in Ordnung gebracht, Zäune errichtet oder instand gesetzt und Werkzeuge repariert. Ab Wintermitte kann man mit den ersten Aussaaten unter Glas beginnen, sofern man für genügend Wärme sorgen kann.

Frühwinter

• Windschutzvorrichtungen und Stützen überprüfen und dafür sorgen, daß Pflanzen nicht durch Wind und Frost geschädigt werden.
• Darauf achten, wo sich nach starkem Regen Pfützen bilden, und den Wasserabfluß verbessern (siehe Seite 16).
• Mist oder Kompost ausbringen und neue Beete anlegen. Mit dem Umgraben schwerer Böden abschließen, nicht aber bei Nässe umgraben.
• Kulturen in Kästen und Gewächshäusern wenn möglich belüften, aber vor schwerem Frost schützen.
• Bei schlechtem Wetter Staudensellerie, Pastinak und Porree mit Stroh schützen, Chicorée und Weiße Rüben mit Stroh oder Blättern abdecken, um sie zu treiben und zu bleichen. Chicorée und Rhabarber können auch in einem Schuppen oder Gewächshaus getrieben werden.
• Nach der Wintersonnenwende Schalotten pflanzen.

Wenn noch alles zu ruhen scheint, rührt sich schon Rhabarber unter den Glocken.

• Töpfe mit Kräutern können jetzt nach und nach aus dem Kasten ins Haus gebracht werden.
• Bei Obstpflanzen weiter den Winterschnitt durchführen.
• Von Bäumen verschrumpelte Früchte entfernen, um die Übertragung von Krankheiten zu verhindern.
• Bei Brombeeren angeschwollene Knospen entfernen, da sie Gallmilben beherbergen.

Wintermitte

• Böden, denen im Herbst Mist zugeführt wurde, kalken. Wenn der Boden gefroren ist, Mist oder Kompost auf der Oberfläche verteilen, der später eingearbeitet wird.
• Wurzelkronen des Rhabarbers abdecken, um ihn zu treiben.
• Samen und Saatkartoffeln bestellen. Kopfkohl und Rosenkohlpflanzen können aus dem Boden genommen und kopfüber in einem kühlen Schuppen aufgehängt werden (siehe Seite 53).
• In einem geheizten Gewächshaus oder an einem warmen Platz im Haus Zwiebeln und Kopfsalat säen, ebenso Tomaten, die im beheizten Gewächshaus wachsen sollen.

• In milden, geschützten Gegenden winterharte Erbsen und Dicke Bohnen im Freiland oder unter Tunneln säen.
• Nun ist letzter Termin zum Schneiden und Pflanzen von Obstgehölzen.
• Wenn im vergangenen Jahr bei Obstgehölzen Schädlinge ein Problem waren, jetzt vorbeugende Bekämpfungsmaßnahmen ergreifen.

Spätwinter

Nun werden die ersten wirklichen Anzeichen neuen Lebens offenbar, auch wenn es vielleicht für eine Aussaat noch zu früh ist.
• Bei im Herbst umgegrabenem Boden die Schollen zerkleinern und Flächen nötigenfalls mit Folie abdecken, um den Boden trocken zu halten, bei leichteren Böden mit dem Umgraben beginnen.
• Im beheizten Gewächshaus Kopfsalat, Zwiebeln, Porree, Staudensellerie und Tomaten säen, Chicorée und Rhabarber weiterhin treiben.
• Im Freien in Kästen oder unter Tunneln frühe Möhren, Dicke Bohnen, Erbsen, Rote Beten, Weiße Rüben, Pastinak und Salat säen.
• Im Herbst gesäten Blumenkohl abhärten, damit er zu Frühjahrsbeginn verpflanzt werden kann.
• Frühjahrskopfkohl düngen und übrige Pflanzen mit Tunneln schützen, um eine frühe Kopfbildung zu fördern.
• Rhabarber, Topinambur und Knoblauch pflanzen, sofern nicht im Herbst bereits geschehen, in wärmeren Gegenden Zwiebeln und Schalotten stecken.
• Schnittlauchhorste teilen und neu pflanzen; Petersilie für eine frühe Ernte in Töpfe säen.
• Früh blühende Obstgehölze an Wänden mit Folie oder feinmaschigen Netzen schützen.
• Pfirsichbäume abdecken oder gegen Kräuselkrankheit spritzen.
• Herbsthimbeeren auf Bodenhöhe zurücknehmen.
• Ein oder zwei Reihen Erdbeeren mit Tunneln abdecken und eingetopfte Erdbeerpflanzen zum Treiben ins Haus bringen.
• Gegen Ende dieser Periode mit dem Düngen des Strauchobstes beginnen.
• Für die erste Aussaat im Frühjahr den Vorrat an Samen, Töpfen, Saatschalen, Substrat und Düngern überprüfen.

Register

Kursiv gesetzte Seitenzahlen beziehen sich auf Abbildungen.

Danksagung

Der Autor dankt allen, die an der Entstehung dieses Buchs entscheidenden Anteil hatten. Sein besonderer Dank gilt jenen, die ihn in den Fertigkeiten des Küchengartens unterwiesen oder ihm die Gelegenheit gaben, seine eigenen, mühevollen Erfahrungen zu machen. Sein Dank gilt weiterhin dem routinierten Team von Conran Octopus, das die Entstehung dieses Buchs zu einem unvergeßlichen Vergnügen werden ließ.

Der Verlag dankt den folgenden Fotografen und Institutionen für ihre freundliche Genehmigung zur Veröffentlichung der Fotos:

S. 1 John Glover (Preen Manor, Shropshire); S. 2–3 Arnaud Descat/MAP; S. 4–5 Juliette Wade (Dr. & Mrs. A. J. Cox, Woodpeckers, Warwickshire); S. 6–7 Clay Perry (Barnsley House, Gloucestershire); S. 8 Eric Crichton (Gestaltung: Herzogin von Devonshire, Chatsworth); S. 9 oben Georges Lévêque; S. 9 unten Clive Nichols (Barnsley House Garden, Gloucestershire); S. 9 links Gary Moyes/BBC Gardener's World Magazine; S. 10 Boys Syndication; S. 11 Brigitte Thomas; S. 12–13 Jerry Harpur (Gestaltung: Michael Bulston, Rofford Manor); S. 15 Karen Bussolini (Governor's Place, Williamsburg VA); S. 17 oben Tim Sandall; S. 17 unten Eric Crichton; S. 18 Eric Crichton (Mr. & Mrs. D. Hodges, Brook Cottage, Oxfordshire); S. 19 Eric Crichton; S. 21 Eric Crichton (Hunstrete House Hotel, Avon); S. 22 Brigitte Thomas; S. 23 Neil Campbell-Sharp/ National Trust Photographic Library (Barrington Court, Somerset); S. 24–25 Clive Nichols (Hadspen Gardens, Somerset); S. 27 Jerry Harpur (Gestaltung: Michael Balston); S. 29 Georges Lévêque (Château de Quincize); S. 30 Eric Crichton; S. 31 Brigitte Thomas; S. 32–33 Boys Syndication; S. 34–35 Eric Crichton (Mrs. E. Pedder, Yeomans); S. 36 Brigitte Thomas; S. 37 Michèle Lamontagne (Barnsley House Garden, Gloucestershire); S. 38 Clive Nichols (Ivy Cottage, Dorset); S. 41 Christian Sarramon (Miromesil); S. 43 Michael Howes/Garden Picture Library; S. 46 J. C. Mayer/G. Le Scanff/Garden Picture Library; S. 47 Clive Nichols (Ivy Cottage, Dorset); S. 49 Derek St. Romaine; S. 51 Eric Crichton; S. 53 J. C. Mayer/G. Le Scanff; S. 55 Eric Crichton; S. 57 Tessa Traegar; S. 58 Photos Horticultural; S. 59 Michèle Lamontagne; S. 61 Brigitte Thomas; S. 62 Eric Crichton; S. 63 J. C. Mayer/G. Le Scanff; S. 65 John Heseltine; S. 66 Brigitte Thomas; S. 67 Michèle Lamontagne; S. 69 oben Neil Campbell-Sharp; S. 69 unten Jacqui Hurst (Suffolk Herbs); S. 70 Reed Consumer Books; S. 71–73 Elizabeth Whiting & Associates; S. 74 Derek Fall; S. 75 Marianne Majerus; S. 78–79 Reed Consumer Books; S. 81 Steven Wooster/Garden Picture Library (Gestaltung: Rosemary Verey; Mr. & Mrs. Huntington, Old Rectory, Sudburough); S. 82 John Glover (Hri Hatton Fruit Garden, Kent); S. 83 Neil Campbell-Sharp (Barrington Court); S. 84 N. & P. Mioulane/MAP; S. 86 C. Pemberton-Piggott/Garden Picture Library (West Green, Hampshire); S. 87 Lucy Mason; S. 88 J. C. Mayer/G. Le Scanff; S. 91 Michèle Lamontagne; S. 94 N. & P. Mioulane/MAP; S. 95 John Glover (Cokes Barn, Sussex); S. 96 Eric Crichton; S. 97 Derek Fell; S. 98 John Heseltine; S. 99 Lucy Mason; S. 100 Tania Midgley; S. 101 Andrew Lawson; S. 104 Eric Crichton; S. 105 Neil Campbell-Sharp; S. 106–107 Eric Crichton; S. 109 Photos Horticultural; S. 111 Hugh Palmer (Barnsley House Garden, Gloucestershire); S. 112–113 Clive Nichols (Le Manoir Aux Quat' Saisons); S. 115 Georges Lévêque (Parc du Belvédére, Laeken, Belgien); S. 118–119 Clay Perry (Barnsley House, Gloucestershire); S. 120 MAP; S. 121 Juliette Wade (Dr. & Mrs. A. J. Cox, Woodpeckers, Warwickshire); S. 122 Georges Lévêque; S. 123 Clive Nichols (The Old Rectory, Berkshire).

Darüber hinaus dankt der Verlag Jackie Matthews, Barbara Nash und Janet Smy.